De man die naa

Denis Avey

&

Rob Broomby

De man die naar Auschwitz wilde

the house of books

Eerste druk, april 2011
Zesentwintigste druk, april 2015

Oorspronkelijke titel: *The Man Who Broke Into Auschwitz*
Oorspronkelijk uitgegeven door: Hodder & Stoughton Ltd, London

Omslagontwerp: Wil Immink Design
© Omslagfoto: Getty Images
Typografie: ZetSpiegel, Best

ISBN 978 90 443 4803 3
ISBN 978 90 443 3229 2 (e-book)
NUR 320

www.thehouseofbooks.com
www.overamstel.com

OVERAMSTEL
uitgevers

The House of Books is een imprint van Overamstel uitgevers bv

Ter nagedachtenis aan Ernie Lobet,
en een man die ik alleen heb gekend als Hans.

Voorwoord

DIT IS EEN HEEL BELANGRIJK boek; een tijdige herinnering aan de gevaren waartegenover iedere maatschappij zich gesteld ziet zodra intolerantie en racisme de overhand krijgen. Denis Avey, die inmiddels tweeënnegentig jaar oud is, wil dat zijn boek ons eraan herinnert dat fascisme en genocide niet zijn verdwenen. In zijn eigen woorden: 'Het kan hier ook gebeuren.' Het zou inderdaad overal kunnen gebeuren waar men toestaat dat het vernislaagje van de beschaving afslijt of met boze opzet of destructieve oogmerken wordt weggepoetst.

Het is een groot goed dat Denis Avey nu in staat is zijn verhaal te vertellen. Velen van hen die door de trauma's van de oorlogsjaren zijn getroffen, onder wie de Joodse overlevenden van de Holocaust, ondervonden, net als ik, dat in 1945 'niemand wilde luisteren'. Vijfenzestig jaar later verwelkomde de toenmalige premier Gordon Brown hem op Downing Street 10 om zijn verhaal aan te horen, om zijn moed te prijzen en om hem een medaille te geven met de inscriptie IN DIENST VAN DE MENSHEID.

Er is moed voor nodig om getuigenis af te leggen. Tot op de dag van vandaag denkt Denis Avey, naast zoveel andere gruwelijke ervaringen, met afschuw terug aan een Joodse jongen 'die in de houding stond, doorweekt met bloed was en tegen zijn hoofd werd geslagen'. Dit boek zou moeten worden gelezen door iedereen die kennis wil nemen van een ooggetuigenverslag van de nachtmerrie die het slavenwerkkamp bij Buna-Monowitz, vlak bij Auschwitz, was, waar met name de Joodse gevangenen op afschuwelijke wijze werden mishandeld en vermoord zodra zij te zwak waren om voor de opzichters van de SS te werken.

De ervaringen van Denis Avey met de wijze waarop de nazi's de Joden behandelden zijn schokkend – en dat moeten ze ook zijn, want de menselijke geest heeft moeite een wereld binnen te gaan die wordt overheerst door wreedheid en waar een klein gebaar jegens een Joodse gevangene een zeldzaam straaltje licht en troost biedt. Avey vertelt ons ook van de tijd dat hij krijgsgevangen werd gemaakt: van zijn gevechten in de Westelijke Woestijn. Ook hier doet hij verslag zonder zijn ogen te sluiten voor de verschrikkingen en de dood van zijn vriend Les, die naast hem 'aan flarden werd geschoten'. 'Les was de man met de sprankelende ogen. Ik was samen met hem helemaal uit Liverpool gekomen, ik had met zijn zus Marjorie gedanst, bij zijn ouders aan de keukentafel gezeten, om hun grapjes gelachen en samen met hen de maaltijd gebruikt.' En dan zijn eerste reactie toen hij ontdekte dat Les voor de helft aan flarden was geschoten en hij niets anders kon denken dan 'godzijdank dat ik het niet was'. Die reactie zit hem nog steeds dwars.

De oprechtheid van dit boek maakt het extra indrukwekkend. De beschrijving van Buna-Monowitz is rauw en waarheidsgetrouw. Door zijn Britse uniform met een Joodse gevangene te ruilen voor diens gestreepte lompen en naar de Joodse vleugel van dat uitgestrekte werkkamp te gaan werd hij een getuige. 'Ik moest met eigen ogen zien wat er gebeurde,' schrijft hij. Onze kennis van een van de vreselijkste uithoeken van het nazirijk wordt vergroot omdat hij dat heeft gedaan. Dit boek is zowel een eerbetoon aan Denis Avey als aan degenen wier verhaal hij vastbesloten was te vertellen – met gevaar voor eigen leven.

Sir Martin Gilbert
8 februari 2011

Proloog

22 januari 2010

TOEN IK BIJ DE VERSTERKTE hekken van Downing Street uit de taxi stapte, werd er een microfoon onder mijn neus geduwd. Wat kon ik ze vertellen? Ik was daar vanwege iets wat ik in de oorlog had gedaan – niet mijn deelname aan de strijd in de Westelijke Woestijn, niet mijn verblijf in Duitse gevangenschap, maar om wat er in Auschwitz was gebeurd.

In 1945 had niemand naar me willen luisteren, dus heb ik er de afgelopen zestig jaar grotendeels over gezwegen. Mijn eerste vrouw heeft er het meest onder geleden. Ik werd wakker, badend in het zweet, tussen doorweekte lakens, gekweld door steeds weer dezelfde droom. Ik zie die arme drommel nog steeds voor me: in de houding, doorweekt met bloed, terwijl er op zijn hoofd en zijn schouders werd ingebeukt. Ik beleef het elke dag opnieuw, zelfs nu nog, bijna zeventig jaar later. Toen ik Audrey, mijn tweede vrouw, ontmoette wist ze dat er iets loos was en ze wist dat het iets met Auschwitz te maken had, maar het heeft toch nog tientallen jaren geduurd voor ik er met haar over kon praten. De laatste tijd kan ik er niet over ophouden en ze denkt dat ik gevangenzit in het verleden; dat ik het van me af moet zetten, dat ik vooruit moet kijken. Dat is niet gemakkelijk op mijn leeftijd.

De gepolitoerde deur van Downing Street 10, die ik zo vaak op het journaal had gezien als omlijsting van de leiders van het land, ging open en ik stapte naar binnen. In de hal werd mijn jas aangenomen en iemand ging me voor, de trap op, langs ingelijste portretten van voormalige premiers. Op zeker moment stond ik tegenover een foto van Churchill en ik bedacht dat het een verbazingwekkend klein fototje was voor zo'n grootse leider. Ik bleef leunend op mijn metalen wandelstok even stilstaan om op adem te komen, voordat ik mijn weg omhoog vervolgde langs de naoorlogse premiers, met bijna bovenaan Thatcher, Major en Blair.

Ik zeeg neer op een stoel – ik was eenennegentig en had tijd nodig om bij te komen van de klim. Ik keek eerbiedig om me heen naar de grandeur van de Terracotta Kamer met zijn hoge plafonds en kroonluchters. Ik wist dat Gordon Brown die ochtend had aangekondigd dat hij zou verschijnen voor de enquêtecommissie die een onderzoek instelde naar de oorlog in Irak, en met de verkiezingen in aantocht wist ik niet of hij wel tijd had om me te ontvangen. Aan die twijfel kwam heel plotseling een einde. De premier kwam de kamer binnen, liep recht op me af en pakte mijn hand.

Hij sprak heel zachtjes, bijna fluisterend. De kamer was nu vol met mensen, maar toch voelde het als een intens persoonlijk moment. 'We zijn heel erg trots op u. Het is een voorrecht voor ons u hier te mogen ontvangen,' zei hij. Ik was ontroerd.

Zijn vrouw Sarah stelde zich aan me voor. Ik wist niet wat ik moest doen dus kuste ik haar hand en zei dat ze in het echt mooier was dan op televisie. Dat was ook zo, al had ik dat niet mogen zeggen. Het was gelukkig het soort indiscretie waar iemand van eenennegentig mee wegkomt. Ik verhuisde snel naar veiliger terrein en voegde eraan toe: 'Ik heb genoten van de toespraak die u laatst hebt gehouden.' Ze glimlachte en bedankte me.

De persfotografen en televisieploegen wilden opnames van ons samen. Ik vond dat de premier zich politiek in zwaar weer bevond en zei hem dat de manier waarop zijn collega's hem in de rug staken mij totaal niet beviel en dat ik ten volle bereid was hem te helpen als hij daar behoefte aan had. Hij glimlachte en zei dat hij het in zijn oren zou knopen. 'Ik zou nog voor geen miljoen in uw schoenen willen staan,' zei ik. Ik had dan misschien niet op hem gestemd, maar hij was een fatsoenlijke kerel en ik was onder de indruk van zijn oprechtheid.

Hij schonk me zijn onverdeelde aandacht en voor een poosje leek het alsof alle anderen in de kamer niet bestonden. Ik heb een glazen oog – nog een souvenir overgehouden aan mijn tijd in Auschwitz – en ik deed mijn uiterste best om hem met mijn goede oog nauwkeurig te observeren. Het gezichtsvermogen van meneer Brown is ook beperkt en we zaten zo dicht bij elkaar tijdens ons gesprek dat onze voorhoofden elkaar bijna raakten.

Hij sprak over 'moed' en 'onverschrokkenheid' en ik begon hem te vertellen over Auschwitz, I.G. Farben, de SS, alles kwam ter sprake, zonder een duidelijke volgorde. Op zeker moment kon ik niet op een bepaald woord komen en rolde het woord '*Häftling*' eruit, het Duitse woord voor gevangene. 'Dat overkomt mij tegenwoordig ook wel vaker als ik terugdenk aan die tijd,' zei een overlevende van de concentratiekampen die deel uitmaakte van de aanwezigen.

Dat ik korte tijd later werd geëerd als een van de zevenentwintig 'Helden van de Holocaust' was om verlegen van te worden. De meesten werden postuum geëerd. Slechts twee van ons waren nog in leven; de ander was Sir Nicholas Winton, die in Tsjecho-Slowakije meer dan zeshonderd kinderen had gered. Ik kwam ervandaan met een massief zilveren plak met daarop de woorden 'IN DIENST VAN DE MENSHEID'. Op weg naar buiten zei ik tegen een journalist dat ik, als ik nu zou sterven, een gelukkig man zou zijn. Het heeft bijna zeventig jaar geduurd voor ik in staat was dat over mijn lippen te krijgen.

Nu ik kan spreken over die gruwelijke tijden heb ik het gevoel dat er een last van mijn schouders valt. Ik kan rustig terugkeren naar het begin, het moment van de persoonsverwisseling.

Midden 1944

Ik wist dat we snel moesten zijn. Ik wachtte, verscholen in de kleine keet. Ik wist niet eens zeker of hij wel zou komen, maar hij kwam en toen hij naar binnen glipte trok ik mijn uniformjasje uit. Hij deed de deur dicht, sloot het kabaal van dat afschuwelijke bouwterrein buiten en trok haastig zijn smoezelige gestreepte uniform uit. Hij gooide de dunne kledingstukken naar me toe en ik trok ze zonder te aarzelen aan. Toen keek ik toe terwijl hij mijn Britse gevechtstenue aantrok, waarbij hij regelmatig een blik over zijn schouder wierp in de richting van de deur.

Hij was een Nederlandse Jood en voor zover ik wist heette hij Hans. Na die eenvoudige persoonsverwisseling tussen ons viel ik niet langer onder bescherming van de Geneefse Conventie; ik had mijn uniform, mijn reddingsboei, mijn grootste kans om dat gruwelijke oord te overleven overgedragen aan een ander. Van nu af aan droeg ik zijn kleren en werd ik behandeld zoals hij was behandeld. Als ik ontmaskerd werd als indringer, zouden ze me ter plekke hebben doodgeschoten. Dat behoeft geen betoog.

Het was midden 1944 toen ik uit vrije wil Auschwitz III binnenging.

Hoofdstuk 1

Ik ben nooit in militaire dienst getreden om voor Koning en Vaderland te vechten, maar ik was wel een echte patriot. Nee, ik ben in dienst gegaan omdat ik daar zin in had, voor het avontuur. Ik had geen flauw idee waar die zucht naar avontuur me zou brengen. Ons vertrek naar de oorlog had niets heldhaftigs. We vertrokken op een stralende dag in augustus 1940 met het troepentransportschip Otranto uit Liverpool zonder te weten waar de reis heen ging.

Ik keek naar het Royal Liver Building aan de overkant van de breder wordende strook water van de Mersey en vroeg me af of ik ooit de grote groene vogels boven op het gebouw zou terugzien. Liverpool was toen nog nauwelijks gebombardeerd. Dat zou komen na mijn vertrek, maar op dat moment was het voornamelijk een vredige stad. Ik was eenentwintig jaar oud en voelde me onoverwinnelijk. Als ik een van mijn ledematen kwijtraak, dan keer ik niet terug naar huis, nam ik me plechtig voor. Ik was een soldaat met rood haar en bijpassend temperament en dat zou me nog een heleboel narigheid bezorgen, maar zo was ik nu eenmaal.

Ik ging bij de landmacht omdat ik geen geduld had om te wachten tot ik bij de RAF terechtkon. Daar was meer administratieve rompslomp mee gemoeid. Dat was mijn eerste meevaller. Als ik de Spitfires boven mijn hoofd de wolken zag doorklieven wilde ik nog steeds bij de luchtmacht, maar een dienstverband bij de RAF zou bijna zeker een wisse dood hebben betekend. De RAF-piloten waren de ridders van het luchtruim, maar toen de Slag om Engeland begon, was die arme drommels maar een kort leven beschoren en ik was blij dat ik daar niet bij hoorde.

Ik ging op 16 oktober 1939 onder de wapenen, bleek goed te kunnen schieten en dus werd schutter Denis George Avey registratienummer 6914761 geselecteerd om zich aan te melden bij het Tweede Bataljon van de Infanteriebrigade en voor de basisopleiding naar een kazerne in Winchester gestuurd.

Het ging er daar niet zachtzinnig aan toe. Als echte 'beroeps' maakten ze het de nieuwe rekruten extra lastig. Er werd ontzettend veel geëxerceerd, met lichamelijke oefening en een hindernisbaan waar geen einde aan leek te komen, zodat we elke avond uitgeput op onze britsen neervielen en uiteindelijk een heel goede conditie hadden. We leerden om te gaan met alle soorten wapens waarover het Britse leger beschikte, maar ik was opgegroeid met vuurwapens. Mijn vader kocht mijn eerste buks (een Four-ten) toen ik acht was. Die had een speciale verkorte kolf zodat ik, als ik het wapen schouderde, met mijn vinger bij de trekker kon. Het hangt nog steeds bij me thuis aan de muur.

Mijn vader eiste een strikte discipline in de omgang met wapens. Op het platteland bestonden geen grijstinten. Iets was altijd zwart of wit. Ik groeide op in een wereld met morele zekerheden en van mij werd verwacht dat ik opkwam voor het goede. Hij leerde me respect te hebben voor mensen en dieren. Vogels werden geschoten om op te eten en niet voor de sport. Ik leerde kleiduiven schieten en al snel kon ik ze zelf de lucht in slingeren, mijn buks pakken en ze aan flarden schieten voor ze op de grond waren neergekomen.

Het schieten met een dienstwapen was andere koek, maar ik kreeg er al snel handigheid in en binnen korte tijd raakte ik de roos van elke afstand tot aan zeshonderd meter.

Tegen het einde van een wel bijzonder lange dag lichamelijke inspanningen bevonden we ons op de schietbaan van Winchester. Ik haalde de trekker over van de Lee-Enfield .303, voelde de terugslag en schoot moeiteloos in de roos.

De jongens die zich met de schietschijven bezighielden verscholen zich achter een aarden wal. Ze wezen ons de treffers aan met een lange stok met een witte schijf van dertig centimeter middellijn aan het uiteinde. Toen de jongen de aanwijsstok aarzelend naar de schietschijf bewoog om mijn treffer aan te geven, spande ik de haan en schoot de witte schijf pardoes uit zijn hand.

De jongen liep geen enkel gevaar, maar tot mijn schaamte moet ik toegeven dat ik me uitsloofde. Het bezorgde me een fikse uitbrander maar maakte me populair bij de gewone soldaten. Ik was een man met een ster vanwege mijn schutterskwaliteiten en ik had een insigne op mijn uniform om dat te bewijzen.

De bajonettraining was behoorlijk gruwelijk. Bajonetten worden bij de jagers altijd 'zwaarden' genoemd. Wij werden erop voorbereid om mensen van dichtbij te doden, zodat je iemands adem kon ruiken en kon zien of hij zich die ochtend had geschoren. Je kreeg bevel om van dertig meter afstand schreeuwend op een als soldaat uitgedoste stropop af te rennen, het mes diep in zijn lijf te steken, het er weer uit te trekken en het geweer om te draaien zodat je terwijl je langs hem liep zijn kop eraf kon slaan.

Sergeant Bendle keek afkeurend toe. Hij was een kleine, gedrongen ijzervreter. 'Luider, luider!' bulderde hij ons toe tot we paars waren aangelopen. En hij was pas tevreden als we net zo hard schreeuwden als hij.

Het was psychologische oorlogvoering en het schreeuwen hielp je erdoorheen, maar we moesten het steeds opnieuw doen, totdat we er experts in waren. Ik wist dat het een kwestie van hij of ik was, en ik wilde niet degene zijn die stuiptrekkend ineen zou zijgen.

Man-tegen-manbajonetgevechten waren leuker omdat dat onderdeel tenminste op een sport leek. We hadden zwaarden met een veermechanisme op onze geweren bevestigd, met een beschermend dopje op de punt. Als we toestaken zonder te worden geblokkeerd werd het lemmet geacht naar binnen te schuiven. Maar natuurlijk gaven de beroeps een extra stoot nadat het mes naar binnen was geschoven, wat vreselijke pijn in je maagstreek veroorzaakte. Dat was om je eraan te herinneren wat er op het spel stond als je je dekking liet zakken.

Na Winchester gingen we naar Tidworth op Salisbury Plain. Er was één officier die bijzonder populair was bij de jongens. Hij was een aantrekkelijke vent die zich goed verzorgde, met een dun zwart snorretje en keurig gekamd haar.

Hij was toen tweede luitenant, geloof ik, en een uitstekende officier; maar hij stond bij de overigen beter bekend als Raffles, de gentleman-dief. Die film was net voor het uitbreken van de oorlog uitgekomen en de affiches hingen er nog. Het was de hoffelijke en mondaine filmster David Niven.

Na een oefening gingen we om hem heen staan voor een evaluatiegesprek, maar het enige wat we wilden horen waren de roddels uit Hollywood. Hij voelde zich thuis onder zijn fans, maar had voor de oorlog een opleiding genoten op Sandhurst en schikte zich nu weer naar het militaire leven. Hij had kort tevoren een hoofdrol gespeeld naast Olivia de Havilland in *Bachelor Mother* maar sprak het meest over 'Ginger' en we wisten allemaal wie hij bedoelde. Er werden heel wat grappen gemaakt voordat een van de jongens eruit flapte: 'Ik durf te wedden dat u overal liever zou zijn dan hier, luitenant.' Er viel even een stilte en toen zei hij: 'Laten we zeggen dat ik liever Ginger Rogers' tieten zou kietelen.'

We werden abrupt met de harde realiteit geconfronteerd in de vierde week van mei 1940, toen honderd van ons speciaal werden geselecteerd en afgemarcheerd naar het station van Tidworth zonder dat ons verteld was waarom. We wisten dat het slecht ging in Frankrijk. Ik kreeg het bevel over zo'n twintig man en moest de mortieren, machinegeweren en geweren distribueren.

Na een uur kwam de trein, wolken stoom en rook uitpuffend, het station binnenrijden. We stapten in, namen plaats tussen de burgers, waarna de rit naar de kust begon.

Het Britse Expeditieleger verkeerde in ernstige moeilijkheden. Calais was belegerd en de Duitse strop werd aangetrokken. Het Eerste Bataljon Jagers was daar in het nauw gedreven en onze eenheid van het Tweede Bataljon werd gereedgehouden om assistentie te verlenen.

We zaten aan de verkeerde kant van het Kanaal. Als je vanuit het veilige Engeland naar de kustlichten keek, kon je je maar moeilijk de catastrofe voorstellen die zich afspeelde aan de overzijde van die smalle strook water, maar we konden het gedreun van de zware kanonnen horen – een angstaanjagend, naargeestig geluid.

Het Eerste Bataljon was nog maar een dag of twee, drie in Frankrijk om te proberen de haven van Calais open te houden en ons leger te helpen ontsnappen. Ze boden fel verzet en vochten totdat alle kogels op waren. Een handjevol overlevenden werd door de Koninklijke Marine teruggebracht, maar de rest was gesneuveld of gevangengenomen. Winston Churchill heeft hen later bedankt. Hij zei dat hun actie ten minste twee Duitse pantserdivisies heeft tegengehouden toen de 'kleine schepen' mannen uit Duinkerken oppikten.

Voor ons zou het je reinste zelfmoord zijn geweest om ons in de strijd te mengen. We zouden al voordat we de kust bereikten zijn afgeknald. Gelukkig begrepen de bevelhebbers dat en werd het plan van tafel geveegd. Als ik een beschermengel had, was die weer precies op tijd geweest. Dit was de tweede keer dat ik door het oog van de naald kroop.

Toen ik eindelijk het vasteland van Europa bereikte was dat als gevangene.

We verhuisden naar Liverpool in het noorden, om ons kamp op te slaan op de racebaan van Aintree, waar elk jaar de Grand National plaatsvond. Nu was het een zee van soldaten die wachtten tot ze God mocht weten waarheen werden gezonden.

We sliepen in de openlucht en zelfs vroeg in de zomer werd je wakker met verstijfde ledematen en een slaapzak die vochtig was van de ochtenddauw. Maffen bij de Canal Turn met zijn beroemde bocht van negentig graden was een feest voor een knul die zijn leven lang tussen de paarden op de boerderij had gewoond. Na drie weken verkasten we naar een groot openbaar gebouw en waren we tenminste verlost van de vochtigheid.

Daar ontmoette ik Eddie Richardson voor de eerste keer. Hij was een prachtkerel uit een oud militair geslacht, dus noemden we hem Regiments-Eddie of afgekort Reggie. Hij was goed van de tongriem gesneden, misschien een beetje bekakt vergeleken met de rest van ons, en we deelden een kamer. Maanden later zou hij in de woestijn in de problemen komen op dezelfde dag dat het geluk mij ook in de steek liet.

De training in Liverpool nam een andere wending. We werden voorbereid op man-tegen-mangevechten in straten die op de nominatie stonden om te worden gesloopt. We leerden de fijne kunst van het maken en gooien van molotovcocktails, glazen flessen gevuld met brandstof. We leerden omgaan met de Mills-bom, een handgranaat met een gesegmenteerde stalen huls die eruitzag als een kleine ananas. Daar raakte ik in de volgende maanden mee vertrouwd. Ze waren levensgevaarlijk en tegelijkertijd doodeenvoudig. Je kon de lengte van de lont variëren om je drie, zeven of negen seconden de tijd te geven voor hij ontplofte, maar je moest het wel goed uitkienen. Het laatste wat je wilde was dat de vijand hem naar je terug zou gooien.

Je trok de pin eruit, rende naar voren en wierp hem met gestrekte arm als een bowler terwijl je je plat op je buik liet vallen.

Als je jezelf niet opblies, moest de granaat terechtkomen in een enorme kuil waar de explosie min of meer werd gesmoord. Toen ik zestien was, kon ik een cricketbal honderd meter ver werpen. Het was nog steeds een spel.

Toen we wegvoeren op de Otranto om ons in de strijd te mengen, waren we ons ervan bewust dat we Engeland in erbarmelijke staat achterlieten. Frankrijk had in juni gecapituleerd, Italië had de geallieerden de oorlog verklaard, er waren regelmatig luchtgevechten tussen de Luftwaffe en de gevechtsvliegtuigen van de RAF boven het zuiden van Engeland, en de Slag om Engeland was nog maar net begonnen.

Boven me stootten de twee zwartgeblakerde schoorstenen rook uit en overal om me heen hoorde ik het rumoer van mannen op zoek naar een slaapplaats. Sommigen droegen plunjebalen en zochten een hut, anderen riepen hun maten en verkenden het schip. Onder ons in het ruim bevonden zich de voertuigen en het zware materieel.

Les Jackson was van het begin af aan van de partij. Hij was toen korporaal, een echte soldaat – een beste kerel met een glinstering in zijn ogen en een formidabel gevoel voor humor. Hij was ouder dan de meesten van ons, in de dertig, maar er was meteen een band tussen ons en aan het einde was die er nog. Achttien maanden later zou ik aan zijn zijde staan toen we tegen een muur van machinegeweervuur aan liepen.

Les had me voorgesteld aan zijn familie in Liverpool en ik was behoorlijk verkikkerd geraakt op zijn zusje, Marjorie. Ze was een heel aantrekkelijk blond meisje met een schattig Liverpools accent; een aardig meisje dat uitstekend kon dansen. Ik was een paar keer met haar uit geweest maar we waren de onschuld zelve. In die dagen kon je aan het einde van een avond een meisje kilometers ver naar huis brengen en mocht je al blij zijn als je werd beloond met een kusje op je wang. Toch was het bijzonder. Dat gezin had me enorm gastvrij ontvangen. Les' oudeheer was dol op zijn borreltje, maar het zou vijf jaar duren voordat ik die drempel opnieuw zou overschrijden om hem op een biertje te trakteren en dat zou geen vrolijke gelegenheid zijn.

Ik had Marjories foto aan de muur van de piepkleine hut geprikt die ik deelde met vier andere soldaten, een paar dekken lager, maar zij was niet de enige die daar hing. Ik had altijd een boel vriendinnetjes gehad, dus ik had toen inmiddels een hele collectie.

Ik lag in het bovenste bed en Bill Chipperfield sliep onder mij. Hij was een eenvoudige jongen uit een heel arme familie in het zuiden, goudeerlijk en altijd aangenaam gezelschap. Er waren nog twee jongens, maar die hadden de pech dat ze op de grond moesten slapen. We zaten als sardientjes op elkaar gepakt en je kon je in het donker onmogelijk bewegen zonder iemand aan te stoten.

Voordat we aan boord gingen hadden we vierentwintig uur vrijaf gekregen, maar het grootste deel van die tijd was ik kwijt aan de reis heen en terug. Mijn familie woonde veel verder in het zuiden, in het dorp North Weald in Essex. Mijn ouders hadden een goeddraaiend boerenbedrijf, dus we kwamen nooit iets tekort, en ik was onder comfortabele omstandigheden op het platteland opgegroeid.

Mijn moeder vergoot heel wat tranen toen ze me ten afscheid kuste. Ik had samen met mijn zusje Winifred geposeerd voor een fotograaf. Die foto heb ik nog steeds. Daarop wappert haar haar in de wind. Ze droeg een gebreide jurk en om haar hals een kralenketting. Ik was in uniform, mijn broek hoog opgesjord, mijn korte uniformjasje strak om mijn middel en een soldatenmuts zwierig schuin op mijn hoofd. Toen ik afscheid nam kwam het geen moment bij me op dat ik wel eens niet terug zou kunnen keren. Ik was ervan overtuigd dat ik op mezelf kon passen. Dat was jeugdige overmoed. Winifred hield haar gevoelens diep verborgen. Wij wisten niet wat de oorlog ons zou brengen, dus waarom zouden we ons zorgen maken?

Degene die het wel wist maar zijn mond hield was mijn vader,

George. Hij had in de Eerste Wereldoorlog gevochten en wist wat ons te wachten stond: modder, bloed en ontberingen. Hij gaf me eenvoudigweg een hand en wenste me het beste. Hij was een correcte, trotse man, met een kop vol dik donker haar – een christen met hoogstaande morele principes en de spierbundels om die te verdedigen. Hij was nooit bij machte geweest me veel genegenheid te tonen, maar een deel van wat me later zou overkomen had ik aan hem te danken omdat hij ervoor zorgde dat ik opgroeide met de overtuiging dat principes in praktijk dienden te worden gebracht. Hij was een poosje gemeentesecretaris toen die functie respect en plaatselijke almacht met zich meebracht, maar hij was populair in het dorp omdat hij iedereen met problemen de helpende hand bood. Later kwam ik erachter dat hij voor een paar arme inwoners uit eigen zak de gemeentebelasting betaalde.

Thuis vond hij het moeilijk om zijn genegenheid te tonen en met complimentjes was hij heel zuinig. Toen ik als kind een belangrijke prijs met sport won, zei hij alleen maar: 'Goed gedaan, jongen' en daarna heeft hij het er nooit meer over gehad. Pas na de oorlog realiseerde ik me hoe vaak hij aan mij heeft gedacht. Kort nadat ik was uitgevaren had hij zich ook aangemeld bij het leger om mee te vechten. Daarvoor had hij moeten liegen over zijn leeftijd. Later kreeg ik te horen dat hij voortdurend naar me informeerde en ongeacht waar hij gelegerd was, probeerde uit te vinden waar ik zou kunnen zijn. Ik vermoed dat hij geloofde dat hij zo op me kon passen, maar natuurlijk zijn we elkaar nooit tegengekomen. Hij werd op Kreta gevangengenomen en moest ondanks een zware longontsteking zware dwangarbeid verrichten in Duitsland bij de aanleg van een spoorlijn door de bergen. Hij bracht heel wat tijd door met het van de berg smijten van bouten en moeren om te bewijzen dat ze hem niet klein konden krijgen. Hij kon een behoorlijke lastpost zijn. Die eigenschap heb ik waarschijnlijk van hem.

Terug aan dek keek ik toe terwijl de bemanning zich voorbereidde op de gevaren die ons wachtten, de onderzeeërs en de mijnen die onder de golven op de loer lagen, klaar om een gat in onze flank te slaan en ons tot zinken te brengen. De enige bescherming tegen mijnen was een paravaan, een torpedovormig apparaat met scherpe vinnen. Over de reling hangend zag ik hoe het omlaag werd getakeld tot onder het zeeoppervlak.

Het haaiachtige geval kwam zodra het in contact kwam met de golven tot leven en de vinnen trokken het omlaag en weg van het schip. De zware kabel werd uitgerold tot het op een flinke afstand evenwijdig aan het vaartuig lag. De kabel was bedoeld om de mijn los van zijn ankers te wrikken om met machinegeweren te worden doorzeefd zodra hij aan de oppervlakte kwam, of om hem erlangs tegen de paravaan aan te laten glijden, waarbij hij onmiddellijk in een zuil van schuimend water explodeerde en het schip gespaard bleef. Dat bood ons enig soelaas.

Zulke apparaten fascineerden me. Ik was altijd al in de weer geweest met auto's en motoren, maar toen ik nog op de middelbare school zat had ik mijn zinnen op een echte ingenieursopleiding gezet. Zelfs toen al wilde ik de regie in handen hebben. Zo was ik altijd geweest. Als kind had ik mijn eigen kinderlegertje en we marcheerden rond met heuse vuurwapens, zij het zonder munitie. Ik werd tot klassenvertegenwoordiger gekozen en moest het pesten in de kiem smoren, wat ik ook deed. Later plaagde mijn vrouw Audrey mij ermee dat ik zelf een pestkop was geworden. Ik vrees dat ze dat niet alleen als grapje bedoelde. Ik was in elk geval nergens bang voor.

Ik ging naar Leyton Technical College in Oost-Londen en haalde goede cijfers. In 1933, toen Hitler rijkskanselier van Duitsland werd, liep ik in de aula van Leyton het podium op en ontving een prijs voor mijn studieresultaten uit handen van een man achter een lessenaar. Ik was pas veertien en ik had dieper onder de indruk van hem moeten zijn dan ik was. Het was Siegfried Sassoon, de soldaat en dichter uit de Eerste Wereldoorlog, toen ergens tussen de veertig en de vijftig, zijn haar nog donker in een strakke scheiding boven zijn hoge voorhoofd. Hij sprak enkele woorden om me geluk te wensen en overhandigde me twee wijnkleurige boeken, goud op snee met een schild en een zwaard erop. Ik had boeken gekozen van Robert Louis Stevenson en Edgar Allan Poe.

Dat leek lang geleden. Aan boord van het schip zag ik het vasteland in een rokerige nevel verdwijnen. De beschaafde wereld die ik kende, met zijn normen en waarden, zijn gevoel voor fatsoen, gleed ook langzaam van me weg.

Hoofdstuk 2

LES JACKSON WIST ALTIJD HOE je dingen voor elkaar kreeg, zo zat hij nu eenmaal in elkaar. Kort nadat de Otranto zee had gekozen wandelde hij onze hut binnen, stapte over de mannen heen die op de grond lagen te slapen, maar maakte hen toch wakker. Hij keek naar de rij meisjes die ik op de muur had geprikt, onder wie ook zijn zusje Marjorie. Ik verwachtte op zijn minst een sarcastische opmerking, maar die bleef uit. Hij wist dat ik een zwak had voor Marjorie, maar hij had iets anders aan zijn hoofd.

'Avey, ik heb een klus voor je. Je hebt pleecorvee.'

'Wat? Dat meen je toch niet, ouwe reus?'

'Je zult zien dat het de moeite waard is.'

Hij wist ook Eddie Richardson te paaien. Eddie was een verwend kostschooltype dat het woord 'toilet' al nauwelijks over zijn lippen kon krijgen, laat staan er een schoonmaken. Toen hij erachter kwam dat de pleeborstel het wapen van zijn keuze zou zijn was hij daar bepaald niet blij mee, maar Les had gelijk gehad. Elke dag een halfuurtje wc's schoonmaken en we werden beloond met een feestmaal dat een koning waardig was. Sandwiches met ei en spek – zoveel als we op konden. Heerlijk. En daarbij kwam nog dat we de hele reis waren vrijgesteld van alle andere corveetaken. Les was een echte ritselaar. Hij wist hoe hij de dingen handig moest aanpakken.

Op 5 augustus 1940 voeren zeventien schepen het zeegat uit. Een ervan keerde terug vanwege motorproblemen. De rest van ons stoomde met ons marine-escorte de Ierse Zee in. We hadden nog steeds geen flauw idee waar we naartoe gingen. Die informatie was geheim. Het vasteland was nauwelijks uit het zicht verdwenen toen het gegil van een sirene, een U-bootalarm, de lucht boven de gestage dreun van de motoren doorkliefde. Het schip kwam in actie, mannen renden alle kanten op. Ik baande me een weg tussen de stroom mannen door naar de mij toegewezen reddingssloep. Mannen met asgrauwe gezichten speurden de golven af op zoek naar een periscoop of, erger nog, een torpedo. Ik zag signalen opflitsen van de brug van de Otranto in de richting van vage grijze silhouetten aan de horizon. Naarmate de tijd verstreek en er niets werd waargenomen verdween het paniekgevoel. Ze lieten ons daar uren staan. Het leven aan boord van het schip verviel al snel in een saaie routine.

Op een dag werd ik door een hardhandige ruk aan mijn arm gewekt. De hut stond vol met luidruchtige maten en ik werd van mijn brits gesleurd. 'Wakker worden, Avey, we hebben iets voor je. Het is tijd om te laten zien dat je je loon waard bent,' zei iemand.

Voor ik goed en wel wist waar ik kijken moest werd ik, omstuwd door uniformen, meegesleurd. Overal om mij heen zongen en schreeuwden mannen uitgelaten. 'Dit zou ik niet willen missen,' zei iemand. 'Wacht maar tot hij die gozer te zien krijgt.'

Ik had geen idee wat me boven het hoofd hing, maar ik wist wel dat het geen pretje zou zijn. We liepen door smalle gangen, langs een eindeloze reeks deuren van hutten, en via een steile trap omhoog naar het dek. De frisse zeebries maakte me pas goed wakker. Ik werd meegevoerd langs het sloependek, met de reddingsboten in hun draagriemen en rijen gigantische witte luchtkokers die eruitzagen als de mondstukken van oude telefoons. We daalden af naar de achtersteven. Rechts maakte een jongen met sproeten enthousiast stotende bewegingen met zijn vuisten. Ik begon een flauw vermoeden te krijgen.

Ik zag in de openlucht op het achterdek een boksring, compleet met touwen. Daarbovenuit torende een enorme mast. Ze wisten dat ik bokste en in die tijd vocht ik om de minste of geringste aanleiding met iedereen binnen en buiten de ring. Meestal kwam ik als winnaar uit de strijd, maar meestal wist ik dan ook wie mijn tegenstander was.

Mijn handschoenen waren aan voor ik er erg in had en ik ging er onmiddellijk van uit dat ik de klos zou zijn. Hij stapte de ring in. Hij was helemaal niet groot, nog geen één meter tachtig, maar hij was stevig gebouwd en duidelijk sterk. Hij was een Schot die deel uitmaakte van de Black Watch, een gehard regiment Highlanders, en het lag voor de hand dat men ervan uitging dat ik een pak slaag zou krijgen.

Hij was overduidelijk een straatvechter, mogelijk zelfs een beroepsbokser. Terwijl ik mijn spieren losmaakte, bekeek ik hem nog eens goed en dat stelde me enigszins gerust. Zijn wenkbrauwen waren met littekens bedekt, hij had bloemkooloren en een platgeslagen neus. Een kerel die zo was afgetuigd was óf niet erg goed óf niet erg snel. Iemand had een beoordelingsfout gemaakt en ik was het niet.

Ik had sinds mijn jeugd op de boksschool gezeten en ik was snel. Terwijl ik door de ring danste, sjokte hij moeizaam in het rond. Hij slaagde er bijna in een paar stoten uit te delen, maar ik had een snelle linker en een gemene hoek op de koop toe. Ik mikte niet op zijn hoofd, maar halverwege de tweede ronde raakte ik hem hard in zijn maagstreek en snakkend naar adem ging hij neer. Het was voorbij.

Daarna bleef ik aan dek om de volgende partij te volgen, maar fraai was het niet. Al snel werd een officier van de Black Watch overgehaald om het op te nemen tegen een van zijn eigen mannen. Hij was duidelijk niet populair en knap onzeker – en terecht. Toen hij eindelijk in de ring stapte werd hij finaal ingemaakt, de arme stakker.

Afgezien daarvan ging het er in de meeste bokswedstrijden aan boord eerlijk en gemoedelijk aan toe. Ik bokste vaak een paar rondjes tegen Charles Calistan, goeie ouwe Charles. Hij had samen met mij op de opleiding gezeten en we konden meteen goed met elkaar overweg. Hij was een aantrekkelijke kerel met een dikke bos golvend zwart haar, half Engels, half Indiaas, die Urdu sprak en zich later als een held zou ontpoppen. Hij had het Victoria Kruis moeten krijgen. Bovendien was hij een talentvolle bokser en aan boord sparde ik regelmatig met hem.

Na elf dagen gingen we voor anker voor de kust van Freetown, Sierra Leone. Het eerste land dat we in zicht kregen na de Britse Eilanden. Het was duidelijk dat we om de Kaap heen zouden varen en dan koers zouden zetten naar Egypte. Twee dagen later en zonder een voet aan wal te hebben gezet, voeren we opnieuw in zuidelijke richting naar Kaapstad, waar ik de afgeplatte Tafelberg bezocht, die me al zo bekend voorkwam van aardrijkskunde op school, en even dacht ik dat het paradijs echt bestond.

Het was prettig om weer vaste grond onder de voeten te hebben en het was de eerste keer dat ik voet op vreemde bodem zette, tenzij je ons uitstapje naar Sheffield meerekent. Het was in Kaapstad heel koel voor die tijd van het jaar, maar ik vond het er geweldig. Op de kade werden we opgesplitst in groepjes. Eddie, twee anderen en ik werden toevertrouwd aan de zorgen van een welgestelde blanke Zuid-Afrikaan van middelbare leeftijd in een licht pak met een donkere auto. Hij had zich als vrijwilliger aangemeld om de jongens een rondleiding te geven.

Het was allemaal nieuw voor me. Voorheen had ik nog maar één keer een zwarte man gezien. Die verkocht iets op de markt van Epping en was bepaald niet op zijn mondje gevallen. Hij beweerde dat hij recht in de zon kon kijken zonder zijn ogen te beschadigen.

Als eerste ervaring in het buitenland was Kaapstad een doorslaand succes en we voelden ons de koning te rijk na al die tijd met zijn vieren opgesloten te hebben gezeten in een hut die bedoeld was voor twee. De man in het zomerpak nam ons mee naar een huis in koloniale stijl met enorme landerijen eromheen en stelde ons voor buiten bij het zwembad een douche te nemen. Eddie vroeg zich af of we echt zo erg stonken. Na ons aan boord wekenlang alleen zo nu en dan te hebben schoongespoten met zeewater stond ik onder een waterval van schoon water en voelde hoe het wekenlang opgespaarde zout en zweet van me af gleed. Ik had de grootste moeite eronder vandaan te komen.

Later die dag betraden we, op uitnodiging van onze gastheer, een van de chicste restaurants die ik ooit had gezien, in het hart van de stad. Boven ons was een imitatiesterrenhemel geprojecteerd compleet met bewegende wolken. We waren stomverbaasd en om de dag compleet te maken was de maaltijd ook nog eens voortreffelijk.

Na vier dagen zeiden we Kaapstad vaarwel. De Tafelberg vervaagde tot een silhouet en het konvooi werd opnieuw opgesplitst, waarbij de Otranto een van de tien schepen was die om de Kaap heen en langs de oostkust van Afrika voeren. Op 14 september bereikten we het vulkanische eiland Perim in de toegang tot de Rode Zee. Van daaruit legden we, beschermd door de duisternis en nog steeds onder escorte van vier oorlogsschepen, het laatste stuk van de reis af. Spoedig zouden we binnen bereik zijn van de Italiaanse vliegtuigen en marine-eenheden die vanuit Massawa in Eritrea opereerden. Alle lichten aan boord van de Otranto werden gedoofd, zodat de bemanning op de tast haar weg door het schip moest zien te vinden. De verduistering was totaal maar de nachtelijke hemel was bezaaid met sterren en in het fosforescerende water van de Golf van Aden onderscheidde ik de onheilspellende vormen van een reusachtige manta.

Wij vormden de hoognodige versterkingen. Na voor anker te

zijn gegaan bij Port Taufiq, aan het begin van het Suezkanaal, omringd door marinevaartuigen, vrachtschepen, roestige sleepboten die zwarte rook uitspuwden naast piepkleine Arabische dhows en vissersbootjes, werden we naar Genefa gebracht, een uitgestrekt tentenkamp vlak bij de Grote Bittermeren. De strijd tegen de dorst was begonnen, maar overal in het kamp waren reusachtige aardewerken kruiken met koel water geplaatst die groot genoeg waren om een sergeant in te verzuipen. Dat was het goede nieuws. Het slechte nieuws was dat we de dag nadat we waren aangekomen een mars moesten lopen van bijna veertig kilometer door de woestijn rond een kale rotsachtige uitstulping die de bijnaam De Vlo droeg. Iemand vond dat we wel wat ontspanning konden gebruiken.

Toen ik nog in Engeland was en stropoppen te lijf ging met een zwaard was het 2RB, zoals we het Tweede Bataljon noemden, de woestijn in gestuurd. De Italiaanse dictator Benito Mussolini had ons nog niet de oorlog verklaard, maar het hing in de lucht. Zes weken lang stak Mussolini bombastische donderpreken af en het bataljon wachtte af en zocht verpozing. Ik herinner me nog dat ik in een tijdschrift een foto zag waarop een paar leden van het keurkorps over een rij vlijmscherpe bajonetten sprongen en bij mijzelf dacht: maak je borst maar nat, jongens, het zou er nog wel eens veel heter aan toe kunnen gaan.

De dag nadat de oorlog was verklaard, vertrok de Zevende Pantserdivisie, waar ook het 2RB deel van uitmaakte, meteen naar de Libische grens. Het was niet het modernste leger ter wereld. Sommige pantserwagens waren nog steeds de oude Rolls-Royce Silver Ghosts die Lawrence van Arabië in de Eerste Wereldoorlog had gebruikt, maar ze veroverden snel een aantal grensposten.

Mussolini deed zijn eerste echte zet toen ons konvooi zich voorbereidde op de oversteek over de Rode Zee. *Il Duce*, zoals ze hem noemden, zag wat Duitsland in Europa had bereikt en wilde zelf ook een graantje meepikken. Hij had zijn zinnen gezet op de Nijl, het Suezkanaal en de Britse bevoorradingsroutes naar India en verder. Hij gaf maarschalk Graziani, die 'de slager van de woestijn' werd genoemd vanwege zijn wreedheden bij het neerslaan van een Arabische opstand, bevel Egypte en de Engelsen aan te vallen. Op 13 september stormden 85.000 Italiaanse soldaten vanuit Libië Egypte binnen en het veel kleinere Britse leger was genoodzaakt zich terug te trekken. Zijn troepen rukten verder op totdat ze waren aangekomen bij Sidi Barrani, een nederzetting aan de kust, negentig kilometer over de grens van Egypte. Mussolini beweerde korte tijd later in zijn Italiaanse propaganda-uitzendingen dat ze ervoor hadden gezorgd dat de trams in de stad weer reden. Trams? Ze wisten niet eens hoe ze dat woord moesten spellen. Het was niet meer dan een kluitje gebouwen en een zooi lemen hutten. Er was nauwelijks een behoorlijke weg, laat staan een trambaan.

De Italianen bouwden een keten van ingewikkelde versterkingen, beginnend bij de kust en afbuigend naar het zuidwesten tot diep in de woestijn. Hun kampen hadden romantische, geurige namen – Tummar, Rabia en Sofafi, alsof ze langs een of andere kruidenroute door de woestijn lagen. Toen waren er een kwart miljoen manschappen en wij kwamen ter versterking van de geallieerde strijdkrachten – die zowel in de lucht als op de grond verre in de minderheid waren, al met al niet meer dan honderdduizend man.

Cairo was onze laatste halte voordat de oorlog werkelijkheid werd, de laatste kans om ons te ontspannen voordat het menens werd en ik me moest voorbereiden op krijgsgevangenschap en alles wat daarop volgde. Met z'n drieën, Charles Calistan, Cecil Plumber en ik, trokken we eropuit om de dubieuze geneugten van de stad te verkennen met een paar oudere soldaten die daar de weg wisten. Cecil was een bedachtzaam man, met een hoog voorhoofd en een scherp verstand. Ik kende hem als een briljante wicketkeeper bij ons plaatselijke cricketteam in Essex. Nu waren die zorgeloze dagen op het dorpsveldje een vage herinnering. In plaats van de lijsters en leeuweriken vlogen er zwarte vliegtuigen boven de stad, die even exotisch als mysterieus was en gonsde van de geallieerde soldaten: Nieuw-Zeelanders, Indiërs, Australiërs en Britten.

We werden ingehaald door een koetsje dat stampvol zat met jongens in kaki kleren, allemaal in een opperbest humeur en klaar voor een wilde nacht. Ik had medelijden met het ingespannen paard. Voor ons stapten de mannen uit en riepen: 'Drie hoeraatjes voor de koetsier!' en toen smeerden ze hem zonder te betalen.

Er waren kamelen met onwaarschijnlijke lasten, ezels die met stokken werden afgeranseld door berijders die met hun voeten over de grond schraapten en overal om ons heen renden straatschoffies die schreeuwend om 'baksjisj, baksjisj' vroegen. Kleine jochies probeerden waardeloze prullen aan de man te brengen en anderen probeerden ons over te halen verdacht uitziende vijgen te kopen. Een stoffige tram reed ratelend met een flinke vaart voorbij, waarbij de vonken van de wielen spatten. Er hing een gelige mist in de lucht, een mengsel van uitlaatgassen en zwevende zanddeeltjes, alles doortrokken van de geur van een open riool.

We verlieten de lawaaiige straat waar de door paarden voortgetrokken voertuigen om voorrang streden met de vrachtwagens en gingen de Melody Club binnen. Ze noemden het Sweet Melody. Iemand had daar gevoel voor humor. De ingang werd aan het oog onttrokken door muffe verduisteringsgordijnen, hoewel buiten blauwe lampen stonden en overal door de ramen en deuropeningen licht naar buiten scheen. Toen ik het eerste gordijn passeerde, struikelde ik over een vormeloze gestalte die op de grond lag. In het halfduister onderscheidde ik aan mijn voeten het lichaam van een Australische soldaat die zich bewusteloos had gezopen.

We passeerden het tweede gordijn en betraden een schaars verlichte bar die blauw stond van de rook. Op een piepklein podium speelde een band achter een hek van prikkeldraad. Dat was geen overbodige luxe. Ze deden hun best om te worden gehoord in die ranzige sfeer. Het zat er stampvol jongens met verlof uit de woestijn die op zoek waren naar wat vertier. Er zaten kogelgaten in het plafond en God mocht weten wat er allemaal op de grond lag. Doorgaans kregen de Australiërs daar de schuld van. In de woestijn waren ze goud waard, maar terug in Cairo waren ze als ze dronken waren een ramp.

Er hing een destructieve opwinding in de lucht. Dit was geen plek om te relaxen. We hadden net onze drankjes gekregen toen er vanaf een hoektafeltje geschreeuw opklonk. De jongen die het middelpunt van het tumult vormde, greep een stoel en gooide die achterwaarts over zijn hoofd. Hij kwam neer op een andere tafel met drinkebroers. Een van zijn eigen maten sloeg hem vervolgens met een rechtse hoek buiten westen. Misschien maakte hij daarmee een einde aan de vechtpartij of wellicht voorkwam hij een massale vechtpartij. De gemoederen werden bedaard en de bewusteloze stoelengooier werd naar buiten gedragen om naast de dronken kerel in de deuropening te worden gelegd. Anderen zetten de stoelen overeind, fatsoeneerden hun uniformen en hervatten hun geroezemoes even luidruchtig als voorheen.

Officieren gingen altijd naar de bar van het beroemde Shepheard's Hotel waar de high society van Cairo bijeenkwam. Gewone soldaten zoals wij moesten van goeden huize komen om te worden toegelaten. De koelte van de terrasbar vormde een andere wereld. Een man in pak speelde piano. Rotan fauteuils stonden gerangschikt op de tegelvloer. Egyptische obers in lange hemden serveerden drankjes van dienbladen die ze op één hand droegen. Ik was toen korporaal en meer een leider dan een volger. Ik was vastbesloten een aanstelling als officier te verwerven; het leven in het Shepheard's beviel me veel beter.

Later, toen de avond voor wat koelte had gezorgd, liepen we over de Engelse brug over de Nijl die werd bewaakt door vier gigantische leeuwen. 'Heb je die gezien?' riep een van de jongens.

‘Elke keer als er een maagd over de brug loopt, beginnen ze te brullen, dus pas maar op.’ Er werd ongemakkelijk gelachen. Met de woestijn in het vooruitzicht werd er voortdurend over meisjes gesproken. De gedachte dat spoedig de kogels om onze oren zouden fluiten zat ons niet lekker. Logisch dat er vaak over seks werd gepraat. Het bleek dat de meesten van ons nog maagd waren en daar ook eerlijk voor uitkwamen. Ik was eenentwintig en seks voor het huwelijk was in die tijd geen optie. Mensen kunnen zich dat nu niet meer voorstellen. Velen van ons zaten in hetzelfde schuitje. We waren oud genoeg om te sterven, maar we waren nog zo groen als gras. Ik was superfit en uiteraard uitgeput na een lange dag training, dus misschien dacht ik er niet aan. Voor sommigen was het een obsessie.

Eén straatnaam werd vaak genoemd. De Berka was het centrum van Cairo’s oudste beroep. Het was voor alle rangen en standen streng verboden terrein, omgeven door grote witte borden met zwarte kruisen erop en er vonden regelmatig invallen plaats door de marechaussee. Dat weerhield de jongens niet, maar op de een of andere manier stond het hele gebeuren me tegen. Ik begreep best dat jongens die op het punt stonden naar het front te vertrekken er eens heen wilden, maar ik verafschuwde het en ben nooit met ze meegegaan. Nu, aan de vooravond van ons vertrek naar de woestijn, wist ik diep vanbinnen dat ik me begon af te sluiten. Afleiding zou me de kop kunnen kosten en ik was vastbesloten te overleven, wat ze me ook maar naar het hoofd zouden slingeren. Dat betekende dat ik bij de les moest blijven.

‘Pak je boeltje bij elkaar, we taaien af.’ Het bevel klonk laconiek, maar we wisten wat het betekende. We vertrokken naar de woestijn. Ze noemden het ‘zee kiezen’ want het was een exotische, droge zee, een wonderbaarlijk landschap voor een jongen uit een groen, regenachtig land. We zouden ons aansluiten bij de Zevende Pantserdivisie, onverschrokken en rondtrekkend, de Woestijnratten.

De trein tufte traag langs stationnetjes met gekke namen als Zagazig. Vervolgens ging de reis westwaarts langs duizelingwekkend witte zandduinen begrensd door een felblauwe zee, voorbij een halte met een naam die ons niets zei, El Alamein, en een station dat Fuka heette en heel wat commentaar ontlokte.

We kwamen aan in Mersa Matruh, waar de Britten zich hadden verschanst, een soort vesting hadden opgeworpen en een primitief bestaan leidden in afwachting van verder oprukken van de Italianen. Wij moesten de Italianen verrassen, dus trokken we dieper de woestijn in. De hobbelige weg naar het zuiden werd breder toen konvooien vrachtwagens de gevaarlijkere obstakels ontweken.

Mijn droombeeld van glooiende zandformaties, gevormd door de wind, maakte plaats voor een stenen realiteit: droog en onherbergzaam met hier en daar een struik en plekken vaalgrijs stuifzand. Ze noemden het 'papland' en hier zou de strijd worden uitgevochten.

Een enorme steile helling van groot strategisch belang domineerde het landschap. De tweehonderd meter hoge Haggag el-Akaba loopt evenwijdig met de kust ten oosten van Sollum, waar de rotsachtige klippen uitsteken boven de Middellandse Zee, met de haarspeldbochten van de Halfaja-pas. De Britten hadden daar al een gewapend treffen meegemaakt toen de Italianen oprukten. Wij doopten de naam om tot Helle-pas.

Met nachtpatrouilles verkende het bataljon de Italiaanse stellingen. Ik maakte deel uit van de B-compagnie en tegen het einde van oktober begonnen we telegraafdraden door te knippen en legden we mijnen onder de wegen om Italiaanse troepen die de afgelegen woestijnfortificaties kwamen versterken tegen te houden.

Ik begon de woestijn beter te begrijpen en voelde de uitgestrektheid van Afrika met zijn onmetelijke luchten en verschroeiende hitte overdag en de meedogenloze koude 's nachts, wanneer je je uitstrekte onder de met sterren bezaaide hemel. Als er zandstormen opstaken was er geen ontkomen aan. De aanzwellende muur van zand van een *khamsin* richtte zich hoog op als een bewegende berg en stortte zich over ons heen om de zon te verduisteren en de afbladderende verf van de voertuigen te schuren als een vlaag ijzervijlsel. De striemende zandkorrels drongen dwars door je kleren heen. Het enige wat je kon doen was dekking zoeken. Het enige beschikbare water bevond zich in de *birs*, oude bronnen en reservoirs, sommige nog stammend uit de Romeinse tijd, waarvan de inhoud in het gunstigste geval brak was en waar bij één gelegenheid een dode ezel in dreef. Dat leste de dorst, maar niet voor lang.

Als de avond viel groepeerden we ons en plaatsten de voertuigen, voornamelijk trucks en met een machinegeweer uitgeruste voertuigen, in een enorm groot vierkant. Er werden schildwachten uitgezet aan de buitenkant die elke twee uur werden afgelost, terwijl de rest van ons probeerde te slapen en de koele avonden plaatsmaakten voor koude nachten. In de duisternis mochten geen kampvuren worden gemaakt; je kon je alleen met een overjas, als je die bezat, warm houden.

Met de voertuigen die met een Bren-mitrailleur waren uitgerust raakte ik in de loop der maanden behoorlijk vertrouwd. Het waren snelle pantservoertuigen op rupsbanden, helemaal open, met een krachtige Ford V-8-motor in het midden. Er was ruimte voor één, soms twee boordschutters en ze waren voorzien van een Boys-antitankwapen dat kon worden afgevuurd door de commandant die voorin naast de chauffeur zat.

Ook de met smeerolie ingevette onderkant van het voertuig leerde ik goed kennen, want 's avonds groef ik een kuil in het zand, plaatste het voertuig daar vervolgens boven en wrong me tussen de zware rupsbanden de kuil in om wat bescherming te hebben tegen granaatscherven, bommen of kogels. Ik spreidde mijn dekbed, dat niet veel meer was dan een dikke deken in een plastic hoes, controleerde of mijn .38 revolver binnen handbereik lag en of ik bij de handgranaten kon voordat ik mijn hoofd te rusten legde.

Lang voor het eerste ochtendgloren werden we gewekt door de schildwacht, dus was het gebruikelijk dat ik mijn dag begon met het stoten van mijn hoofd tegen een carter. Langzaam kwam het kamp tot leven en werden er motoren gestart, wat niet altijd meteen de eerste keer lukte. Nog koud en slaperig braken we het kamp op en stelden ons op minstens honderd meter afstand van elkaar op in de woestijn in afwachting van een ochtendaanval. Niemand wilde een gemakkelijk doelwit zijn voor laagvliegende Italiaanse Savoia-bommenwerpers. Terwijl we de horizon afspeurden begon het huiverige wachten. Pas als de zon was opgegaan en de contouren van de woestijn geleidelijk aan duidelijk werden, konden we ons ontspannen en aan ons ontbijt denken.

Ik zette de eerste pot koffie alsof mijn leven ervan afhing. Ik had het koud, had honger en snakte zo naar koffie dat ik die zette op de manier waarop ze het in de woestijn gewoon zijn te doen. Ik zaagde een oud benzineblik doormidden, vulde het met zand, goot er brandstof met een hoog octaangehalte in en plaatste de gamel erbovenop. Dan ging ik op veilige afstand staan en gooide een lucifer in het blik. Whoemmmm! Een wolk zwarte rook steeg op. De geweldige klap bood de eerste warmte van de dag en zorgde dat het water in de gamel in een mum van tijd kookte.

Aanvankelijk waren we blij met het koelere weer, maar toen het 's nachts steeds kouder begon te worden was het bepaald geen pretje meer. Vervolgens begon het 's nachts ook nog te regenen, alsof we niet al terneergeslagen genoeg waren. Voor ons was de oorlog nog steeds een schemeroorlog en dat betekende weer meer training: conditietraining, kaartlezen, oefenen met wapens en de fijne kneepjes van het 's nachts patrouilleren. Dat zou ons nog goed van pas komen.

Hoofdstuk 3

WE KWAMEN IN ACTIE. Op een nacht werden we eropuit gestuurd om een Italiaanse brandstofopslagplaats op te blazen. We waren met z'n twaalven, onder bevel van pelotonssergeant Endean, met drie explosie-experts om te zorgen dat de hele boel de lucht in zou vliegen. 's Nachts was de woestijn van ons, want de Italianen deden dan weinig. Goede navigatie maakte alle verschil, want je moest weten op welke afstand je de trucks moest laten stoppen zodat ze niet zouden worden gehoord, maar niet zo ver weg dat we niet binnen de beschikbare tijd ons doelwit konden bereiken. Voordat we vertrokken stelden we ons tegenover elkaar op om te zien hoe gemakkelijk we te onderscheiden waren. Alles wat licht van kleur was op het uniform kon worden opgemerkt en een kogelregen tot gevolg hebben. Vervolgens vormden we tweetallen en klopten op elkaars kleren. Gerammel van sleutels of het gerinkel van geldstukken kon onze aanwezigheid verraden en 's nachts droeg geluid verder.

De wapens werden voor de laatste maal gecontroleerd. De avond was al gevallen voordat de trucks door het rotsachtige landschap op weg gingen. Op vijftien kilometer afstand van het doelwit verlieten we de vrachtwagens en legden het laatste stuk van de weg zwijgend te voet af, onder leiding van Endean en zijn vertrouwde kompas. Bij aankomst waren we bekaf, maar er gaat niets boven het element van verrassing.

Toen we de contouren van de opslagplaats zagen opdoemen gaf Endean een teken en kropen we vooruit om onze posities in het grove zand in te nemen. Meer handgebaren en we verspreidden ons tot we een halve cirkel vormden. Op die manier was het minder riskant. Het laatste wat we wilden was onze eigen mannen buiten gevecht stellen voor het schieten begon.

Ik lag uitgestrekt in het duister met de Lee-Enfield gericht op de opslagplaats. Ik probeerde me het zo gerieflijk mogelijk te maken. De kans bestond dat we nog lang zouden moeten wachten.

Rechts van me zag ik het silhouet van de jongens van de explosievendienst gehurkt en met gebogen hoofd erop afstevenen en meteen opgaan in de duisternis. De minuten verstreken. Stilte was altijd gunstig. We wachtten langer. Opeens waren ze daar, alle drie, hoofden omlaag en zo hard rennend als ze konden. We richtten onze wapens op het kampement en wachtten tot het schieten zou beginnen. De eerste twee explosies leken klein en veroorzaakten raketachtige flitsen tegen de nachtelijke hemel. Er viel een onnatuurlijke stilte, van waarschijnlijk enkele seconden, en toen klonk er een enorme ontploffing en schoot er een vuurbal omhoog die de nacht oranje kleurde. Ik drukte mezelf dieper in het zand, toen de gezichten rondom mij plotseling werden verlicht.

Dat is het moment waarop je verwacht dat de hel losbarst. Gewoonlijk beginnen ze met in het wilde weg in de lucht schieten. Ditmaal was het een makkie en we trokken ons terug in de woestijn. Als er overlevenden waren, dan namen die niet de moeite om achter ons aan te komen.

We kwamen bijeen op het afgesproken punt op veilige afstand, controleerden of iedereen ongedeerd was en begonnen aan de lange wandeling terug naar de trucks. Voordat de nieuwe dag zich aandiende waren we veilig terug en hoopten snel de slaap te vatten.

Als ik erop terugkijk, kan ik de ervaringen duiden die me hebben veranderd en me hebben voorbereid op de ontberingen van Auschwitz. Het leven in de woestijn betekende vaak kou en honger en niets beters om naar uit te kijken dan vlees uit blik en scheepsbeschuit; wat ieder ander hondenkaakjes noemt. En dan was er ook nog Maconochie's-hachee. Die aten ze in de Eerste Wereldoorlog in de loopgraven ook. Heel af en toe schoten we een gazelle en dan hadden we een feestmaal dat dagen duurde. Een paar jongens probeerden vanuit de auto's te schieten maar daarvoor was de woestijn gewoon niet vlak genoeg. Dat gehobbel over de bobbels die wij kamelenbulten noemden maakte het onmogelijk om nauwkeurig te mikken. Als boerenjongen wist ik dat je het best te voet kon jagen, dus ging ik lopend op jacht.

Soms konden we wat ritselen met de bedoeïenen, maar dat kwam maar zelden voor en ging gepaard met tal van misverstanden. Zij zwaaiden om je te groeten met hun handpalmen naar zich toe en wiebelden dan met hun vingers alsof ze je wenkten. Als je dan naar ze toe kwam raakten ze in de war en begrepen niet wat je kwam doen. Die misverstanden waren de moeite waard als de prijs één of twee eieren was, maar waar we echt behoefte aan hadden, fruit en groenten, was in geen velden of wegen te krijgen. Soms bemachtigden we Italiaanse voedselvoorraden, tonijn in blik of rijst, maar meestal tomatenpuree. Ze schenen weinig anders te eten.

Ons dieet was bedroevend en we waren allemaal jammerlijk ondervoed en raakten dus ook aan ziektes gewend. Een schram veranderde al snel in een etterende wond die weigerde dicht te gaan en tot bloedvergiftiging kon leiden. Die woestijnzweren maakten ons gedurende de hele veldtocht het leven zuur. Hospikken waren zeldzaam en de enige behandeling die zij boden was het verwijderen van de korst en dan maar hopen dat het goed kwam. Zeventig jaar later zijn de littekens op mijn onderarmen nog steeds zichtbaar.

Het ligt voor de hand dat de hygiëne gebrekkig was met al die vliegen. We hadden regelmatig last van buikloop en diarree in de woestijn is geen pretje. Je behoefte doen was toch al een riskante onderneming. Je moest een kuil graven en daarboven hurken. Binnen enkele seconden begonnen vliegende mestkevers je achterste te bestoken. Ze troffen beter doel dan de gemiddelde Stuka, maar terwijl Stuka's hun bommen lieten vallen en weer verdwenen, vlogen deze beestjes rechtstreeks op je kont af. Het was hun favoriete manier van landen. Dan vielen ze neer in het zand en begonnen de povere inhoud van je darmen op te rollen waarna ze zich, god mag weten waar, terugtrokken.

Als we ergens wat langer verbleven, maakten we een woestijntoiletpot door een gat te zagen in de bovenkant van een houten kist die als bescherming van een benzinevat had gediend. Die waren ongeveer een meter hoog en je kon erop zitten als een koning die de veranderlijke zandophopingen inspecteerde.

Het waterrantsoen stond op vier liter de man, maar we moesten er radiatoren mee vullen en verder alles mee doen, dus om te drinken bleef er weinig over. Het water werd aangeleverd in dunne metalen containers bedekt met een laagje was, die altijd weer openbarstte als er met de blikken werd gesmeten. Het rook naar roest of naar kaarsen. Wassen was een luxe die we ons op het slagveld niet konden veroorloven. Als de druk even van de ketel was, dan wasten we onze handen en gezichten zo goed en zo kwaad als dat ging en vervolgens gebruikten we een scheerkwast om de rest van onze lichamen met een heel klein beetje water te besprenkelen. Meestal was het water al op voor we daarmee klaar waren.

Maar al te vaak waren wij afhankelijk van de tankman. Ik heb nooit geweten hoe hij heette. Iedereen noemde hem eenvoudigweg de tankman. Hij reed kriskras bijna willekeurig door de woestijn in een buitgemaakte Italiaanse tankwagen en schuimde de birs af op zoek naar water. Soms was hij dagen onderweg, altijd in zijn eentje. Hij was een kleine, raadselachtige man die de woestijn kende als zijn broekzak en vloeiend in het Arabisch met de bedoeïenen kon spreken. Dat eenzame bestaan was hem niet in zijn koude kleren gaan zitten. Als hij terugkeerde en hij trof je aan op een van onze geïmproviseerde bekistings-wc's, dan werd hij gek en trok zijn .38 revolver en reed rondjes in de tankwagen, terwijl hij vuurde op het vat tussen je benen. Niemand wist waarom hij dat deed. Afgezien van de vernedering dat de houten plee onder je kont uit werd geknald, verwondde hij nooit iemand en ondanks zijn gekte werd hij door iedereen geaccepteerd.

Toen kwam het grootste offensief tot dusverre. Generaal Wavell besloot tot een verrassingsaanval op de Italiaanse fortificaties in de woestijn. De details werden uiteraard geheimgehouden. Niemand wist meer dan het strikt noodzakelijke en de gewone soldaten hoefden helemaal niets te weten. Zo ging dat toen. Onze eenheid moest eropuit trekken en de Italiaanse mijnenvelden en andere weerwerken rond hun kampen in kaart brengen zodat de tanks die voorgingen in de aanval precies tussen de mijnenvelden door konden laveren.

Op 7 december werden onder dekking van de duisternis onafzienbare rijen manschappen en materieel in stelling gebracht, terwijl de woestijnwind snijdend koud begon te worden en de soldaten rillend van de kou en van de zenuwen de strijd tegemoetzagen. Twee dagen later, heel vroeg in de ochtend, rukten de tanks, kanonnen en infanterie op voor de aanval, waarbij de route voor de voertuigen werd aangegeven met stormlampen die voor het oog van de vijand werden afgeschermd door benzinevaten, die waren opengezaagd en gekanteld. De soldaten waren dichtbij genoeg om de koffie en de andere ontbijtgeuren op te snuiven die opstegen uit de Italiaanse kampen. Om 07.00 uur sloeg ons kanonnenvuur een flinke bres en reden we onze tanks de verschillende kampementen binnen. De Italiaanse tanks met hun flinterdunne bepantsering waren waardeloos. We stelden er in het eerste kwartier drieëntwintig buiten gevecht, veroverden er vervolgens nog vijfendertig, maakten tweeduizend krijgsgevangenen en verloren zelf zesenvijftig manschappen. Volgens de wrede militaire rekenkunde was dat een goed begin.

De gegevens die onze nachtpatrouilles hadden verzameld, hadden bijgedragen tot het grote succes. Sommigen van onze officieren begonnen het aantal gevangenen in hectares te meten in plaats van in duizendtallen. Afgaande op de documenten die ik sindsdien heb gezien vlogen de gelukwensen tussen de hoge pieten al snel over en weer. Ik kan me al die tijd dat ik in actieve dienst was niet herinneren dat er ooit een 'dankjewel' af kon in de richting van de jongens in de woestijn. Ik geloof niet dat de hoge pieten daar de noodzaak van inzagen.

Het 2RB vond een heel goede kok onder de Italiaanse gevangenen. Hij werd meegetroond door onze officieren, aan het werk gezet in de keuken van hun mess en 'schutter Antonio' genoemd. Het duurde vier weken voordat iemand van de leiding erachter kwam, zelfs al moest hij tijdens een luchtaanval een grot delen met een kolonel.

We veroverden Sidi Barrani, dat verwaaide fort met een gehavende muur en een paar barakken, waarover Il Duce had opgeschept dat de trams er weer reden. Dat was op 10 december en binnen vierentwintig uur begroette de woestijn het nieuws met een monumentale zandstorm.

Het ging ons niet alleen maar voor de wind. De Italiaanse luchtmacht had de gewoonte het feestje te bederven, dus als er ook maar een spoor van een verkenningsvliegtuig werd waargenomen kregen wij bevel eropuit te trekken en de woestijn om te ploegen. Dan namen we veilig afstand van onze hoofdkrijgsmacht en stoven als gekken alle kanten op. De stofwolken die we creëerden stegen hoog op en wekten de indruk dat we een veel grotere eenheid waren. Dan trokken we ons terug met een laag stof op onze gezichten en rond onze monden en wachtten tot het vliegende circus zich meldde en de kale woestijn bombardeerde. Gewoonlijk deden ze wat van hen verwacht werd.

Het ging niet altijd goed. Op een keer waren we terug bij de hoofdmacht toen eerst één Italiaans gevechtsvliegtuig en toen nog één laag over ons heen vloog. Tijd om te vluchten was er niet.

Ik liet me plat op mijn buik vallen, waarbij ik een mond vol zand hapte en hoopte dat de piloot te veel koffie ophad. Al met al telde ik een stuk of twaalf CR42's, lelijke tweedekkers met een gedrongen uiterlijk, maar het waren de grote Savoia-bommenwerpers die me werkelijk zorgen baarden. Even later waren ze boven ons, drie logge brute toestellen, die merkwaardig genoeg waren uitgerust met drie motoren. De eerste knallen deden de aarde beven, maar de bommen kwamen vóór het doelwit neer. Voordat ze nogmaals konden aanvallen, kregen we hulp. Zij hadden veel meer vliegtuigen dan wij, maar er waren een paar Hurricanes op uitgestuurd om het over te nemen van onze oude Gladiatortweedekkers en die lieten zich niet ongemoeid. Hoog boven ons werd de strijd beslecht en korte tijd later waren wij weer alleen in de woestijn.

Drie dagen later kwamen ze om elf uur 's ochtends in groten getale terug. Ditmaal telde ik tien Savoia's en er was geen enkele Hurricane te bekennen. We lieten ons allemaal plat op onze buik vallen en een van de bommen kwam op minder dan dertig meter afstand van mij in een kleine laagte in de glooiende woestijn terecht. Toen het stil werd in de lucht en we weer konden opstaan, maakte ik uit de verwarring onder me op dat er iemand was getroffen. Het was een alleraardigste kerel die Jumbo Meads heette. Hij was een populaire sergeant, heel groot en blond en knap en heel anders dan de doorgaans onsympathieke onderofficieren. We misten hem erg, maar je kon het je niet veroorloven om te zwelgen in verdriet. Daar was nooit tijd voor.

De Savoia-bommenwerpers waren een plaag, vooral 's nachts, wanneer ze massaal kwamen aanvliegen en een voor een hun bommen lieten vallen om ons uit onze slaap te houden. Daarom had ik me de gewoonte eigen gemaakt om onder een pantservoertuig te slapen.

Korte tijd later moest ik een dagje chaufferen voor derde luitenant Merlin Montagu Douglas Scott. Hij was een kleinzoon van de graaf van Buccleuch, gerelateerd aan de Britse koninklijke familie en op en top een officier, zowel nauwgezet als pedant. We waren op weg naar de Halfaja-pas en Sollum om te zien of de vijand zich daar ophield. Montagu Douglas Scott had de gewoonte zich iets te dicht bij de tegenstander te wagen. Een paar dagen eerder had hij dezelfde route afgelegd midden in een khamsinzandstorm waarin je nauwelijks een hand voor ogen kon zien om te controleren of de Italianen nog steeds massaal hun tenten hadden opgeslagen bij Halfway House, boven aan de steile wand. Hij vond het, verborgen onder het wervelende zand. Er was een lage stenen muur omheen opgetrokken. Het hele kamp leek verlaten en overal waren ondiepe loopgraven met tentdoek erover en opgestapelde stenen eromheen ter bescherming. Ze moesten overhaast zijn vertrokken. In die kleine schuilplaatsen bevonden zich flessen, veldbedden, brieven, foto's – allerlei spullen. Er waren twee uitkijktorens die schommelden in de wind. Het enige wat je kon horen waren gekraak en het geflapper van het tentdoek in de stuwende zandstorm.

Toen kreeg hij via zijn radiozender nieuwe instructies. De Italianen uit het kamp hadden zich enkele kilometers verderop teruggetrokken. Met zijn vier pantserwagens ging hij achter ze aan en nam steeds meer achterblijvers gevangen tot hij uiteindelijk niets anders kon doen dan ze ontwapenen en achterlaten aan de kant van de weg. Korte tijd later vond hij verlaten trucks, die zonder benzine waren komen te zitten of waarvan de banden lek waren gestoken. De khamsin zwol nog steeds aan en de lucht vulde zich met roodachtig zand. Vijftien kilometer verderop doemde er iets donkers op in de zandnevel, een paar grote Italiaanse trucks met geschut erachter, met een man of dertig daaromheen. Hij nam ze allemaal gevangen, maar juist op dat moment bedaarde de khamsin en kreeg hij wel het laatste te zien wat hij wilde zien. Hij was midden in het Italiaanse garnizoen verzeild geraakt en zag honderden tenten die zich in een heel lange rij voor hem uitstrekten. Iedereen begon van dichtbij te schieten en hij moest zich in allerijl terugtrekken.

Ditmaal kwamen we weer een beetje te dichtbij en zagen in de dalen van de kleine havenplaats Sollum vijandelijke trucks en motorfietsen voor ons opduiken en weer uit het zicht verdwijnen. We zagen Italiaanse artillerie hoog boven aan de glooiing, maar toen we op de trucks afstormden openden de kanonnen het vuur op ons en moesten we als de wiedeweerga maken dat we wegkwamen.

Montagu Douglas Scott was een vreemde vogel. Niets ontging hem. Terwijl dat allemaal gaande was vertelde hij ons hoezeer hij onder de indruk was van de wijze waarop de Italianen hun wegen door de woestijn aanlegden. Hij heeft toen ons hachje gered en we slaakten een zucht van verlichting toen de duisternis viel en we ons in de woestijn terugtrokken om ons in te graven voor de nacht.

In de daaropvolgende paar dagen verjoegen we de Italianen uit Egypte. Zij trokken zich terug in westelijke richting, dieper Libië in, naar twee zeehavens met sterke fortificaties. De eerste was Bardia vanuit de Halfaja-pas iets verderop aan de kust. De andere, ruim honderd kilometer verder naar het westen, was Tobruk, een naam die we nauwelijks kenden.

Mussolini gaf het bevel over de verdediging van Bardia aan de kleurrijke generaal Bergonzoli, die bij de Italianen bekendstond als 'Barba Elletrica' vanwege zijn opmerkelijke gevorkte rode baard. Wij waren wat minder eerbiedig. Wij noemden hem 'elektrische snorrenbaard'. Mussolini beval hem de stad tot de laatste man te verdedigen. Dat deed hij niet.

Bardia was een kleine baai met steile klippen. Het Italiaanse garnizoen lag verspreid over vijfentwintig kilometer daaromheen. Twee dagen lang heeft de marine de Italianen beschoten en de RAF hen gebombardeerd en op 3 januari 1941 begon de aanval. Het was onze taak om een omtrekkende beweging te maken en de indruk te wekken dat wij de hoofdaanval van opzij vormden en om tevens te voorkomen dat er iemand kon ontsnappen.

Na een aanval op een Italiaanse artilleriestelling waren we aan het opruimen toen ik naast het lichaam van een gesneuvelde Italiaanse soldaat die op zijn buik lag vreemde klauwachtige sporen in het zand zag. Vlak voordat hij de laatste adem uitblies had hij vegende bewegingen in het zand gemaakt, alsof hij iets wilde verbergen of begraven. Ik zag iets glinsteren, maar was het een wapen of een boobytrap? Op zoek naar meer aanwijzingen kwam ik behoedzaam dichterbij. Het was geen metaal. De zon werd weerkaatst door een tot hoogglans gepoetst stuk leer, dus schepte ik het zand weg en onthulde een smalle, ongeveer anderhalve meter lange foedraal. Daarin zat een prachtig goudzijden vaandel, dat uiteen was genomen om het veilig te kunnen opbergen. Er zaten gouden pennen door de stok en erbovenop zat een decoratieve adelaar. Vlak voor zijn sterven was de Italiaanse artillerist vastbesloten geweest te voorkomen dat het in handen zou vallen van zijn vijanden. Ik liet het vaandel bij hem achter, ergens begraven in het zand van de woestijn.

Maanden later zag ik een oude afbeelding van de paus in Rome in vol ornaat. Hij zegende iets. Het was dezelfde goudkleurige standaard met de adelaar in top.

Bardia viel. Tot de laatste man gaven ze zich over. Er wordt beweerd dat we honderdduizend krijgsgevangenen maakten. 'Elektrische snorrenbaard' was die laatste man en hij nam de benen.

Vervolgens trokken we op naar Tobruk om hetzelfde nogmaals te doen. Nu was het onze taak om een volledig beeld te krijgen van de Italiaanse verdedigingswerken buiten de haven en dat betekende voortdurende patrouilles die vaak uitliepen op vuurgevechten in het donker.

Toen ervoer ik voor het eerst hoe het was om tot ver achter de vijandelijke linies door te dringen. Het was in het holst van de nacht dat we een Italiaanse stelling naderden. We vermoedden dat ze over zwaar geschut beschikten, maar we hadden geen idee hoe sterk de verdediging van het kamp was. Op onverwacht felle tegenstand stuiten was wel het laatste wat de jongens wilden. De verkenningsexpeditie begon met de gebruikelijke fouillering en geluidscontrole.

Terwijl we ineengedoken in het donker zaten, besliste de baas dat alleen wij tweeën ons in het vijandelijke kamp zouden begeven en dat de rest op afstand de boel in de gaten kon houden en zo mogelijk dekking kon bieden als wij ons overhaast zouden moeten terugtrekken. Het risico dat je over een van je eigen mensen struikelde was groot bij een operatie als deze. De klikker was het enige wat we hadden om te helpen vriend en vijand te onderscheiden. Het was een klein metalen dingetje dat een klikgeluidje gaf als je erop drukte en aantoonde dat je aan de goede kant stond.

Hun buitenste stellingen bestonden uit twee of drie machinegeweerposten aan weerszijden achter simpele rotsmuren. Ze bevonden zich plompverloren midden in de woestijn en waren behoorlijk kwetsbaar, maar als ze het in de ene post op een schreeuwen zetten, kon de andere post hen horen. Eén schreeuw zou de hele hel doen losbarsten en dan zouden we zeker het ontbijt mislopen.

De baas maakte geluidloos een gebaar en we gingen op onze buik liggen en tijgerden langzaam naar voren, de oren gespitst luisterend naar eventueel Italiaans gefluister in de nacht. Het kwam regelmatig voor dat deze buitenwachtposten in slaap sukkelden, maar die nacht praatten ze en letten verder niet op. Maar je hoefde maar te kuchen of een stukje van een rotsblok af te breken en ze zouden je meteen in de gaten hebben. Vanuit het hoofdkamp verderop kwam grammofoonmuziek ons door de woestijn tegemoet. Na nog eens vijftig meter onderscheidde ik meer *sangars*, dat waren kringen van rotsblokken die zwaardere machinegeweernesten beschermden die bedoeld waren om oprukkende infanteristen aan flarden te schieten.

In de dichtstbijzijnde sangar was plotseling enige bedrijvigheid. Konden ze iets hebben gehoord? We bleven bewegingloos in het zand liggen. Mijn borstspieren waren samengetrokken, ik durfde nauwelijks adem te halen. Het ogenblik ging voorbij en we kwamen voorzichtig weer in beweging, terwijl we de indeling van het kamp goed in ons opnamen. We tijgerden nog steeds toen we het centrale deel van het kamp naderden. We zochten een plek waar we over de lage muur konden klauteren, kozen een punt halverwege tussen de twee dichtstbijzijnde machinegeweerstellingen en glipten er op onze buiken overheen.

Voor ons doemde een groot kanon op, een van hun richtingzoekende artilleriestukken die zich op een radiosignaal konden afstemmen en ons een granaat op ons dak konden sturen om de maaltijd te bederven. Dat klinkt dodelijk, maar dat was voordat er computers bestonden. Deze technologie stond nog in de kinderschoenen.

Er waren nog twee machinegeweerposten in het centrale kamp, die me minder zorgen baarden, nu we eenmaal binnen waren. Ik was hier goed in. Al mijn zintuigen waren gespitst; mijn hart sloeg over, maar ik kon me beheersen. Dit was de les die de woestijn je leerde. Ik weigerde de angst toe te laten die mijn oordeel zou kunnen vertroebelen, maar ik wist dat we ons een weg naar buiten moesten schieten als ze alarm sloegen.

Tussen de tenten liepen mannen heen en weer. Ze voelden zich veilig. Uit de tenten van de officieren kwam de geur van sigarenrook en uit de ruimte waar werd gekookt die van knoflook en ik had zelfs de indruk dat ik eau de cologne rook. Toen werden de stemmen luider en stegen boven het kamp uit. In het Italiaanse leger was het onderscheid tussen officieren en manschappen altijd groot. Dit waren officieren en ze namen het er duidelijk van. Maar er klonk ook een geluid dat ik een tijdje niet had gehoord. Boven de diepere stemmen hoorde ik gelach van vrouwen. Ik wist niet of het prostituees waren of gewone burgervrouwen, maar ze waren er, onmiskenbaar en zo duidelijk als wat. Ze leken zich kostelijk te amuseren.

We hadden waarschijnlijk het best kunnen terugkeren zoals wij gekomen waren. Er was iets te veel activiteit naar mijn smaak en hoe dieper wij in het kamp doordrongen hoe meer we ons aan gevaren blootstelden. Toen werd er op luttele meters afstand een tentflap opengegooid en viel er een kegel van licht naar buiten. Hoewel we ons nog in het donker bevonden bleef ons niets anders over. We wisten allebei meteen dat de enige weg die ons overbleef voorwaarts lag. In de woestijn zagen beide legers er armoedig uit en in het donker was het moeilijk om ze van elkaar te onderscheiden, ondanks onze bruine wollen mutsen. De Italianen droegen van alles – we hadden zelfs haarnetjes gevonden in een van de kampen die we hadden veroverd. Misschien was dat de mode in Rome, maar het gaf aanleiding tot heel wat gegniffel.

We hadden geen keus. We stonden op en wandelden langzaam en met alle bedaardheid die we konden opbrengen, zonder op of om te kijken, langs de tenten en door het centrale kamp tot we het duister weer hadden bereikt en het kamp aan de andere kant konden verlaten. In totaal bevonden zich misschien tweehonderd man in het kamp en wij waren er dwars doorheen gewandeld zonder dat iemand ons een strobreed in de weg legde. Pas toen drong tot me door dat de zaklantaarn in de zak van de baas de hele tijd aan was geweest en licht had verspreid.

Dat was zo'n beetje de dagelijkse gang van zaken, 's nachts patrouille lopen en slapen zodra je de kans kreeg, omdat de kans bestond dat je als de volgende avond viel weer aan de bak moest. Maar het zat niet altijd mee en het duurde niet lang voor ik het zwaar te verduren kreeg. Ik had een wondje opgelopen aan mijn onderarm. Het wilde maar niet genezen. Het werd verbonden, maar het zand kwam overal in en het begon er steeds beroerder uit te zien. De mouw van mijn uniform verborg het witte verband en zolang dat bedekt en uit het maanlicht bleef kon ik gewoon mee op patrouille.

Op een avond werden we eropuit gestuurd om in een buitenpost een aantal vijandelijke soldaten gevangen te nemen. Als wij ze ertoe konden bewegen hun mond open te doen, kon hun informatie bij een volgende aanval van onschatbare waarde zijn. We bevonden ons op grote afstand van elkaar, dus in wezen opereerde ik in mijn eentje. Ik hoorde een enkel metalen klikje op enige afstand waaruit ik opmaakte dat een van de jongens zenuwachtig was geworden.

Ik ging liggen in een wadi van zo'n anderhalve meter diep en waadde verder in de hoop een gunstiger plekje te vinden. Kennis was macht tijdens die nachtelijke patrouilles en je moest goed op de hoogte zijn voordat je iets ondernam. Na een flinke afstand door de watervoor te hebben afgelegd ging ik iets omhoog, waarbij ik mijn uiterste best deed om geen steentjes los te trappen. Ik hoorde iets, stopte en drukte me plat tegen de bodem van de ondiepe greppel. Het was het geluid van laarzen op rotsachtige grond. Er was daar iemand. Ik hoorde hem nog een stap in de richting van de wadi doen. Toen zag ik hem; een Italiaanse schildwacht die in het duister staarde en, hoewel hij mijn kant op keek, niets zag; dat hoopte ik in elk geval. Ik lag nauwelijks een meter onder hem en kromde mijn wijsvinger om de trekker van mijn revolver. Ik mikte op hem en kon van die afstand onmogelijk missen, maar ik wist dat ik het hele kamp zou alarmeren en dat ze in een mum van tijd tomatenpuree van ons zouden maken.

Alles wat ik zo snel kon bedenken zou op een catastrofe uitdraaien. Ik kon opspringen en hem met het mes te lijf gaan, maar hij zou daar niet beleefd blijven wachten tot ik uit de greppel was geklauterd. Wat mij betreft kon daar net zo goed een heel peloton rustig en zwijgend een sigaretje staan paffen. Ik bleef waar ik was. Ik zou schieten als hij ook maar het minste gerucht maakte, maar dat zou op een vuurgevecht van geringe afstand kunnen uitdraaien.

Nog steeds verscholen in de duisternis van de wadi bewoog ik mijn arm een klein stukje en ik zag hem verstijven. Ik wist onmiddellijk dat ik een randje van het witte verband net voorbij mijn pols had ontbloot. 'Verdomme,' zei ik binnensmonds. Moest ik schieten, wegrennen en er maar het beste van hopen? In het donker kon ik zijn gezicht niet zien, maar het bracht ons allebei in dodelijk gevaar en dat wist hij ook. Hij had zijn geweer aan zijn zij. Het optillen om te vuren zou minstens een seconde vergen en ik zou de trekker hebben overgehaald en al door de wadi zijn weggerend voordat hij plat op de grond lag. In plaats daarvan bleef hij stokstijf staan en durfde nauwelijks nog adem te halen. We konden allebei geen kant op.

In elke benarde situatie in de woestijn had ik me tot dan toe altijd voorgehouden dat te lang nadenken te veel tijd en je de kop kon kosten. Je moest niet denken, je moest doen. Dat was mijn mantra om te overleven. Mijn intuïtie zei me dat ik in dit geval bewegingloos moest blijven liggen. Ik wachtte af. De seconden tikten voorbij, maar hij sloeg geen alarm. In plaats daarvan keek hij naar links en naar rechts en liep langzaam achteruit, weg van de rand van de wadi, en keerde zich toen om en verdween uit het zicht. Ik liet me terugvallen in de greppel en keerde zo snel mogelijk terug naar de rest van het peloton. Ik wist dat hij me had gezien en vroeg of laat alarm zou slaan. We waren hopeloos gecompromitteerd en verdwenen als schaduwen in de nacht.

Tijdens die patrouille namen we vier man gevangen. Ik greep een van hen, het was kinderspel. Hij liep in zijn dooie eentje rond en had totaal niet in de gaten dat ik er was. Hij was lang voor een Italiaan en ondanks de duisternis kon ik zien dat hij gladgeschoren was en een blauwgrijze soldatenmuts droeg. Ik moest hem verrassen en dat hield in dat ik hem moest besluipen tot ik in de positie was om toe te slaan. Ik nam mijn revolver in mijn linkerhand en besprong hem van achteren, waarbij ik zijn rechterarm op zijn rug dwong en met de revolver in zijn ribben porde en die snel weer terugtrok voor het geval dat hij zich met een ruk zou omdraaien. De angst in zijn ogen maakte duidelijk dat hij de boodschap doorhad.

Er volgde geen gevecht en ik hoefde geen woord te zeggen. Hij wist dat het spel uit was en verzette zich niet. Maar dan kan het juist link worden. Als een gevangene eenmaal over de eerste schrik heen is en weet dat hij niet zal worden gedood, gaat hij, als hij een beetje soldaat is, op zoek naar manieren om de rollen om te draaien. Ik had geluk. Hij stond doodsangsten uit en dat bleef zo tot we hem later die nacht hadden overgedragen en eindelijk konden gaan slapen.

Elke patrouille werd een strijd om te overleven. De Italianen waren niet allemaal doetjes, wat er ook mocht worden beweerd, en bijna ieder contact met de vijand kwam neer op doden of worden gedood. Ik deed mijn uiterste best om mijn hoofd koel te houden. Zo af en toe kregen we post van thuis, brieven die van de een op de ander aan ons werden doorgegeven en beduimeld waren en vol ezelsoren zaten voor we ze daadwerkelijk in handen kregen. De meeste jongens verdrongen zich om de brieven te pakken te krijgen en ploften vervolgens neer tegen het wiel van een truck om ze te lezen met een glimlach van herkenning op hun gezicht als ze terugdachten aan thuis.

Ik kon dat niet. Thuis betekende warmte en cultuur en waar ik me nu bevond was van beschaving geen sprake. Ik keek even vluchtig naar de brieven van mijn moeder en stopte ze ongelezen weg. Als je een taal spreekt, dan denk je ook in die taal. Mijn moeder, God hebbe haar ziel, sprak de taal van thuis. Dat paste niet in de woestijn, dus weigerde ik, puur uit zelfbehoud, haar brieven te lezen. Ze zouden mijn wilskracht hebben ondermijnd en mijn kans op overleving hebben verkleind. Misschien scheelde het slechts fracties van een seconde, maar dat is voldoende tijd om in te worden gedood. Ik sloot me steeds meer in mezelf op. Dat deden we allemaal, ieder op zijn eigen manier. Ik droeg een dikke bundel brieven met me mee en las die niet voordat we terug waren in Cairo.

De gebeurtenissen tijdens één patrouille staan me nog helder voor de geest. Het ergste is dat ik me, zeventig jaar later, nog nauwelijks kan herinneren waar we waren of wat we deden, maar voelen kan ik het nog wel. Zelfs nu nog. Patrouilles werden routine en ze begonnen allemaal hetzelfde en eindigden allemaal wanneer we, vlak voor de dageraad de sterren verjoeg, uitgeput in onze slaapzakken kropen. Ik wist dat we een Italiaanse stelling gingen verkennen ergens aan de rand van Tobruk. Het was een vrij groot kampement met sterke verdedigingswerken en ik vreesde dat we op onaangename verrassingen zouden stuiten.

Ik had me de gewoonte eigen gemaakt om een mes mee te nemen op patrouille. Het maakte geen deel uit van de standaarduitrusting, maar het kwam goed van pas. Ik had het in het begin van de oorlog al buitgemaakt op een capitulerende Italiaanse soldaat, samen met een 9mm Beretta automatic. Ik droeg het in een kleine holster onder mijn arm, terwijl ik de schede voor het mes zelf had gemaakt. Het was slechts vijftien centimeter lang, maar het was aan twee kanten geslepen en had een vlijmscherpe punt. Ik had het gevest eraf gehaald om de greep te verbeteren en wist hoe ik ermee moest omgaan. Je nam een mes nooit in je vuist om er neerwaarts mee te steken zoals een killer in een Hollywoodfilm. Als je dat doet, ben je de sigaar. Tegen de tijd dat je het mes hebt opgeheven, ben je waarschijnlijk zelf al in je buik gestoken. Een mes werd altijd onderhands vastgehouden met het gevest in de palm van je hand en de duim plat op het lemmet.

Het peloton had zich rond het kamp uitgespreid en we hadden allemaal verschillende opdrachten gekregen. Ik had een hekel aan patrouilles waarbij we zo ver uit elkaar liepen. Dan stond je er pas echt in je eentje voor. Ik wist dat als ik in moeilijkheden raakte het aan mijzelf was om dat snel en geruisloos op te lossen. Een schot zou het hele kamp alarmeren. Ik was niet van plan om te eindigen in een ondiepe kuil terwijl er zand over mijn gezicht werd geschept.

Ik zat ineengedoken in de buurt van de buitenste verdedigingswerken toen ik hem in de gaten kreeg. Hij stond in het donker, maar een paar meter van me vandaan. Behalve de nacht had ik eigenlijk geen dekking, maar hij had me nog niet gezien. Ik wist dat het er slecht voor me uitzag, heel slecht. Elk moment kon hij me in de gaten krijgen en de schietpartij beginnen. Eén verkeerde beslissing en ik was het haasje. Ik pakte het mes. Er klonk een gerucht. Hij bewoog, hij had me gezien. Ik sprong uit de duisternis naar voren en stak het mes vooruit onder zijn ribbenkast. Hij zakte in elkaar zonder een geluid te maken en heel even voelde ik zijn gewicht op mijn arm toen hij ineenzeeg en bleef liggen.

Mijn eerste reactie was opluchting. Hij had me kunnen doden, maar ik had het overleefd. Al die bajonettraining thuis had niet geholpen me hierop voor te bereiden. Het geschreeuw, het gekrijs en de agressie waren bedoeld om te zorgen dat je het deed zonder erbij na te denken. Dit was anders – stil, in de schaduw en ik had in het donker het gewicht van zijn lichaam gevoeld. Het was hij of ik. Zo gaat dat verdomme in de oorlog. Je zoekt voortdurend naar verontschuldigingen.

Toentertijd dacht ik gewoon dat ik ermee was weggekomen, ik leefde nog. Ik wilde alleen maar zo snel mogelijk terug naar de woestijn en naar de rest van de patrouille. Ik had voorkomen dat de operatie in gevaar was gebracht en ik bracht rapport uit van wat me was overkomen. Zelfs een bedankje kon er niet af.

Hij was de enige die ik met eigen handen heb gedood, maar het heeft een blijvende indruk op me achtergelaten. Zoiets vergeet je nooit van je leven. Een herinnering zet zich vast in de geest, maar een gevoel neemt bezit van het hele lichaam. En dat gevoel heb ik de afgelopen zeventig jaar met me meegedragen.

Hoofdstuk 4

We maakten ons klaar om Tobruk aan te vallen, bestookten de vijand met Brens en er werd een marinebombardement uitgevoerd om de Italiaanse verdedigingsstellingen te ondermijnen. Het schemerde nog toen we de personeelsvoertuigen parkeerden voor de nacht. Aan de ene kant van het pad bevond zich een steile rotswand, misschien zo'n vijftien meter hoog. Aan de andere kant konden we de Middellandse Zee zien.

Intuïtie is iets heel waardevols in tijden van oorlog en doorgaans is het verstandig er acht op te slaan. Ik had een vreemd voorgevoel en stelde voor de voertuigen iets verderop te plaatsen. Enkele minuten later klonk er een oorverdovende klap die schokgolven door de voertuigen en iedereen die erin zat heen joeg. Het geluid bleef narommelen en werd weerkaatst door de rotsen en onze oren suisden van dat hoge piepende geluid dat op een explosie volgt. Wat wij toen zeiden is niet voor herhaling vatbaar. De Koninklijke Marine kon een vernietigende dreun uitdelen en je kon maar beter niet in de buurt zijn als dat gebeurde. Hun openingsschot was ingeslagen vlak bij de plek waar wij minuten tevoren nog stonden.

Gewoonlijk zou ik tegen mezelf hebben gezegd: 'Mis is mis,'

maar dit was pas de eerste granaat en een marinebombardement is niet iets wat je van dichtbij wilt meemaken. Voordat het stof was opgetrokken, schakelde ik in zijn een en kwamen we in beweging. En dat was maar goed ook, want achter ons sloeg een volgende granaat in de rotsen vlak achter ons in. We reden door.

De aanval begon vroeg in de ochtend met een offensief door de Australiërs op de verdedigingslinies vanuit het zuiden. We zagen dikke zwarte rookwolken opstijgen van de haven waar de Italianen de olietanks in brand hadden gestoken. Hun oorlogskruiser, de San Giorgio, lag in de haven, na zwaar te zijn beschadigd door de RAF. Die hadden ze op de wal getrokken en ook in brand gestoken.

Een van onze officieren, Tom Bird, brak met de pantserwagens van de S-compagnie door de verdedigingslinies heen en maakte een grote hoeveelheid wapens, tweeduizend krijgsgevangenen en, dat was het mooiste van alles, de inhoud van een Italiaanse officiersmess buit. De tanks kwamen achter hem aan en overal werden witte vlaggen opgestoken. Ze namen meer dan 25.000 soldaten gevangen in Tobruk, maar 'Elektrische Snorrenbaard' was er niet bij. Hij was ons weer ontglipt.

De Italianen hadden flink huisgehouden in de haven, maar het beste nieuws was dat er een overvloed aan water in de reservoirs zat om onze dorst te lessen.

Toen Tobruk eenmaal was gevallen konden we terugkeren naar ons nomadische leventje en in die tijd leerde ik ook een van onze beste officieren kennen. Het was tweede luitenant Mike Mosley. Het begin van die kennismaking was weinig veelbelovend. Ik bestuurde een truck en hij zat naast me toen we in zacht zand terechtkwamen en de wielen doelloos rondtolden. In een mum van tijd stonden we tot aan de assen in het zand en zouden we voorlopig nergens heen gaan. Daar was hij bepaald niet over te spreken.

'Had je dat niet gezien? Wat ben jij voor een chauffeur, Avey? De bedoeling is dat je kijkt waar je rijdt.' Ik voelde me op mijn pik getrapt. Dat soort commentaren nam ik van niemand, officier of niet. Ik beschouwde mezelf als een goede chauffeur en de sneer was nog erger omdat hij kwam van een officier voor wie ik respect had. Ik beet op mijn lip en dat was iets zeldzaams in die dagen. Terwijl Mosley toekeek, begonnen we de truck uit te graven en legden geperforeerde metalen zandplaten neer om de banden een beetje houvast te geven, en korte tijd later konden we onze weg vervolgen.

Meestal reed ik in een pantservoertuig met een Bren-machinegeweer erop gemonteerd. Iemand had in de gaten gekregen dat ik een vaardige monteur was. De wagens op zich waren redelijk snel. Je haalde er bijna zestig kilometer per uur mee en ondanks hun lompe rupsbanden en hun bepantsering waren ze goed wendbaar. Je manoeuvreerde door het stuur heel licht te bewegen. Als je linksaf wilde remde je af op de linkerrupsbanden en als je rechtsaf wilde dan deed je het tegenovergestelde.

Even later bevonden we ons op een stoffige heuvel. Een lange rij trucks stond geparkeerd langs een steile weg, helemaal tegen de oplopende kant van de weg aan gedrukt. Het ravijn aan de andere kant was steil genoeg om de kriebels te krijgen.

Mike Mosley zag mij in mijn pantserwagen. 'Rij me eens even langs de colonne en terug,' zei hij, terwijl hij instapte en kaarsrecht op de stoel van de commandant ging staan. Het was duidelijk dat hij door de troepen gezien wilde worden, alsof hij verwachtte dat de manschappen zouden salueren als hij voorbijreed. Nu had ik mijn kans. Ik haalde de schakelaar over om het startlicht aan te zetten en drukte op de startknop. De V-8-motor kwam sputterend tot leven. Ik zette hem in zijn versnelling en schoot met slippende banden vooruit. Ik accelereerde al snel dat het een lieve lust was, terwijl Mosley de bepantsering vastklemde, probeerde zijn ontbijt binnen te houden en in de afgrond staarde. Met slechts vijfentwintig centimeter speling aan weerszijden gaf ik vol gas, met mijn ogen strak gericht op het smalle pad en Mosley die steeds groener werd van ellende. Een kleine ruk aan het stuur zou een van de rupsbanden hebben geblokkeerd en dan zouden we worden gelanceerd. Daar had hij niet van terug. Aan het einde van de colonne keerde ik en deed hetzelfde nog een keer, voordat de stofwolken van de eerste run waren opgetrokken. Hij stapte uit en slaagde er nog net in een gesmoord bedankje uit te brengen. '*Touché*,' zei ik bij mezelf. Ik had hem zijn vet gegeven. Daarna was hij heel beleefd.

De B-compagnie stond onder bevel van Hugo Garmoyle en we werden voor de rest van het bataljon uit gestuurd. We kwamen na de tanks die door de woestijn trokken op weg naar Benghazi, dat ons volgende grote doelwit was. Het landschap werd steeds kaler naarmate we verder van de zee verwijderd raakten. Vijfenzeventig kilometer landinwaarts was de vegetatie schaars, het landschap dor en rotsachtig met stukken roodachtig stofzand, zo nu en dan wat heuvels en diepe ravijnen die in het landschap waren uitgesleten.

Het was prettig om sinds we vaste grond onder de voeten hadden eindelijk weer eens samen met Les op te trekken. Als korporaal-sergeant was hij de commandant van het pantservoertuig. Hij wist wat hij wilde en vertrouwde mij. Zelfs de woestijnzweren, het afschuwelijke eten en het gebrek aan fatsoenlijke nachtrust hadden geen invloed op zijn stemming. Hij was nog steeds zo alert als wat.

Op de avond van 23 januari raakte de pantsereenheid die voor ons uit reed op de weg naar Mechili betrokken in een ernstig gevecht met de Italianen. Ze moesten het opnemen tegen zeventig tanks die zich duchtig weerden. Onze jongens hebben negen tanks uitgeschakeld, maar we betaalden een zware tol. Toen we bij ze aankwamen was het al voorbij. De Italiaanse tanks waren vernietigd en verspreid in de woestijn achtergelaten. 'God zij degenen die daarin zaten genadig,' dacht ik terwijl ik naar een uitgebrande Italiaanse M13 keek. Hun bepantsering was net gatenkaas. Iedereen die erin zat was gewoon gebraden.

Een van de anderen was op een M13 geklauterd die er op het

eerste gezicht niet al te ernstig beschadigd uitzag. 'O mijn god, moet je dit toch eens zien. Er is hier iemand die nog leeft.' Hij stond aan de kant van de geschutskoepel, staarde met één hand op de loop door het luik naar binnen en was niet in staat zijn blik af te wenden.

Ik trok me aan de loop van het kanon omhoog en keek naar binnen. De tankcommandant zat nog steeds op zijn plaats. Zijn ingewanden lagen donker en karmozijnrood over zijn schoot uitgespreid. Hij bewoog nog een heel klein beetje. Het zou belachelijk zijn om te proberen hem eruit te tillen. Hij zou de pijn niet kunnen verdragen en bovendien had hij sowieso niet lang meer te leven.

Heel even was ik weer zeventien jaar oud en terug in Essex. Ik was op fazantenjacht met mijn vader en zijn vrienden. We liepen met de honden springend om ons heen door het dichte kreupelhout. Ik genoot van het warme weer en het gezelschap van de volwassenen. In de verte klonk gefladder toen een van de honden op honderd meter afstand een mannetjesfazant deed opvliegen. Ik richtte mijn buks met tapse boring, vuurde en voelde de terugslag tegen mijn schouder. Ik zag de vogel omlaag storten en wist dat ik hem had gedood. De honden apporteerden hem en ik beende door het lange gras terug naar het gezelschap, terwijl ik de fazant aan zijn staartveren vasthield en glunderde van trots. Ik had meteen door dat er iets niet in de haak was.

'Ik neem aan dat je denkt dat het een goed schot was,' zei mijn vader.

'Ja, dat denk ik inderdaad,' antwoordde ik.

'Nou dat was het helemaal niet, dat kan ik je wel vertellen. Op die afstand was het een pure toevalstreffer.'

Ik wist inmiddels wel beter dan te protesteren.

'Op die afstand had je de vogel kunnen verwonden en zou het dier dagen pijn hebben geleden. En maak nu dat je wegkomt.'

Hij had me altijd geleerd respect te hebben voor mensen en dieren, maar ik was vernederd ten overstaan van al die mannen.

Natuurlijk had hij gelijk, maar destijds haatte ik hem. Ik draaide me om en vertrok met mijn staart tussen de benen.

Nu, niet eens zo heel veel jaren later, stond ik op een Italiaanse tank en keek neer op een man die mijn vijand was geweest, maar nu een creperend menselijk wezen was dat ten dode was opgeschreven.

Ik heb gelukkig zijn gezicht nooit gezien, maar ik hief mijn geweer op en deed wat ik juist achtte. Daarvoor werd ik op rapport geslingerd en later die dag moest ik me bij de baas melden. Hij zat op een stapel houten kisten. Hij wilde het hele verhaal horen en omdat hij een doorgewinterde militair was denk ik dat hij het begreep. Er werd met geen woord meer over gerept.

Ik besloot die nacht niet onder de pantserwagen te slapen en groef mijn gebruikelijke grafachtige bed van zand, op enige afstand van de voertuigen maar nog steeds binnen de begrenzing van het kamp. Ik controleerde mijn wapens en ging gelijk met de anderen slapen – geen joviale kampvuren met wapenbroeders onder de woestijnhemel, alleen maar uitgeputte mannen slapend in het zand.

Ik sliep in de woestijn altijd met mijn oren gespitst. Het minste of geringste gerucht dat me onbekend voorkwam en ik was klaarwakker en paraat. Hoe meer patrouilles ik liep, hoe zwaarder het werd. Ik wist hoe gemakkelijk het was om 's nachts onopgemerkt een kamp binnen te dringen; om je in het donker te verplaatsen, de etensgeuren op te snuiven en zelfs te kunnen horen hoe mannen die zich volkomen veilig waanden 'O Sole Mio' zongen. Ik wist ook dat een soldaat die 's nachts een vijandelijk kamp binnendrong, tot de tanden gewapend was en bereid om te doden als dat nodig was om te kunnen ontsnappen. Hij zou hetzelfde doen wat ik had gedaan.

Het was het mistroostige geluid van regen dat me wekte. Ik tastte in het donkere, natte zand totdat mijn handen het koude knobbelige metaal van de Mills-handgranaten voelde en slaakte een zucht van verlichting. De Beretta lag nog onder mijn arm en de .38 was binnen bereik. Op alles voorbereid sluimerde ik weer in terwijl ik luisterde naar het gekletter van de regen en het gesnurk in de verte. Wat later werd ik bibberend wakker, met een onverwacht gewicht dat op me drukte. De slaapzak was stijf en ik kon me nauwelijks bewegen. Ik was overdekt met een laagje ijs.

Vervolgens trokken we op naar Fort Mechili. We wilden de Italianen de pas afsnijden, maar we misten ze net. Onze kaarten waren onnauwkeurig en ze vonden een vluchtweg waarvan wij het bestaan niet kenden. Ze hadden 's nachts hun stellingen verlaten en voertuigen en voorraden achtergelaten. Opnieuw waren ze op de vlucht geslagen.

Die lange tochten in een pantservoertuig waren geen pretje. Ze waren een speelbal van de elementen. De stoel van de chauffeur kon tijdens een vuurgevecht worden verlaagd zodat je onder de bepantsering kwam te zitten, maar onder het rijden had het weer vrij spel en de tocht creëerde een vacuüm, waardoor het opstuivende zand om je heen naar binnen werd gezogen. We waren vlak bij Fort Mechili toen er uit het niets een venijnige woestijnwind opstak. Zoals gewoonlijk betekende dat een avondmaal van cornedbeef met zandkorrels. Het konvooi kwam tot stilstand en voordat ik de kans had om uit te stappen, stond Eddie Richardson naast me.

'Zoals jij eruitziet kom je Shepheard's nooit binnen, ouwe reus,' zei hij. Het zand dat aan mijn wangen plakte, barstte toen ik glimlachte. Ik stapte uit, klopte met beide handen het zand uit mijn haar, nam een slok troebel water en toog aan het werk. De rupsbanden op een Bren-pantservoertuig hadden veel onderhoud nodig, vooral op rotsachtige grond. Ik begon de draaipennen te controleren die alle segmenten van de banden bijeenhielden. Een vervoermiddel zonder banden was een statische schietschijf, dus bij de geringste twijfel verving ik ze. Dan sloeg ik met een zware hamer de oude pen los en de vervanging erin, die op zijn beurt de oude eruit duwde. Zo konden we weer een aantal kilometers vooruit.

Op 28 januari sloegen we onze tenten op om de stelling te verzekeren en onderhoud te plegen aan de voertuigen en de rest van het 2RB voegde zich een paar dagen later bij ons. Ze hadden wat problemen gehad met de Italiaanse luchtmacht. Gevechtsvliegtuigen hadden hen bestookt en hun bommenwerpers hadden hen op een haar na gemist. Zij hadden te horen gekregen dat ze even mochten uitblazen en dat we een kleine twee weken zouden blijven waar we waren.

Dat bleek een goede grap. Twee weken bleken eerder twee uur. De vrachtwagens hadden hun motorkappen openstaan en de mannen waren bezig zich te wassen en te scheren. Een aantal officieren was op verlof of stond op het punt om op verlof te gaan. Op dat moment arriveerde generaal 'Jumbo' Wilson, de hoge baas. Het gerucht ging als een lopend vuurtje door het kamp. Er stond iets groots te gebeuren. De RAF had lange rijen vijandige voertuigen Benghazi zien verlaten en de hoge omes vermoedden dat de Italianen het hele gebied verlieten en wegtrokken uit Cyrenaica. We bevonden ons ver in het binnenland, midden in een stuk Afrika dat uitstak in de Middellandse Zee. De Italianen vertrokken langs de linkerkust van de uitstulping. Tussen hen en ons lag tweehonderdvijfentwintig kilometer woestijn. Een stoutmoedige aanval zou hen een beslissende slag kunnen toebrengen maar het was een reis, hoorden wij later, waaraan zelfs kamelenkaravanen zich niet waagden. We probeerden zoveel slaap in te halen als we konden.

Het was een wedren. Bij het krieken van de dag werden de motoren gestart en kwam de colonne van tanks, pantserwagens, trucks en personeelsvoertuigen in een lange rij, ver uit elkaar vanwege een mogelijke luchtaanval, in beweging. Als het hele Italiaanse leger al onderweg was, zouden we ver in de minderheid zijn, zelfs als we daar op tijd aankwamen om hun de pas af te snijden. Die eerste honderdtwintig kilometer waren hels. Het was een afschrikwekkend landschap bezaaid met rotsplaten en doorspekt met wadi's en verborgen stukken drijfzand. Als je daarin verzeild raakte zat je vast tot sint-juttemis. De voertuigen met rupsbanden bokten en steigerden over de rotsblokken, greppels en kamelenbulten en liepen voortdurend het gevaar een band te verliezen. Alleen op die tocht verving ik minstens twaalf pennen om het voertuig in beweging te houden. Het was van het grootste belang dat die regelmatig werden nagekeken. Een ander vervoermiddel bestond niet. Al onze voertuigen hadden al veel te lang geen fatsoenlijke onderhoudsbeurt gehad. De lichte tanks kregen steeds weer panne en moesten met hun bemanning worden achtergelaten en hopen op herstel.

Het weer maakte het ook bepaald niet gemakkelijker. Het ene moment was het zicht belabberd in de eindeloze windvlagen zand en stof, dan weer werden we overvallen door een ijskoude stortbui. De commandanten hadden het het zwaarst, want zij stonden, half bevroren van de kou, achter in de trucks als woestijnmatrozen. Algauw werd ons brandstoftekort nijpend. In het gunstigste geval reden de personeelsvoertuigen een op anderhalf, maar op deze slechte grond was het vaker een op een of nog meer en het gehobbel en gebonk sloegen gaten in onze reserveblikken. Als de brandstoftanks bijna leeg waren, werd het hoopje zand onderin in de carburator gezogen en kwamen we schokkend tot stilstand. We hadden ook tekort aan water en stonden op rantsoen van slechts één glas per persoon per dag.

In de buurt van Msus, op negentig of honderd kilometer afstand van de kust, sloot de colonne zich aaneen. Onze luchtmacht had geen reservemotoren meer, maar een enkele nog functionerende Hurricane rapporteerde een lange rij Italiaanse voertuigen ten zuiden van Benghazi.

We kregen nieuwe orders. De tanks en de personeelsvoertuigen konden zich niet snel genoeg verplaatsen. Er werd haastig een speciale eenheid samengesteld van snellere voertuigen die zuidwaarts moest snellen om de Italianen de pas af te snijden. Voor deze 'Combeforce' werden tweeduizend van ons uitgekozen die onder bevel stonden van luitenant-kolonel John Combe van het Elfde Regiment Huzaren. De tragere voertuigen zouden later volgen.

Ik pakte munitiegordels en mijn slaapzak, klom achter in de dichtstbijzijnde truck en liet verder alles achter in de pantserwagen. Om één uur in de middag waren we weer op weg, maar ditmaal met hogere snelheid.

Toen de avond viel moesten we halt houden, want de Italianen hadden thermosbommen op de weg aangebracht. Dat waren gemene kleine cilinders in de vorm van een thermosfles, maar bepaald geen sinecure. Bij zonsopgang gingen we, met kokende motoren, weer op pad en maakten gebruik van ons kompas om de weg naar Sidi Saleh af te snijden. De woestijn maakte plaats voor een minder afstotelijk landschap, met wat meer groen en tekenen van beschaving. Wij kwamen van de woestenij in wat ooit de graanschuur van het Romeinse Rijk was geweest.

Drie Italiaanse gevechtsvliegtuigen doemden, net toen we even een korte pauze hadden ingelast, op uit het niets met ratelende machinegeweren. We lieten ons razendsnel op de grond vallen, maar het gekrijs van de propellermotoren vervaagde al snel weer tot geronk in de verte. Ze hadden niets bereikt, maar iemand wist waar we ons bevonden. Gezien het feit dat de operatie nu juist ten doel had de Italianen te verrassen, was dat zorgwekkend.

Vroeg in de middag, om een uur of twee, bereikten we de weg bij het uitgestorven dorp Beda Fomm. In anderhalve dag hadden we een afstand van bijna tweehonderdvijftig kilometer afgelegd door zo ongeveer het onherbergzaamste stuk woestijn dat er bestond. En dat niet alleen, we zagen ook iets uit het noorden op ons afkomen. We waren de Italianen te vlug af, maar het was op het nippertje geweest.

De weg liep over zanderige grond met lage randen van het noorden naar het zuiden. De zee en de duinen bevonden zich drie kilometer westwaarts van ons. We werkten hard om de kanonnen aan beide kanten van de weg op te stellen. Kapitein Tom

Pearson had de leiding en hij begon een mijnenveld te leggen. We hadden nauwelijks de tijd om onze schuttersputjes te graven voor het vijandelijke leger arriveerde.

De eerste Italianen kwamen in het vizier en stel je eens voor hoe vreemd die opkeken. Zij verkeerden in de veronderstelling dat de dichtstbijzijnde vijand zich op minstens honderdvijftig kilometer afstand bevond, dus gingen ze ervan uit dat de voertuigen in de verte van een bevriend onderdeel waren, totdat wij het vuur op hen openden. Ze wisten niet hoe ze het hadden. Ze verlieten in vliegende vaart de weg om dekking te zoeken en toen begon het gevecht pas echt. Zij waren ver in de meerderheid, maar gelukkig wisten ze dat niet. Ze deden een paar drieste uitvallen en wij sloegen die steeds weer af, maar het aantal Italianen dat op ons afstormde groeide nog steeds.

Laat in de middag had onze pantsereenheid ons ingehaald en viel de Italiaanse colonne ten noorden van ons in de flank aan. Toen het begon te schemeren hadden ze overal Italiaanse voertuigen in brand gestoken en hadden we al duizend soldaten gevangengenomen, maar de Italianen bleven maar komen. Wij wisten toen niet dat 'Elektrische Snorrenbaard ' zich in de colonne bevond en hij had bevel gekregen aan de val te ontkomen. Dat had hem eigenlijk moeten lukken, want het was geen erg geschikt gebied voor zo'n ongelijke strijd, met vlak terrein dat zich aan beide kanten van onze wegversperring uitstrekte. Onze orders waren duidelijk: de Italianen moest worden belet door te breken tussen de weg en de zee.

Tom Pearson, een van onze beste officieren, wist dat we de Italianen ervan moesten overtuigen dat we veel talrijker waren dan we in werkelijkheid waren, omdat ze anders gewoon over ons heen zouden walsen. Die avond besloot hij tot een stoutmoedige aanval op de Italiaanse colonne.

Mike Mosley koos twee pelotons, waaronder het mijne, en een bescheiden sectie artillerie om die opdracht uit te voeren. Ik was opgelucht dat ik aan de zijde van Mosley mocht vechten. Hij was een beetje een mysterie, de enige zoon van een bisschop, die tot de oorlog uitbrak zelf een kerkambt ambieerde. Hij was een van nature nieuwsgierige man en een briljant soldaat, die tijdens het gevecht geen greintje vrees kende. Nadat ik hem met mijn chauffeerkunst de stuipen op het lijf had gejaagd stonden wij quitte. Ik had evenveel vertouwen in hem als in welke officier dan ook. Die avond zou hij zich onderscheiden voor het Militaire Grootkruis.

Ik monteerde de zijstang op de Bren, controleerde het kromme magazijn en klom achter in de dichtstbijzijnde truck. Mosley klauterde achter me aan, trok zijn revolver, gaf een klap op het dak van de cabine en we verdwenen slingerend in het duister.

Het moet rond middernacht zijn geweest toen het geronk van motoruitlaten ons zei dat er vanuit het noorden nog een colonne naderde. Ik begon al beter te zien in het donker en we onderscheidden de silhouetten van trucks, tanks en kanonnen op zo'n tweehonderdvijftig meter afstand. Het waren minstens tweehonderd voertuigen, die zich als een lang lint over de weg verplaatsten. We waren bij lange na niet met genoeg manschappen om ze een doorbraak te beletten, dus begonnen we met het scheppen van een optische illusie.

Ik richtte mijn Bren laag omdat de terugslag altijd maakte dat je boven het doelwit uit schoot. Je moest lager richten en druk uitoefenen op de zijstang. Mosley wees met zijn revolver op het doelwit en gaf het bevel: 'Salvo van vijf, zodra je kunt.'

Op die afstand was het wapen behoorlijk accuraat. De vlammen lekten al snel langs de eerste trucks en de voertuigen die erachter stonden werden beschenen door het oranje licht, wat ze tot gemakkelijker doelwitten maakte. Binnen enkele seconden zagen we zwarte gestalten door het zand rennen.

Onze zwaardere artillerie begon granaten af te vuren op de vijand en we reden langs de colonne, stopten af en toe om te vuren en schoten vaak ook onder het rijden. Een paar artilleristen lieten een weidse regen van kogels op de vijand neerdalen. Ik vuurde nooit meer dan vijf kogels per serie af. Dat was niet nodig. Af en toe schoten we een lichtkogel af om te zien hoe we het eraf brachten en dan zagen we ze in een bocht door de duisternis snellen.

De colonne was bijna vijf kilometer lang en wij brachten haar tot stilstand. Toen we bij het einde aankwamen, keerden we om en bereidden ons voor om op de terugweg meer vernielingen aan te richten. Uiteraard schoten ze terug, maar met weinig enthousiasme. We hielden het drie uur vol, maar een paar van onze trucks raakten in moeilijkheden, dus moesten we terug voor reparaties. Ons voedsel en onze munitie begonnen op te raken. Er stond een stormachtige wind met hevige regenbuien, waardoor je vaak niet veel kon zien. De artillerie kon zich niet verplaatsen omdat de pantservoertuigen alle benzine opslokten en sommige kanonnen hadden nog maar dertig kogels over.

De Italianen wisten van geen ophouden. Het ging de hele dag door, met sporadische aanvallen, vuurgevechten en opgeblazen voertuigen alom, waarachter soldaten dekking zochten. De commandant van onze stafcompagnie arriveerde tijdens een ongebruikelijke luwte en besloot dat het eerste wat we nodig hadden een messtent was en liet een grote witte feesttent vlak naast ons opzetten. Wat een mafkees. Zo vormden we een ideale schietschijf en de Italiaanse granaten vlogen ons onmiddellijk om de oren. De slag werd voornamelijk vierenhalve kilometer noordelijk van ons gevoerd, waar onze tanks de Italianen bestookten op de weg rond de heuvel die wij 'de Pukkel' noemden. Wij waren de 'longstop', de kurk in de fles waar ze telkens opnieuw doorheen wilden breken.

We kregen het steeds zwaarder te verduren. Een groep Italiaanse tanks koerste recht op ons bataljonshoofdkwartier af en kon nog maar net op zo'n honderd meter afstand tot staan worden gebracht. Hier en daar werden witte vlaggen opgestoken en aan het einde van de dag hadden we ongeveer tienduizend krijgsgevangenen gemaakt, maar de rest bleef ons bestoken.

Ergens in de duinen tussen ons en de zee bewaakte een van

onze onderofficieren, pelotonsergeant-majoor Jarvis, samen met infanterist Gillan, vijfhonderd gevangenen. Zij zagen twee grote Italiaanse tanks naderen en besloten die te bestormen, twee mannen te voet tegen tanks. De Italiaanse gevangenen, die een kans zagen om te ontsnappen, deden mee met de bestorming en de verblufte Italiaanse officier in de voorste tank opende het luik van zijn geschutskoepel om te zien wat er gaande was. Jarvis sloeg hem met zijn geweerkolf op zijn hoofd en vuurde vervolgens door de spleten, waarna de bemanning zich overgaf. Gillan deed ongeveer hetzelfde bij de andere tank en ze namen ze allebei in beslag. Daarvoor werden ze beiden beloond met de DCM (medaille voor buitengewone moed), maar toen een officier hen gelukwenste, antwoordde Jarvis laconiek: 'Ja, het kwam goed uit, kapitein, want de soldaat en ik hadden meteen een lekker warm onderkomen voor de nacht.'

In het duister konden wij de motoren van zware voertuigen horen. Het was duidelijk dat de Italianen iets in hun schild voerden. Vlak voor zonsopgang kregen we ze in de gaten. Een grote troepenmacht, voorafgegaan door dertig tanks, naderde de wegversperring waar die zich snel verspreidde alsof ze de versperring wilden omsingelen. Het was hun grote slotoffensief en toen ze door onze voorste linies heen braken, zag het er even naar uit dat ze daarin zouden slagen. De jongens konden niet anders dan zich terugtrekken. Toen het offensief werd ingezet hadden we nog elf antitankwapens over en terwijl wij hun tanks uitschakelden, schoten zij onze kanonnen aan gort. Volgens overlevering hadden we aan het slot nog maar één functionerend kanon over en de artilleristen die dat kanon bedienden wisten met hun laatste vijf granaten vijf tanks op te blazen. Ik weet niet of het echt zo op het nippertje was, maar die laatste Italiaanse tank kwam op twintig meter afstand van onze staftent voor we hem tot stilstand konden dwingen.

We rekenden af met de infanterie die de pantsereenheid volgde en tegen die tijd hoorde iedereen het gedender van onze tanks die ons uit het noorden kwamen versterken. Je zag steeds meer witte vlaggen langs de weg omhooggaan en overal begonnen Italiaanse soldaten op te duiken, van wie velen vast en zeker blij waren dat het voorbij was. Ik hield mijn wijsvinger aan de trekker. Het kon nog altijd link worden. Later hoorden we dat een officier met een bijl was aangevallen door een gevangene die zich eerder al had overgegeven. Je kon maar beter op je hoede zijn.

De man liep langs de colonne toen ik hem zag, langs uitgebrande trucks en gruwelijk verwrongen tanks. Toen hij voorbijliep kwamen er nog veel meer Italiaanse soldaten met witte vlaggen tevoorschijn. De verhalen lopen enigszins uiteen, maar ik zie hem nog steeds voor me, met zijn lange cape die van voren open was. Af en toe zag je iets glimmen van het uniform dat hij eronder aanhad en je kon zien dat hij meer versierselen droeg dan de gemiddelde kerstboom. Generaal Annibale Bergonzoli, 'Elektrische Snorrenbaard' in hoogsteigen persoon, gaf zich over. Hij had in Bardia en in Tobruk weten te ontkomen, maar nu hadden we hem te pakken, samen met een hele kluit andere generaals.

Terwijl zijn stoffige cape opwaaide, zag ik dat hij nog steeds iets bij zich droeg wat sterk leek op de ivoren kolf van een automatisch pistool. Ik deed een stap vooruit en wees op het vuurwapen op zijn heup. Hij keek me uitdagend aan en wist meteen waar ik op doelde. Bijna zonder zijn pas in te houden klopte hij met zijn rechterhand op het piepkleine vuurwapen en bewoog zijn wijsvinger toen afkeurend heen en weer. Ik begreep het meteen. Hij wilde zijn pistool niet afgeven en zich niet officieel overgeven aan iemand die geen officier was. Ik deed een stap opzij en gebaarde hem naar ons toe te komen. Ik geloof dat kapitein Tom Pearson het hem uiteindelijk heeft afgenomen.

En dat was de slag om Beda Fomm. Binnen een tijdsbestek van enkele maanden hadden we 130.000 krijgsgevangenen gemaakt. Onze ademloze sprint door de woestijn had het ons mogelijk gemaakt het gehele Italiaanse Tiende Legerkorps van de kaart te vegen, maar er was geen jubelstemming, alleen maar opluchting.

Twee dagen na het vuurgevecht baande ik mij een pad tussen het verwrongen metaal en de misvormde chassis van voertuigen. Het gevaar dat mij tijdens de strijd waakzaam en scherp had gehouden was verdwenen. Misvormde lijken lagen verspreid in het zand en vormden al een prooi voor de vliegen. Over een weids gebied lagen losse armen en benen, die waren afgerukt door explosies of zelfs intens machinegeweervuur. Er stond één eenzame boom. Gewonde Italianen zaten met hun rug tegen merkwaardig gevormde rotsblokken als schildwachten. De meesten van hen waren weggehaald, maar sommigen lagen nog op de grond, te zwak om zelfs maar te kreunen. Het was een afschuwelijke situatie.

Iedereen rekent er op zijn eigen manier mee af, denk ik. Ik liep Mike Mosley weer tegen het lijf. De grote oorlogsheld scharrelde rond in de duinen, waarbij hij de grond afspeurde. Hij richtte zich op en kwam mijn kant op.

'Zeg, Avey,' zei hij. 'Wist je dat ik niet minder dan twaalf verschillende soorten wilde bloemen op dit stukje zandgrond alleen al heb gevonden. Verbazingwekkend.'

Hoofdstuk 5

ONDANKS DE AFSTRAFFING DIE DE Italianen tijdens de veldslag hadden gekregen, hadden we heel wat wapens en voertuigen buitgemaakt die nog naar behoren functioneerden. Ik kreeg het bevel een lijst te maken van alle bruikbare Italiaanse spullen die we konden redden. In die laatste gedesillusioneerde colonne hadden ook burgerauto's meegereden. Hun gepolijste spatborden waren nu bedekt met een dikke laag stof. Er waren ook bussen waarmee prostituees uit de Italiaanse bordelen in Benghazi waren vervoerd. De vrouwen werden, tot ergernis van sommigen van de jongens, samen met de rest van de burgers teruggestuurd naar waar ze vandaan kwamen.

Later beweerde Bergonzoli dat hij mede het onderspit had gedolven omdat het burgerpersoneel hem voor de voeten had gelopen. Belachelijk. Wel had hij het fatsoen om toe te geven dat wat hij 'de uitstekende schutterskwaliteiten van het karabinierspeloton' noemde er ook iets mee te maken had.

Het was verbazingwekkend wat je allemaal aantrof na een nederlaag. Zo vond ik een geweldige collectie kokardemutsen met hun overdaad aan veren. Die hadden de generaals toch niet meer nodig. Ik heb er eentje bewaard. Dan was er ook nog een schitterende, met de hand vervaardigde serie chirurgische instrumenten in een eveneens met de hand gemaakt leren foedraal, met het opgedroogde bloed nog op de scalpels. Ik interesseerde me meer voor water. De rantsoenering was nauwelijks verbeterd en ik barstte van de dorst.

Al snel viel mijn oog op een grotendeels onbeschadigd kluitje trucks. Daarin bevonden zich honderden houten kisten, elk zestig centimeter in het vierkant en ongeveer twintig centimeter diep. Ik voelde dat mijn hart sneller ging kloppen bij de gedachte dat daar wel eens voedsel of drinken in zou kunnen zitten. Ik was samen met nog een soldaat. We sprongen in de laadruimte van de eerste truck. 'Kom op, een beetje enthousiaster,' zei ik, 'steek je zwaard er eens tussen.'

Hij hakte een gat in het triplex. Ik was onmiddellijk teleurgesteld. Er zaten geen flessen of blikken in, alleen maar bedrukt papier. Toen slaagde hij erin de deksel er helemaal af te wrikken. 'Godallemachtig, moet je nou eens kijken,' zei ik. De kist zat vol met duizenden en duizenden splinternieuwe pasgedrukte Italiaanse bankbiljetten.

Hetzelfde gold voor de tweede kist en de derde enzovoort enzovoort. De trucks waren eigendom van de Italiaanse militaire loonadministratie en er was voldoende geld om een heel leger mee te betalen, maar wij hadden weinig aan die miljoenen lires. Later kwam ik erachter dat je ze in Cairo kon omwisselen voor de koers van zeshonderd het pond, maar ik zou de hele zwik graag hebben ingeruild tegen een paar flessen schoon water en wat fatsoenlijk voedsel.

Ik rapporteerde het en daarmee was de kous af. We gooiden een paar kisten in de bak van de drietonner en dachten er verder niet aan. Sommige mannen gebruikten Italiaans geld om hun sigaretten mee aan te steken of zelfs een handjevol bankbiljetten om, terwijl ze lachend in de woestijn gehurkt zaten, hun achterste mee af te vegen. Voor die biljetten zou de wisselkoers in Cairo wel eens wat ongunstiger kunnen uitvallen. We waren meer onder de indruk van de rijst en de tomatenpuree die we later vonden. Die kon je opeten.

We wachtten dagenlang om te worden afgelost door een andere colonne die uit het noorden moest komen. Uiteindelijk kwam het bevel dat we naar Benghazi moesten optrekken om ze tegemoet te gaan. De kisten met geld lagen nog steeds achter in de drietonner toen we vertrokken.

Het was een rit van honderd kilometer en af en toe vingen we een glimp van de zee op om ons eraan te herinneren dat niet de hele wereld uitsluitend uit zand bestond. In een buitenwijk van Benghazi kwamen we tot stilstand in een verkeersopstopping. Toen hoorden we boven het geluid van de uitlaten en de claxons een schot, snel gevolgd door nog een schot en toen het fluitende geluid van een kogel die op iets hards afketste. Er was een sluipschutter in de buurt. Ik keerde de drietonner en reed snel de andere kant op. Ik bleef rijden tot de straten rustiger waren en stopte bij een chic uitziende bar.

Ik was toen niet dol op sterkedrank en moest helemaal weinig hebben van alcohol, maar als je keel aanvoelt als bordkarton was de keuze eenvoudig. We gingen met z'n vijven naar binnen en namen een kist met lires mee.

We betraden de mooiste plek die ik sinds ons vertrek uit Cairo had gezien, een koele, lichte kamer van minstens dertig meter lang en tien meter breed. De muren en het plafond waren bedekt met zorgvuldig bewerkte glazen spiegels. Er was een lange marmeren toog aan de ene kant en het was er druk.

Er klonk een gedempte kreet van een van de paar vrouwen en de rest van de klanten hield plotseling de adem in. Iedereen keek naar ons en was doodsbang. Eén blik op de spiegelwand en ik kon zien waarom. Wij waren woestijnbandieten, gehavend uit de strijd gekomen en groezelig, en we zagen eruit alsof we de zaak overhoop kwamen schieten.

We talmden niet. Twee van de jongens liepen meteen door om de keukens en de achterkamers te controleren op verdachte elementen. Nog maar tien minuten tevoren had er iemand op ons geschoten en het laatste waaraan we behoefte hadden was nog meer van die verrassingen. Toen we gerustgesteld waren liepen we naar een tafel toe en degenen die daar zaten maakten haastig plaats voor ons. We gingen op de glimmende metalen stoelen zitten en hielden de deur in de gaten.

Een kleine man naderde ons omzichtig en zei iets in het Italiaans wat ik niet verstond. Hij was een jaar of veertig met een zorgvuldig geknipte zwarte snor en een wit jasje. We namen aan dat hij de uitbater was.

'Drankje voor allemaal,' zei ik, wijzend op een glas en in de lucht een rondje beschrijvend met mijn hand. Hij begreep wat ik bedoelde, knipte met zijn vingers en sprak een paar woorden in het Italiaans. De drankjes werden geserveerd, waaronder ook bier voor de jongens en de sfeer ontspande enigszins. Ze zouden zich nooit helemaal ontspannen in de aanwezigheid van een groepje vijandelijke soldaten, vers van het front, die midden in de tent grappen zaten te maken.

De klandizie van de bar bestond voornamelijk uit Italiaanse burgers en ze hadden alle reden om zenuwachtig te zijn. Ze hadden de evacuatie van Benghazi meegemaakt. Velen van hen waren getuige geweest van de veldslag, waarna wij ze weer terug naar huis hadden gejaagd.

'Weet je,' zei ik tegen de jongens terwijl ik achterwaarts op mijn stoel zat te wiebelen. 'Wat denken jullie ervan, we zouden de tent pardoes kunnen opkopen, nietwaar?' Er verscheen een brede glimlach op onze lippen. We begonnen er weer een beetje plezier in te krijgen na die paar knap rottige maanden. We zetten de kist op de marmeren toog en riepen de eigenaar.

'Hoeveel voor de hele tent?' vroeg ik met een grijns, terwijl ik om me heen wees. Hij keek me wezenloos aan. Ik probeerde het nog een keer, maar nu trager en met overdreven handgebaren.

'We willen de bar kopen... de hele santenkraam, tafels, stoelen, alles? We hebben lires. Hoeveel?' Hij begreep het nog steeds niet.

Ik trok mijn zwaard, wat hem deed terugdeinzen. Ik wrikte de deksel los en wees op de inhoud. 'Kijk, geld, jullie geld. Lires, lires, massa's lires.' Zijn ogen gingen wijdopen en hij was onmiddellijk geïnteresseerd. Voor ons waren het maar stukjes papier, maar de man met de snor begon de mogelijkheden te zien.

We bleven daar een halfuur en dat was lang genoeg om het gerucht te verspreiden. We hadden geen flauw idee of het gebied veilig was en het was tijd om ons te verontschuldigen en te vertrekken. De eigenaar en zijn familie gingen er nog voor ons vandoor en hij nam de kist met lires met zich mee. Ik weet zeker dat het een redelijke prijs was en ik vind het nog steeds leuk om te zeggen dat ik onroerend goed bezit in Libië.

We keerden terug naar de geordende chaos van het bataljon, De jongens vonden dat we hadden moeten doorstoten naar Tripoli, nu we toch eenmaal op dreef waren, maar de hoge piefen dachten daar anders over. Die waren begonnen aan de voorbereidingen voor de terugtocht. Daar hadden ze niet geheel ongelijk in, want de meeste van onze voertuigen moesten nodig eens goed worden nagekeken en gerepareerd. De hele Zevende Pantser Divisie was, waar het ons materieel betrof, een gammel zooitje.

We genoten nog steeds na van de overweldigende overwinning toen zich aan de hemel een slecht voorteken aandiende. Op 12 februari om 06.30 uur werd door een patrouille een bommenwerper gezien die op minder dan twintig meter hoogte over de weg op ons afkwam. Hij liet diverse zware bommen vallen en verdween in de mist in de verte. Het was niet zo'n klunzige driemotorige Savoia. Het was een Junkers Ju-88 met zwarte kruisen op de vleugels. De Luftwaffe was gearriveerd. Diezelfde dag vloog Rommel naar Tripoli om zich in de woestijnoorlog te mengen en de Duitsers begonnen met de samenstelling van een nieuwe gevechtseenheid. Het Afrikakorps. Vanaf dat moment zouden we er niet meer zo gemakkelijk van afkomen.

In de vroege ochtend van 21 februari, na minder dan vierentwintig uur van tevoren op de hoogte te zijn gesteld, vertrokken we via Tobruk naar Cairo. Ik was met Charles Calistan. Het leek wel een eeuwigheid sinds we samen Cairo hadden verkend. Sindsdien waren we allemaal met bloed besmeurd geweest. Van vooruitgang was nauwelijks sprake. We werden geacht in formatie te rijden met honderd meter tussenruimte tussen de voertuigen en een slakkengang van tweeëntwintig kilometer per uur als alles meezat en niet meer dan zes kilometer in de beroerdste stukken van de woestijn. Tom 'Dicky' Bird was de betrouwbare bataljonsnavigator. We hadden voedsel en water bij ons voor twee dagen, maar het was een lange, droge tocht. Kapotte voertuigen mochten niet worden achtergelaten. Er kon niets worden gemist. Zo nodig moesten we alles mee naar huis slepen.

Op de tweede dag klonk er een oorverdovende klap. Een van de pantservoertuigen was op iets gestoten. Toen we het wrak naderden, leek het alsof een van de soldaten al dood was. We zagen een ander die luid schreeuwend en kronkelend van de pijn op de grond lag. Het was George Sherlock, een oudere soldaat en ook een enthousiaste bataljonsbokser. De natuurlijke reactie was zo snel mogelijk wegrennen om hulp te halen, maar dat kon fataal zijn als ze in een mijnenveld waren beland. En verzamelen op één plek maakte je ook een geschikter doelwit wanneer je werd aangevallen, dus moest je na een explosie er eerst achter komen wat er precies aan de hand was, voordat je iets stoms deed. We liepen er behoedzaam heen, schreeuwden hem toe dat hij het niet moest opgeven, maar zijn geschreeuw werd alsmaar wanhopiger. Het had een mijn kunnen zijn, of een boobytrap, maar het bleek een thermosbom te zijn die daar veertien dagen eerder was neergelegd. George bloedde als een rund, maar hij had nog voldoende energie om te schreeuwen en dat was een goed teken. Zijn been leek ernstig verminkt en zijn arm was er niet veel beter aan toe. Hij zou voorlopig wel niet in de ring verschijnen, en hij werd nog geagiteerder toen ik naar hem toe liep.

'Nee! Nee! Hou Avey bij me uit de buurt,' schreeuwde hij, wat maakte dat ik stokstijf bleef staan. Ik was verbijsterd. Hij had dringend hulp nodig.

'Laat hem niet bij me komen, hij schiet, ik weet het zeker, hij gaat schieten.'

Toen begreep ik dat hij het verhaal had gehoord over de Italiaanse tankcommandant.

Hij was in paniek en verloor een heleboel bloed, maar ik was geschrokken van zijn angst voor mij. Ik wilde het niet erger maken en liet het verbinden van zijn wonden over aan anderen.

Zijn woorden bleven door mijn hoofd spoken. We brachten hem naar het ziekenhuis in Tobruk, waar we ook onze veroverde Italiaanse voertuigen afleverden. We ruilden onze andere voertuigen tegen tien trucks voor de laatste etappe terug naar Cairo. Die avond werd Tobruk zwaar gebombardeerd en gaven de Duitsers maar al te duidelijk blijk van hun aanwezigheid. Ze waren zo vriendelijk ons op hun vluchten ook even aan te doen en smeten op weg naar huis een paar bommen onze kant op.

Omdat ik nu eenmaal van snelheid houd, constateerde ik tot mijn tevredenheid dat de trucks wel dertig kilometer per uur haalden, maar met mijn gezondheid ging het bergafwaarts. Met die maanden stress, inspanningen en strijd achter de rug, was mijn weerstand uitgeput. Ik begon me echt beroerd te voelen.

In de middag van 28 februari waren we veilig terug in Mena, aan de rand van Cairo, waar onze voorhoede al flinke vorderingen maakte met het opslaan van het kamp. De tenten en houten barakken zagen er luxueus uit maar ik lag inmiddels al in het ziekenhuis met een mysterieuze ziekte. Het herstel zette in maar de woestijn wilde ons niet met rust laten. Terwijl ik versuft lag te transpireren, ondergingen de nieuwe uniformen van de anderen hun vuurdoop door een hevige zandstorm.

Duitse vliegtuigen lieten mijnen vallen in het nabijgelegen Suezkanaal. 2RB moest de oevers en de plekken waar de mijnen neerkwamen afzetten. Ze besloten 's nachts een net over het water te spannen, zodat je 's ochtends aan de gaten in het net kon zien waar de mijnen erdoorheen waren gegaan. Om het systeem bij daglicht te demonstreren lieten twee vliegtuigen nepmijnen vallen. Ze verwachtten slechts één vliegtuig en het duurde een poosje voor het tot hen doordrong dat het tweede vliegtuig Duits was en dat de mijn echt was.

Ik heb daar allemaal niets van gezien. Het luxekampement bleek een tweesnijdend zwaard. Zo wisten wij niet dat de lemen muren die waren opgetrokken om de tenten tegen de bominslagen te beschermen een volmaakte broedplaats vormden voor zandmuggen. Die kwamen 's nachts tevoorschijn om ons te bijten. Mijn weerstand was gering. Ik kreeg knijtenkoorts, hoge koorts, hoofdpijn, pijnlijke ledematen, brandende ogen, de hele rambam. De arts vertelde dat mijn lever en milt waren opgezwollen. Het zou nog een poos duren voor ik weer operationeel zou zijn. Er heerste die zomer een epidemie en daar kwam pas een einde aan toen ze leerden met DDT te spuiten.

Ik ben lange tijd ziek geweest. Het bataljon bleef in de buurt van Cairo tot eind april, maar in de woestijnoorlog keerden de kansen. De Australiërs en de Nieuw-Zeelanders werden eraan onttrokken om in Griekenland te gaan vechten en daardoor was de overgebleven troepenmacht met zijn beschadigde materieel gedwongen zich terug te trekken. Korte tijd later had Rommels Afrikakorps de woestijn goeddeels in handen en waren wij weer terug waar we waren begonnen. In april belegerde Rommel Tobruk. Toen stak hij de Egyptische grens over bij Halfaja en werd het 2RB opnieuw de woestijn ingestuurd om het op te nemen tegen de pantserdivisie.

Het begon ongunstig. Rommel joeg hen terug naar Buq Buq. Daar voegde ik me bij hen en vernam dat Montagu Douglas Scott, een officier voor wie ik veel waardering had, was gesneuveld bij Halfaja, op precies dezelfde plek waar ik luttele maanden tevoren voor hem had gechauffeerd. Opnieuw had een woestijnstorm hem veel te dicht bij de vijand gebracht en ditmaal had hij het er niet levend afgebracht. Hij was de eerste officier van mijn bataljon die in de woestijn sneuvelde.

Buq Buq lag aan zee en toen wij met z'n vieren of vijven toestemming kregen om ons op te frissen, lieten we ons dat geen twee keer zeggen. Het was een schitterend strand, met fijn zilverwit zand zover het oog reikte. De zee was azuurblauw en er waren wonderbaarlijke golven, die met imposant geweld in schuim uiteenspattend braken.

We waren net bezig ons af te drogen en een beetje aan het dollen toen we iemand om hulp hoorden roepen. Het duurde even voor we wisten waar het vandaan kwam en zagen toen een man die duidelijk in moeilijkheden verkeerde en minstens honderd meter ver in zee hulpeloos rondspartelde. Er moest sprake zijn van een onderstroom.

Ik was al bezig me aan te kleden na dat welkome maar zoute bad. Ik rukte mijn kleren weer van mijn lijf en rende over het strand om beter te kunnen zien wat er aan de hand was. Ik kneep mijn ogen halfdicht om tegen de zon en de schittering daarvan op het water in te kunnen kijken. Het luide geweld waarmee de golven braken overstemde elk ander geluid.

Hij was niet de enige daar in zee. Minstens dertig meter voorbij hem in zee zag ik nog een figuur opduiken en weer ondergaan tussen de pieken en de dalen van branding, die dreigde door het water te worden verzwolgen. Ik rende het water in, sprong over de voorste golven en waadde toen zo snel mogelijk verder. Toen het water te diep werd, zwom ik tegen de golven in.

Ik bereikte hem en slaagde erin hem al zwemmend mee te trekken. Tegen de tijd dat we weer konden waden, hadden nog een paar jongens ons bereikt en hielpen mij hem aan land te trekken.

Ik wist niet eens zeker of hij nog leefde, hij was niet meer dan een lichaam dat op het strand was gesmakt. Ik wilde me in het zand uitstrekken om op adem te komen, maar realiseerde me plotseling dat geen van de anderen wist wat hij doen moest. Toevallig had ik een EHBO-cursus gevolgd om de tijd te doden op de lange bootreis vanuit Liverpool. Ik verzamelde mijn laatste krachten en begon hem kunstmatig te beademen, terwijl mijn eigen longen bijna uit elkaar barstten van de inspanning. Al spoedig kwam er water uit zijn mond.

Ik richtte mijn aandacht op de tweede man die we in zee hadden gezien, maar hij was verdwenen. De man die ik had gered was een officier van de Koninklijke Artillerie. Hij ademde inmiddels weer uit zichzelf en was bij bewustzijn. Eddie Richardson had er rapport van uitgebracht. Ik vermoed dat hij alleen maar wilde dat mijn superieur wist wat ik had gedaan. Typisch Eddie.

De onderofficier zocht me op toen het kamp werd geteisterd door een zandstorm. De razende wolk van heet zand ranselde de eenheid en drong in alles door. Je kon nauwelijks een hand voor ogen zien en velen van ons hadden dekens over hun hoofden gegooid ter bescherming. Ik maakte gebruik van verband dat ik voor mijn neus en mond had gebonden om de hete lucht te filteren. Ik had me zo goed ingegraven dat iemand me moest aanwijzen, toen hij me bezocht, beschermd door een sjaal voor de onderste helft van zijn gezicht. Zodoende werd het een omfloerst gesprek.

'Ik heb begrepen dat jij je op het strand nuttig hebt gemaakt, Avey. Klopt dat?'

'Jawel,' zei ik, terwijl ik het verband wegtrok van mijn mond om te kunnen spreken.

'Je hebt een officier het leven gered, nog maar liefst.'

'Zo is het.'

'Je begrijpt natuurlijk wel dat ik je daar niets voor kan geven,' vervolgde hij, nu bijna schreeuwend.

'Dat begrijp ik.'

'Maar ik zal het volgende doen. We hebben een paar extra mannetjes nodig om gevangenen naar Zuid-Afrika te escorteren, dus pak je spullen bij elkaar en in de benen, jij.'

'Wat, nu?'

'Ja. Nu. Als je je gedeisd houdt, zou je het best eens tot het einde van de oorlog kunnen uitzingen. Is dat begrepen?'

Ik weet niet meer wat ik daarop tegen hem heb gezegd, maar even later was hij verdwenen, de zoveelste vage schim in de zandstorm. Ik had dierbare herinneringen aan Zuid-Afrika, maar het lot was mij niet welgezind. Ik was me weer zieker gaan voelen. Het bonkte in mijn hoofd en ik had overal spierpijn.

Ik vertrok met het volgende konvooi bevoorradingstrucks naar Cairo, terwijl de woestijnwind nog woedde. Ik barstte van de koppijn en ik had mijn gezicht bedekt om de rondvliegende zandkorrels uit mijn neus en ogen te houden. Korte tijd later lag ik uitgestrekt op de laadbodem van de truck en werd heen en weer geslingerd door een storm buiten en een andere storm die woedde in mijn hoofd. Ik raakte in een delirium. Er waren nog een paar mannen bij me. Ditmaal was het malaria.

Ik mag God dankbaar zijn dat ik zo verzwakt was. Ik weet niet waarom ik het deed, maar een van de jongens heeft mij er later over verteld. De oorlog had me al naar heel wat verschrikkelijke oorden gevoerd. Ik weet niet naar welk daarvan ik terugkeerde toen ik op de harde bodem van die truck lag, maar in mijn delirium werd ik overvallen door een plotselinge emotionele angst- en paniekaanval. Ze vertelden me dat ik opsprong en een van de jongens een revolver afhandig probeerde te maken in de stellige overtuiging dat ik alleen zo het leven van ons allen kon redden. Gelukkig werd ik overmand.

Ze brachten me onder in een hospitaaltent. Ik raakte helemaal de tel kwijt, maar het moet minstens twee weken hebben geduurd en kan ook best veel langer zijn geweest. Het medische personeel was geweldig, de kininebehandeling was bitter en weerzinwekkend. Dat is ongeveer het enige wat ik me herinner, naast de zware bombardementen uiteraard. Tijdens mijn herstelperiode was daar geen gebrek aan en als je onder een tentzeil ligt is dat bepaald niet rustgevend.

Ik kwam erdoorheen en een tijdje later kon ik me weer bij

mijn maten voegen. Spoedig was ik weer op de been en ik zat in de ontbijttent toen een adjudant me zag zitten. 'Wat voer jij hier verdomme uit, Avey? Jij hoort in Zuid-Afrika te zijn.' Ik was ervan uitgegaan dat mijn malaria-intermezzo een einde had gemaakt aan dat dolle avontuur. Hij was al weg voor ik de situatie had kunnen uitleggen. Een paar uur later dook hij opnieuw op. 'Zo, dat is geregeld. Ik heb een schip voor je, dus pak je boeltje bij elkaar en ga als de wiedeweerga naar de haven. Ze hebben twee man nodig. Jij mag zelf bepalen wie je meeneemt, als je maar opschiet.'

Ik speurde de houten tafels af en koos uiteindelijk voor Bill Chipperfield. Bill had op de Otrano in dezelfde hut geslapen als ik. Hij was een goudeerlijke vent en ik had er een goed gevoel bij.

Ze brachten ons met een drietonner naar de haven. Ik was ongeschoren, mijn uniform was vuil en zat onder de olievlekken en toen ik het schip zag waarop wij zouden varen, vond ik mijn kledij in het geheel niet passend. Het was de vermaarde Ile de France, een prachtige Franse lijnboot, die was gevorderd toen Parijs viel. Ze had drie grote schoorstenen omgeven door weidse promenadedekken, maar de zwart-witte laklaag die haar gestroomlijnde vormen accentueerden gingen verloren onder een laag oorlogsschipgrijs.

Ze was beroemd vanwege haar art-deco-interieur met haar schilderijen en beelden en een Parijs cafeetje, zwembaden en sportzalen. Nu was ze omgebouwd tot een troepentransportschip, maar de elegantie en de grandeur waren nog steeds aanwezig.

'U hebt een van de luxe hutten toegewezen gekregen,' verkondigde de gids die me voorging. Hij had geen woord te veel gezegd. Het was een drijvende luxeflat.

Je kon de parfum van elegante Parijse vrouwen bijna ruiken; je voorstellen hoe zij zich kleedden voor het diner in een van de luxueuze eetzalen aan boord, waarna ze aan dek gingen om daar wat te wandelen.

In plaats daarvan voelde ik het schuren van het woestijnzand in mijn stugge, smerige uniform des te duidelijker. Ik streek met mijn vereelte handen over de zachte beddenlakens en droomde. De woestijnzweren op mijn armen leken nu meer iets om je voor te schamen dan een bewijs van plichtsbetrachting.

Er klonk een kuchje, ik keek op en tegenover me zag ik niet één, maar twee Indiase stewards.

'Is alles naar wens, meneer?'

'Eh, eersteklas,' mompelde ik aarzelend. Maanden achtereen had ik heel wat bevelen opgevolgd, weinig te kiezen gehad en helemaal geen geneugten gekend. Nu werden mij keuzes en geneugten volop geboden om dat gemis goed te maken.

'Hebt u alles waaraan u behoefte hebt?'

'Alles waaraan ik behoefte heb? Ja, alles.'

'Uit de kunst.' Hij was nog steeds niet gerustgesteld. 'Hoe warm wenst u uw bad, meneer?'

Ik kon een ironische glimlach niet onderdrukken.

Er waren honderden Italiaanse gevangenen aan boord. Onze taak was de gangboorden die naar hun hutten voerden te bewaken en te voorkomen dat ze zouden ontsnappen of, nog erger, de macht over het vaartuig zouden overnemen. Tot mijn ontzetting kreeg ik een Italiaans geweer uitgereikt om die taak te verrichten. Dat moet beter kunnen, dacht ik bij mezelf. Onze Lee-Enfield was het beste geweer dat er bestond, maar de meeste Italianen waren opgelucht dat ze niet meer aan de oorlog mee hoefden te doen, dus het gevaar was niet erg groot.

Na de woestijn ging het allemaal van een leien dakje. Soms at ik mee aan de tafel van de kapitein. Toen zag ik voor het eerst in tijden weer witbrood. In de woestijn hadden we helemaal geen brood gehad.

Toen we in Durban aankwamen, lieten we het aan wal brengen van de gevangenen over aan anderen en meldden ons onmiddellijk in de nabijgelegen kazerne Clarewood Camp. Het eerste deel van onze taak zat erop.

Er heerste toen een onwezenlijke sfeer in Zuid-Afrika. Maar ik was vastbesloten om op verkenning te gaan en ik werd verwezen naar de Navy League Club, een mooie in koloniale stijl opgetrokken uitspanning met een lange koele bar. Er was muziek en er waren mensen zoals ik ze vroeger kende, mensen met andere dagelijkse beslommeringen, die zich niet uitsluitend bezighielden met de vraag hoe ze in leven moesten blijven. Een heleboel mensen wilden weten hoe het was in de woestijn. Wij waren eigenlijk een soort beroemdheden. Dat werd me een beetje te veel, maar ik kon in ieder geval een kopje thee drinken en ze hadden ook lekker brood.

Ik maakte kennis met een aantrekkelijk meisje dat Joyce heette, een manager bij de Stinkwood Furniture Company, die tafels en stoelen vervaardigde van een duur soort hardhout dat zijn naam ontleende aan de geur die het hout verspreidde wanneer het werd bewerkt. Korte tijd later werd ik door haar uitgenodigd om kennis te maken met haar ouders en na een paar beleefdheidsbezoekjes stelden ze me voor bij hen in te trekken in plaats van in de kazerne te wonen. Dat was niet ongebruikelijk, er waren wel meer jongens uit de kazerne ingetrokken bij Zuid-Afrikaanse gezinnen en de meesten, Bill incluis, hadden het daar uitstekend naar hun zin. Het gezin Merrit woonde in een comfortabel appartement aan een brede weg die uitkwam op de Esplanade, die werd geflankeerd door palmbomen.

Het leven lachte ons toe en de oorlog was een miljoen kilometer ver weg. Ik was dol op Joyce en je zou kunnen zeggen dat ze mijn vriendin was, we brachten in ieder geval heel veel tijd samen door. Ze kon goed zeilen, was een bekwaam zwemster en liet zich geen moment afschrikken als de sirenes klonken om aan te duiden dat er haaien waren gesignaleerd. Ze was een prachtmeid.

Mijn baan nam nauwelijks meer dan een halfuur per dag in beslag. Ik kreeg in Clarewood Camp een lijst met nummers van gevangenen en moest hen afleveren bij het hoofdkwartier in

Durban. Ik vond het heerlijk om bij het gezin van Joyce in te wonen. We werden door een chauffeur naar de bioscoop gereden, waar we naar een film keken met een drankje in de hand, gezeten in fauteuils in de stijl van Lloyd Loom, met serveersters die klaarstonden om ons te bedienen.

Joyce slaagde erin wat extra dagen vrij te krijgen en stelde voor samen een reisje te maken, omdat ze wist dat ik het niet prettig vond om steeds maar weer vragen te beantwoorden over de oorlog. Het bataljon had mij overduidelijk op reis gestuurd om te herstellen en tot mijn verbazing werd mijn verlofaanvraag goedgekeurd, dus trokken wij eropuit om Zuid-Afrika te doorkruisen. We toerden naar het toenmalige Rhodesië in het noorden. Het landschap was onvergetelijk en we werden voortdurend door bedienden omringd. Je durfde nauwelijks zelf iets te doen. Het was de zomer van 1941, de oorlog woedde volop, en ik genoot van een rondrit door Afrika.

Misschien had ik het voor elkaar. Misschien zou ik me hier kunnen vestigen, maar toen we terug waren in Durban begon er iets aan me te knagen. Ik zag voortdurend mannen die met schepen aankwamen en zich voorbereidden om weer ten strijde te trekken. Mijn geweten begon op te spelen. En toen liep ik op straat George Sherlock tegen het lijf en ik denk dat dat de doorslag gaf. Ik was samen met Joyce toen ik hem ontmoette. Hij riep en strompelde al op krukken naar me toe voordat ik besefte waar de stem vandaan kwam. Het was geweldig om een man terug te zien die, toen ik hem voor het laatst had gezien, crepeerde van de pijn en het in paniek uitschreeuwde, en die er nu weer zo goed uitzag, ondanks het feit dat een thermosbom hem een voet had gekost. We waren dolblij elkaar terug te zien.

Ik had mijn besluit genomen. Ik moest terug naar het bataljon. Ik kwam erachter dat de Mauretania naar Suez vertrok en ging met een hele zwik andere mannen aan boord. Ik was van plan me te melden zodra we zee hadden gekozen.

Ik had Joyce' gezin in vage bewoordingen verteld dat ik een

tijdje weg zou gaan. Ik had gedaan alsof het weinig om het lijf had. Om de waarheid te zeggen had ik Joyce nooit met zoveel woorden duidelijk gemaakt wat ik precies ging doen; dat ik ten oorlog trok en misschien nooit meer zou terugkeren. In oorlogstijd liet je eigenlijk nooit iemand al te dicht bij je komen; misschien had ik een grens overschreden. Ik stond op het punt de ene wereld te verruilen voor een andere. Het moest zijn alsof je een knop omdraaide. Dat was de enige manier waarop ik het kon. Ik heb haar nog een keer geschreven vanuit Egypte en geprobeerd het haar uit te leggen, maar wat gebeurd was, was gebeurd. Vijf jaar na de oorlog bracht Joyce een bezoek aan Engeland en schreef me om te vragen hoe het met me ging. Ik was inmiddels getrouwd. Ik heb haar nooit meer teruggezien.

Ik had een vrijkaartje gekregen naar de veiligheid van Zuid-Afrika en ik had het verscheurd. Ik keerde terug om te vechten. Ik had het gevoel dat ik dat moest doen, maar ik liet Joyce in de steek en wie weet wat er van ons was geworden als ik was gebleven. Dat zijn de stommiteiten die we nu eenmaal uithalen.

Het schip zat vol met Zuid-Afrikanen in een krijgshaftige stemming en er werd aan boord heel wat afgezongen, veelal in het Afrikaans. Ik heb de taal nooit onder de knie gekregen, maar de wijsjes die 's avonds over de donkere dekken galmden herinner ik me nog altijd.

Het was moeilijk om in hun uitgelatenheid te delen. Ik wist wat hun te wachten stond, maar ik had weinig zin om de stemming te verpesten. De Zuid-Afrikanen zouden het zwaar te verduren krijgen in de oorlog, en ik zou daar deels getuige van zijn. Voor geen van ons zou het een gemakkelijke tijd worden. Toen we de op flinke afstand van de kust waren, meldde ik me bij een Britse officier. Zijn reactie was voorspelbaar en duidelijk. 'Nou, dat is een verdomd stomme stunt,' was het enige wat hij zei. Hij stond duidelijk perplex. Al snel vonden ze een kooi voor me, maar vanwege de grote hitte sliepen we meestentijds aan dek.

Toen ik terugkeerde in actieve dienst wachtten mij nog meer

problemen. Ik had bevelen genegeerd door terug te komen, maar *aanwezig* zijn zonder verlof was een ongebruikelijke aanklacht om hard te maken. Ik kreeg een standaardberisping. Maar ze zaten te springen om mankracht. De Duitsers bonsden op de deur. Onze overwinningen in het verleden waren dood en begraven. Die maakten deel uit van een andere oorlog. Erwin Rommel, de Woestijnvos, was de naam die op ieders lippen lag. De Duitsers waren helemaal doorgestoten tot de Egyptische grens en het garnizoen in Tobruk werd belegerd.

Hoofdstuk 6

We haalden de Bren-dragers op in Mersa Matruh en gingen op weg om ons bij het bataljon te voegen. Ik was weer samen met een paar van de oude jongens en toen ook Les Jackson zich bij ons voegde waren we weer compleet. We vonden het heerlijk om elkaar terug te zien, maar er werd niet veel gesproken. Ik was blij dat hij me niet vroeg waar ik was geweest. Terwijl ik gewend was geraakt om te gaan met een aantrekkelijke zeilster en 's avonds op mijn wenken te worden bediend, hadden Les en de jongens zich in hun zandbak moeten behelpen met vlees uit blik of vette pasteiprut. Nu was dat Auchinlecks zandbak, want Wavell was tot mijn afgrijzen na het mislukken van één of twee operaties als opperbevelhebber Midden-Oosten vervangen.

Les was een beste kerel. Hij was geen bullebak maar kreeg altijd alles voor elkaar en als hij commandant was van het pantservoertuig, dan was ik de chauffeur. Dat was zo duidelijk als wat. Hij stelde vertrouwen in me en liet het aan mij over om onze nieuwe schutter te instrueren. We laadden de bak van de wagen vol met munitie en maakten ons klaar voor wat onze laatste operatie samen zou blijken te zijn.

Het offensief om Tobruk te hulp te komen werd beroemd als

Operatie Crusader. Zoals altijd werd ons weinig of niets verteld, maar inmiddels konden we ongeveer wel raden wat er te gebeuren stond. Het doel was de havenstad te bevrijden, Rommel helemaal terug te dringen en verloren terrein te veroveren. De hoofdaanval zou gericht zijn op Trigh Capuzzo, een lang woestijnpad voorbij Sidi Rezegh, ten zuiden van Tobruk. De bedoeling was de vijand tot een gigantische tankslag te dwingen op door ons gekozen terrein. Het belegerde garnizoen in Tobruk werd geacht uit te breken en zich bij ons te voegen.

Toen ik de naam Sidi Rezegh voor het eerst hoorde zei die me niets.

Ik hoorde nog bij de B-compagnie die onder bevel stond van Tony Franklyn en wij maakten deel uit van de Hugo-colonne, genoemd naar de majoor die ons aanvoerde, burggraaf Hugo Garmoyle. Onze opdracht was de vijand aan te vallen aan de westzijde van de hoofdmacht.

Dat deel van de woestijn zat vol met kuilen; zoveel zelfs dat op de kaarten tien alternatieve namen stonden voor hun subtiele verschillen. Een kuil in de grond kon worden beschreven als een *agheiret* of een *agheret*, tenzij het een *ghot*, een *giof*, *een gof* of een *got* was. Daarnaast kon hij ook worden betiteld als *hatiet*, *rugbet* of zelfs als *sghifet*, die weer niet moest worden verward met een *deir*, want dat was het soort kuil waarin je je tenten kon opslaan. De grote kuilen waren geschikt om dekking te verschaffen. De kleine konden je je rupsbanden kosten.

We verzamelden vlak bij de Libische grens, op zestig kilometer zuidelijk van de zee, in een onheilspellend maar inmiddels vertrouwd landschap van zand en stenen met massa's zoutpannen die ooit kleine meren waren geweest. Om zes uur de volgende ochtend, op 18 november, trokken we de grens over. Toen de zon opkwam was het een heldere, maar geen hete dag. Er was geen luchtspiegeling en overal om ons heen zagen we tanks en andere voertuigen door de woestijn oprukken naar Tobruk.

Velen waren ons voorgegaan. Het dorre landschap was bezaaid

met moslimgraven, grote en kleine, en doorgaans aangegeven met steenhopen of grafstenen; er waren Romeinse waterreservoirs en zelfs grotwoningen in rotsuitsparingen. Velen waren hier langsgekomen, maar weinigen waren gebleven en je hoefde maar om je heen te kijken om te begrijpen waarom.

De voertuigen zopen in het gunstigste geval als een Australische artillerist in de Sweet Melody, maar we ploeterden voort in de laagste versnelling, worstelden ons door stukken stuifzand, waardoor we benzine verbruikten alsof het niet op kon. Zoals altijd was ik erop gebrand de rupsbanden te sparen, de motor draaiende en het zand uit mijn ogen te houden.

Het stafbataljon volgde ons op drie uur afstand. Later beschreven zij de 'onderdrukte sfeer van opwinding' die zich meester had gemaakt van de colonne. Ik kan me niet herinneren dat ik bijzonder in mijn sas was. Les en ik vormden een eenheid en zetten er zoveel mogelijk vaart achter. De staf nam zelfs nog de tijd om zich te wassen, te scheren en te ontbijten.

De RAF deed goed werk. De hele dag was er geen vijandelijk vliegtuig te bekennen, hoewel we de resten passeerden van twee neergestorte Stuka's waar wij enige troost uit putten. Ons eerste echte contact met de vijand kwam laat in de middag toen er een kortstondige schermutseling was met vijf Italiaanse tanks. Terug op de basis was men opgetogen. Er werden grappen gemaakt over 'bier in Tripoli'. Uiteindelijk bleek dat ze blij mochten zijn als ze lang genoeg het vege lijf wisten te redden voor een biertje in Cairo. Datzelfde gevoel herinner ik me niet uit de tijd dat we belegerd werden. We brachten de nacht door in een stel kleine heuvels omringd door uitgestrekte laagten en sliepen op grindachtige grond in een landschap bezaaid met graven.

We gingen vroeg aan de slag om te voorkomen dat we zouden worden overrompeld. Het was een heldere, koude ochtend en het begon met het soort actie dat we gewend waren; een schotenwisseling met een stel Italiaanse tanks. We joegen ze op in noordelijke richting naar de bron bij Bir Gubi, samen met de nieuwe

Crusader-tanks van de 22e Pantserbrigade. Gubi was omsingeld door vijandelijke trucks, een verleidelijk doelwit, maar wat er vervolgens gebeurde was even opwindend als afschuwelijk.

We zaten op de eerste rang en waren getuige van wat naar wel wordt beweerd in de gehele oorlog de aanval was die nog het meest leek op een charge van de cavalerie door tanks, maar die vijandelijke trucks waren niet wat zij leken te zijn. Zij vormden een soort camouflage voor diep ingegraven antitankgeschut. Binnen korte tijd zag je niets anders dan stof en rook. Onze tanks gingen recht op het midden van de vijandelijke stelling af en walsten over de loopgraven heen, maar zij waren geen partij voor de kanonnen en werden op grote schaal aan flarden geschoten.

Via de veldradio kregen wij opdracht erop af te gaan en gevangenen te maken. Men beweerde dat Gubi was ingenomen, maar toen de rook voldoende was opgetrokken zagen we dat er nog steeds volop artillerie- en antitankvuur was, zodat kapitein Franklyn, gelukkig voor ons, een tegenorder gaf. In de namiddag had de 22e Pantserbrigade zestig Italiaanse tanks buiten gevecht gesteld maar zelf ook vijfentwintig nieuwe Crusaders verloren. Dat was niet best voor wanneer ze het tegen de Panzers moesten opnemen.

Toen het donker werd, gingen we erop af om te zien of er nog iets te redden viel van onze buiten gevecht gestelde tanks. Sommige stonden nog te roken en doden en gewonden van beide partijen lagen verspreid over het slagveld. Bij twee tanks waren alleen de rupsbanden vernield. Er kwam een luid geraas van motoren en geschreeuw uit Gubi en toen we mensen hoorden aankomen slaagden we erin een gevangene te maken.

De volgende dag, 20 november, begroeven we mijn vriend Bill Manley. Goeie ouwe Bill. Het moet een voltreffer zijn geweest, want hij was al dood toen ik bij hem kwam en ik kan me niet herinneren veel van zijn gewonde lichaam te hebben gezien. Wij moesten zijn dood verder maar op eigen houtje verwerken. Het begon alweer licht te worden toen we hem begroeven. Er was verder geen plechtigheid, geen ritueel. Ik knielde neer en schoof zoveel stuifzand naar me toe als ik kon om te voorkomen dat het terug zou glijden in het ondiepe graf. We maakten de helft van zijn identiteitsplaatje los en lieten hem zakken in de ondiepe kuil in de woestijn. Ik probeerde niet naar zijn gezicht te kijken toen ik het zand over hem heen schepte. Bill had het vaak gehad over zijn thuis, over zijn familie; over de dingen die er werkelijk toe deden en waar de meesten over zwegen. Geen van ons wilde daar te dichtbij komen en op momenten als deze, als je op je knieën zat en het gezicht van een dode kameraad met zand bedekte, wisten wij waarom. We stapelden er wat stenen bovenop die we in de buurt hadden gevonden om te voorkomen dat de wilde honden hem te pakken kregen en stonden op zonder zelfs maar een gebed uit te spreken. Ik trok het sluittoestel uit zijn geweer, bevestigde de bajonet aan de loop en ramde het vuurwapen met de kolf omlaag in het zand aan zijn voeten. Ik keerde me om en liet hem alleen in de woestijn.

Lang nadat het voorbij was, werd het slagveld opgeruimd. Ze verplaatsten de lijken naar de militaire begraafplaatsen, maar een heleboel konden ze niet vinden, dus plaatsten zij hun namen op het El Alamein-gedenkteken. Bills naam staat erop, dus hij ligt nog steeds waar ik hem heb achtergelaten, in het verstuivende zand van Sidi Rezegh.

We werden opnieuw vooruitgestuurd om te zien of Gubi nog steeds werd belegerd. Daar kwamen we achter toen allerlei zware artillerie en antitankgeschut het vuur op ons openden. Korte tijd later arriveerde de Zuid-Afrika Brigade en we probeerden ze te waarschuwen maar hun voorste troepen liepen recht in de gevarenzone en leden zware verliezen, de arme drommels. Sommigen van hen waren zonder twijfel de jongens wier stoere liedjes de stemming er op de Mauretania hadden ingebracht toen we langs de kust van Afrika voeren.

Gelukkig slaagde een van onze officieren erin de bulk van hun troepentransportvoertuigen te bereiken voor die binnen bereik van het geschut kwamen en ze groeven zich in. Zevenentwintig Stuka-duikbommenwerpers vergezeld door straaljagers verschenen aan de horizon. Gewoonlijk werden die gevlogen door toppiloten, maar dit stel liet hun bommen vallen op een open plek in de woestijn. Slechts één slaagde erin een correcte steile duikvlucht te maken, maar verpestte het door na te laten op tijd op te trekken, waardoor hij zijn bom omlaag volgde en zich in de grond boorde. Dat was aanleiding tot de kwinkslag dat de piloten wel Italianen moesten zijn geweest, maar ik kon me niet voorstellen dat de Duitsers Italianen zouden toelaten achter de stuurknuppels van hun vliegtuigen. Misschien waren het groentjes.

We naderden ons doel. Minder dan vijfentwintig kilometer noordelijk was de bergkam die uitzicht bood op het Trigh Capuzzo-spoor. Op die kam stond de moskee van Sidi Rezegh, een wit gebouw met een koepel en een groot vliegveld. De Zevende Pantserbrigade had er al huisgehouden en Messerschmitts en Stuka's neergehaald door met hun tanks hun rompen aan flarden te knallen. Maar in slachtoffers moest er een hoge prijs voor worden betaald. Mijn kameraden in de A-compagnie van majoor Sinclair hadden ware verliezen geleden en twee opleggers voor antitankgeschut moeten prijsgeven. Achteraf valt me op dat deze slag later werd beschreven als 'een van de opmerkelijkste wapenfeiten van de woestijnoorlog'.

Toen we de kam hadden veroverd hadden onze troepen uitzicht op de zogenaamde Axis-weg naar Tobruk, maar de vorderingen waren te traag voor het belegerde garnizoen om een uitbraak te forceren en ons tegemoet te komen.

Ik heb de militaire verslagen gelezen, dus nu weet ik wat er is misgegaan. De Duitsers voelden niets voor een grootscheepse tankslag. Ze kozen hun momenten en gebruikten hun superieure wapentuig om ons te verrassen met afzonderlijke, niet-samenhangende gevechten die ons duur te staan kwamen. Daar waren ze goed in. Op de ochtend van 21 november reed ik de pantserwagen uit een kuil omhoog en toen ik de rand ervan had bereikt zag ik op een kilometer afstand een Duitse tank staan. Het kanon zwenkte onze kant op en hij vuurde in een flits. Ik had ternauwernood de tijd om het voertuig in zijn vrij te zetten en achteruit terug te laten glijden in de kuil.

De A-compagnie van majoor Sinclair kwam vroeg in de middag in contact met de vijand. Vijfenzeventig tanks kwamen recht op hem af in een chaos van zand, exploderende granaten en brandende voertuigen. Onze manschappen waren hopeloos in de minderheid en hun antitankgeschut was uitgeschakeld. De overlevenden zochten dekking in de wadi's en werden toen het licht begon te tanen al snel ingeklemd tussen de tanks in het zuiden en de infanterie in het noorden. Binnen korte tijd zaten hij en zijn mannen in de val.

Les en ik waren een groot deel van de nacht in de pantserwagen meegereden met de rest van Hugo Garmoyles colonne. De volgende ochtend verschansten we ons in het dal ten zuiden van het vliegveld, toen we het onrustbarende desolate nieuws ontvingen dat het stafbataljon in het nauw was gedreven. Het bestond uit niet meer dan drie drietonners met zendmasten, volledig onbeschut op kale grond, terwijl het stafpersoneel hurkend achter de trucks dekking probeerde te zoeken. We hoorden hun wanhopige berichten via de radio.

Vijf Crusader-tanks werden eropuit gestuurd om hen te hulp te komen, maar die werden onmiddellijk buiten gevecht gesteld. Terwijl twee drietonners in brand stonden, liet de staf weten dat ze zich hadden verschanst in smalle loopgraven. Een van de weinige stukken geschut die over waren gebleven was een Bofors-luchtafweerkanon, maar de ontoereikende granaten ketsten gewoon af op de Duitse tanks. De bemanning van een antitankwapen, dat boven op een truck was gemonteerd, werd overhoopgeschoten. Een van onze officieren, luitenant Ward Gunn, rende honderdvijftig meter onder zwaar vijandelijk vuur om hun plaats in te nemen. Hij schakelde twintig vijandelijke tanks uit voor hij zelf sneuvelde; later werd hij daarvoor postuum beloond met het

Victoria Kruis. Een paar leden van de staf probeerden zich kruipend in veiligheid te brengen toen de Duitse infanterie op hen afstormde.

Net toen Majoor Sinclair en zijn mannen werden binnengebracht, landde een salvo granaten midden tussen de groep gevangenen en in de stofwolken en de verwarring zette hij het op een lopen. Hij vond een sangar en verschool zich onder een grondzeil tot het donker was, terwijl de Duitsers op tien meter afstand een truck plunderden. Hij bracht een koude nacht door onder de sterren voordat hij kans zag terug te keren. Uiteindelijk werden er van de A-compagnie twee officieren en veertig manschappen vermist. Slechts twintig mannen wisten het vege lijf te redden. De A-compagnie was opgehouden te bestaan.

Operatie Crusader was aan verwarring ten prooi. We hadden bijna geen tanks en munitie meer. Het vliegveld van Sidi Rezegh was door de vijand heroverd en voor de mannen in de onmiddellijke nabijheid ervan zou dat rampzalige gevolgen hebben. We hadden het van een afstand gadegeslagen en zagen de granaten ontploffen boven het vliegveld waar de A-compagnie in het nauw was gedreven, maar nu bevonden wij ons in het heetst van de strijd.

De Vierde Pantserbrigade trok zich terug via onze stellingen en ook de pantserwagens op het vliegveld waren gedwongen langzaam de aftocht te blazen.

Op dat moment verscheen er een stel vijandelijke tanks op de bergkam ten zuiden van het vliegveld, op minder dan een kilometer afstand. De pantsers reden op dertig meter afstand langs een van onze pelotons, maar zelfs van die afstand maakten onze wapens, de Brens en het nutteloze antitankgeschut, geen enkele indruk op hen. De strijd tussen onze 25-ponderveldkanonnen en hun zwaar gepantserde tanks was hopeloos ongelijk, maar Garmoyle gaf niet op en rende van het ene stuk geschut naar het andere om de kanonniers aan te moedigen en bevelen te geven. Ik heb het zelf niet gezien, maar het verhaal gaat dat een granaat vlak naast hem neerkwam en hij er doodleuk omheen liep. Een van de infanteristen zei tegen zijn maat: 'Hé, kijk nou 's, er is een granaat pal op de majoor neergekomen.'

'Wat deed hij?' vroeg de ander.

'Hij nam een heel grote stap.'

Die kanonniers en Garmoyles aanmoedigingen hielden de Duitse opmars tegen tot de avond was gevallen, maar veel van onze voertuigen werden buitgemaakt voordat ze zich uit de voeten konden maken.

De laatste nacht in vrijheid was relatief aangenaam als je de chaos overal om ons heen in aanmerking nam. We trokken ons ver van de bergkam terug. Inmiddels hadden andere eenheden zich bij ons gevoegd. De hele nacht door kwamen er kleine groepen tanks van de 22e Pantserbrigade bij. Ik ruilde mijn woestijnlaarzen voor een paar zware leren laarzen en trok mijn leren wambuis aan. Ik had het gevoel dat er iets vreselijks ging gebeuren.

De volgende dag was de zon nauwelijks opgekomen of we zaten er weer midden in. Vijftig van onze tanks die het hadden overleefd slaagden er nog in een vijandelijke pantseraanval af te slaan. Toen leek de situatie heel even te verbeteren, omdat de lichte tanks van de Vierde Pantserbrigade toesnelden na in noordwestelijke richting te zijn doorgebroken. Brigadegeneraal Jock Campbell ging hun voor in de strijd en racete in een drietonner langs de frontlinies, waarbij zijn blauwe sjaal wapperde als een vaandel. Ze gingen er kordaat op af, maar de aanval was eerder dapper dan effectief. Ze arriveerden in kleine groepen en werden in kleine groepen verslagen.

Toen zaten we in een benarde positie aan de rand van het vliegveld van Sidi Rezegh. Er was veel verward gepraat te horen op de veldradio omdat we gebruikmaakten van andere plaatsnamen dan de namen die door het Elfde Huzaren werd gehanteerd. Dat pakte slecht uit. We kregen bevel tegen een helling van tweeëntwintig graden op te rijden als de gunstige aanvalsroute over totaal onbegroeid terrein. Ze zeiden dat we moesten oppassen voor vijandige tanks die op zoek waren naar een gemakkelijke prooi.

Twee blauwe vlaggen met gestrekte armen voor zich uit houdend beval de pelotonscommandant ons in linie op te rukken. Ik trok mijn wambuis recht, terwijl de motoren van de voertuigen om me heen raasden. Het was heet en klam en ik had een witte zakdoek om het stuur gebonden om mijn voorhoofd mee af te vegen. Ik zette de pantserwagen in zijn versnelling en we schoten vooruit, hobbelend op de rupsbanden toen we vaart meerderden totdat we net een neuslengte voorlagen op de andere voertuigen. We hadden geen idee waar ze ons op af hadden gestuurd.

Opeens viel de grond onder ons weg en moest ik oostwaarts zwenken over de rand van een steile helling. Toen werden we vanuit het niets met machinegeweren beschoten en bonkten de kogels op de bepantsering als slagen op een aambeeld. Nu konden we onze borst natmaken.

Les zei niets. 'Vuren, in godsnaam,' riep ik tegen de schutter achter me. Ik hoorde de metaalachtige uitbarstingen van de Bren boven me. Het was een oorverdovend kabaal. Ik voelde de hitte van de loop van de Bren. Een regen van hulzen daalde neer op mijn nek en op de grond voor me.

Even was het stil achter me en vervolgens hoorde ik het geluid van metaal op metaal toen hij van magazijn wisselde. De kogels knalden nog steeds tegen onze flank en deden de pantserwagen trillen alsof ze het pantser te lijf gingen met een pneumatische boor.

Naast me concentreerde Les zich op het afvuren van het Boys-antitankgeschut. Ik had mijn stoel verlaagd in aanvalspositie en in plaats van boven de bepantsering uit te kijken, tuurde ik nu door het glas van de uiterst smalle voorruit. Ik leunde naar rechts, weg van Les en keek in een hoek door het ruitje voor het geval er een kogel doorheen mocht komen.

De terugstoot van elk schot kwakte hem achteruit en de echo

ervan ging verloren onder het gekletter van de inkomende kogels uit machinegeweren. Weer even stilte en toen hoorde ik hoe de schutter opnieuw een nieuw magazijn inbracht. De bepantsering gonsde onder het geweld van de kogelregen. Ik deed mijn uiterste best om de macht over het stuur niet te verliezen en de lege hulzen begonnen weer op me neer te kletteren. Toen hield dat plotseling op. Overal om ons heen hield het kabaal aan, maar de Bren was stilgevallen. Het suisde in mijn oren, maar de stilte van onze schutter was verschrikkelijk. Ik wist meteen dat hij was getroffen. Toen werd van beide kanten het vuur op ons geopend.

We reden door een smalle trechter van Duitse schutters. Links van ons lagen ze verscholen achter de rand van de heuvel. Rechts lagen ze op gelijke hoogte met ons. Les, die onophoudelijk had gevuurd en herladen, wilde net een schutter onder vuur nemen.

'Stop!' schreeuwde hij.

'Mooi niet! Dan zijn we een stilstaande schietschijf.'

Ze schoten al op de rupsbanden en de wielassemblages. Als ze die kapotschoten konden ze ons in alle rust aan puin knallen.

In een storm van kruisvuur stoven we af op een van de machinegeweerposities. Nu onze schutter was uitgeschakeld en Les in de weer was met het antitankgeschut, waren de enige wapens die mij overbleven een stapel handgranaten die naast me lagen en de pantserwagen zelf, die ook nog de nodige schade kon aanrichten.

'Ik zal die klootzakken krijgen,' schreeuwde ik eerder uit baloriguheid dan uit hoop naar Les, terwijl we op de machinegeweerpost afstevenden. De pantserwagen schokte opnieuw op en neer en ik hoorde het geluid van metaal dat onder de rupsbanden werd verpletterd en vervormd. Ik was ervan overtuigd dat de machinegeweerschutters op slag dood waren, maar we waren wel omsingeld. Toen konden we eigenlijk geen kant meer op.

Ik greep een handgranaat, trok de pin er met mijn tanden uit en wierp hem met mijn arm boven de bepantsering. Het was onmogelijk te zeggen of de explosie enig effect had. Ik kon niets zien. Overal in de lucht vloog het metaal in het rond. Ik pakte nog een granaat en toen nog een in de hoop dat elke explosie door stilte zou worden gevolgd. Maar nee, hoor.

Het voelde niet alsof ik door een kogel werd geraakt. Het was alleen maar een daverende klap tegen mijn bovenlichaam toen ik me had opgericht om mijn laatste granaat te werpen. Ik was geraakt.

Ik was me nauwelijks bewust van de pantservuist die de cabine in stuiterde.

Ik was onderuitgehaald en verdoofd teruggesmakt op mijn stoel. Toen klonk er een gigantische explosie. Het was net alsof er twee dikke stalen pennen in mijn oren werden gestoken. Alsof mijn hoofd in slow motion uit elkaar barstte en weer ineenkromp door de kracht van de luchtstoot.

Als de granaat aan mijn kant van de pantserwagen terecht was gekomen, dan zou ik er zijn geweest, maar de versnellingsbak tussen mij en Les redde mijn leven doordat het hete metaal erop afketste. Ik moet door de explosie bewusteloos zijn geraakt en de pantserwagen was dertig meter langs de helling omlaag geschoven. Toen ik bijkwam was het interieur van de pantserwagen rood en was ik overdekt met een warme, kleverige brij. Ik had de helft van die goeie ouwe Les over me heen gekregen; zijn bloed en God mag weten wat nog meer.

Het was nog niet voorbij. Tegen het felle licht zag ik het silhouet van een Duitse soldaat die boven me uittorende. Als hij me wilde neerschieten dan was ik er geweest. Hij sleurde me de pantserwagen uit. Hij was kwaad en ik verwachtte geen bijzondere behandeling, hier niet, niet na wat ik had gedaan. Ik had zojuist zijn kameraden vermorzeld. Wat er verder met me zou gebeuren liet me volmaakt onverschillig. En dan was die arme Les er ook nog. Er was nog een menselijke vorm in te zien, maar daar was ook alles mee gezegd. De pantservuist was precies in zijn schoot tot ontploffing gekomen.

De soldaat vuurde niet. Ik zag zijn lippen bewegen. Hij speurde de pantserwagen af op zoek naar munitie. Door het hoge gesuis in mijn oren kon ik nog steeds in de verte horen schieten. De andere pantserwagens hadden het zwaar. Toen zag ik de boordschutter, die ineengestort op de grond lag. Hij bewoog niet en zijn arm was zwaar verminkt. Er kwam een andere Duitser op ons af. Hij keek naar de verse deuken in de flank van de pantserwagen waar honderden kogels waren ingeslagen. Hij streek er met zijn vingertoppen overheen en glimlachte alsof hij het leuk vond dat hij zo goed had gemikt.

Toen ik omlaag keek naar mijn wambuis, dat overdekt was met de resten van Les, wist ik meteen waarom ik in die eerste ogenblikken van gevangenschap gespaard was. Ik zag eruit alsof ik ook aan stukken was geschoten. Ze hadden gedacht dat ik dood was.

Mijn eerste reactie toen ik zag hoe Les aan zijn einde was gekomen was: 'Goddank niet ik.' Later, veel later, vertelde iemand me dat iedereen die drang tot overleven heeft en dat het een heel natuurlijke reactie was, maar was dat echt wel zo? Ik weet het niet. Ik weet het nog steeds niet. Zoals ik al zei: gedurende de oorlog ben je voortdurend op zoek naar manieren om jezelf te verontschuldigen.

Les was de man met de fonkeling in zijn ogen. Ik was samen met hem helemaal uit Liverpool gekomen, ik had met zijn zusje Marjorie gedanst, met zijn ouwelui om de keukentafel gezeten, om hun grappen gelachen en bij hen gegeten. Er was iets faliekant mis. Het zit me nu nog net zo dwars als zeventig jaar geleden, maar je doet wat je moet doen om ermee te kunnen leven. De geest is een krachtig instrument. Hij kan muren voor je slechten.

Sidi Rezegh zou later bekend worden als de vergeten veldslag en een voetnoot zijn bij een vergeten veldslag is niet mis.

Hoofdstuk 7

De boordschutter was er vreselijk aan toe. Zijn arm was door de kogels nagenoeg van zijn lichaam geschoten en hij verloor veel bloed. Ik verwachtte niet dat hij het zou halen. Een Duitse soldaat legde een tourniquet aan. Hij maakte met zijn handen draaiende bewegingen in mijn richting en ik ving de woorden *Jede fünfzehn Minuten* op. Hij wilde dat ik regelmatig de druk even zou verlichten, maar daartoe kreeg ik nooit de kans. Ik werd op een brancard getild en weggevoerd, het overhoopgeschoten voertuig en Les achterlatend.

Ik ben er nooit achter gekomen wat ze met zijn lichaam hebben gedaan. Zijn stoffelijk overschot zat nog voorovergezakt op zijn stoel toen ze mij afvoerden. Zijn naam staat op het gedenkteken in El Alamein. Ik hoop dat iemand hem een fatsoenlijke begrafenis heeft gegeven.

Vergeten slag? Het was een verschrikkelijke ramp. Alleen al in die actie werden vier voertuigen vernietigd. Ik had lichte verwondingen aan mijn been en mijn hoofd en een ernstiger verwonding aan mijn bovenarm. Het duurde nog enige tijd voordat ik ontdekte dat Eddie Richardson, Regiments-Eddie, het had overleefd. Zijn pantserwagen was met grote snelheid langs de steile helling omlaag geschoten en was gelukkig terechtgekomen op een enorme stapel jerrycans. Hij overleefde zowel de hinderlaag als de vlucht en werd gevangengenomen. Ik meen hem maanden later van een afstand in een doorgangskamp te hebben gezien, maar ik kon hem toen niet benaderen.

Bill Chipperfield, die op de Otranto een hut met mij had gedeeld en met me mee was gegaan naar Zuid-Afrika, was ook dood en samen met nog twintig andere manschappen van het 2RB gesneuveld in de eerste twee dagen van de slag bij Sidi Rezegh. Ook van andere eenheden sneuvelden heel wat mannen; ik had hun lijken verspreid over het slagveld zien liggen. Jimmy McGrigor werd gedood toen een granaat de Hugo-colonne trof. Hij was een beste kerel, die Jimmy. Hij sprak ons toe als kerels, niet als slapjanussen.

Het beleg van Tobruk werd opgeheven, maar daardoor liet Rommel zich niet tegenhouden. Hij viel opnieuw aan, drong tot diep in de woestijn door en werd pas de volgende zomer, toen hij El Alamein, op krap twee dagmarsen afstand van Alexandrië, bereikte, tot staan gebracht. Daar draaide het Achtste Legerkorps, inmiddels onder aanvoering van Montgomery, voor de laatste keer de rollen om en verdreef Rommel voorgoed uit Egypte en rukte door Libië op tot in Tunesië. Charles Calistan speelde een heldhaftige rol bij El Alamein en vernietigde praktisch in zijn eentje een aantal Duitse tanks, maar tegen die tijd bevond ik me al in een totaal andere wereld.

De Duitsers die mijn brancard droegen brachten me naar een vooruitgeschoven EHBO-post, waar ik op een metalen tafel werd gelegd. Ze verwijderden mijn van bloed doordrenkte wambuis. Er kwam een *Stabsarzt* bij, een chirurg met de rang van majoor. Ik voelde zijn handen overal op mijn lichaam toen hij controleerde of ik nog ander letsel had opgelopen. Ik lag op mijn rug en staarde naar het zware canvas plafond van de klokvormige tent. Er was een onderbreking toen ze een Italiaanse officier binnenbrachten wiens voet eraf was geschoten. Tot mijn verbazing beval de *Stabsarzt* hun op bijtende toon de tent weer te verlaten, zodat hij zich op mij kon concentreren. Het was een vreemd gevoel, als je in aanmerking neemt dat ik nu een hulpeloze gevangene was, overgeleverd aan een vijandelijke dokter. Hij verwijderde het vuil en de granaatscherven uit mijn wonden en verbond ze. Gelukkig had de kogel het bot gemist. Dat was een pak van mijn hart.

Ik was niet bang. Ik herinner me dat ik me afvroeg hoe ik zo stom kon zijn geweest om me gevangen te laten nemen en dat mijn kansen op de rang van officier nu wel voorgoed verkeken zouden zijn. Ik werd overgebracht naar een grotere tent met stapels kisten met voorraden in de hoek. Het was vreemd om weer een dak boven mijn hoofd te hebben. Je zag niet veel tenten in de woestijn; we sliepen altijd onder de blote hemel.

'Wil je wat eten?' Die woorden verrasten me. Hij was een jonge knaap met door de zon gebleekt haar. Er zaten flink wat hoogopgeleiden in het Afrikakorps en velen van hen spraken Engels. Ik had de afgelopen dagen geen fatsoenlijk maal gehad. Het antwoord lag dus voor de hand. Hij kwam terug met wat brood met jam, die hij 'marmelade' noemde. Ik wist niet hoe ik het had. Ik had sinds Zuid-Afrika geen brood meer gezien.

Toen drong het tot me door dat ik het zou overleven. Ik werd goed verzorgd, op een stille en emotieloze manier. Ik nam aan dat een goede verzorging daar standaardprocedure was. Later, toen ik een ander soort Duitse soldaten ontmoette, besefte ik dat het Afrikakorps een klasse apart was.

Ze zeiden me dat voor mij de oorlog voorbij was, maar ik wist dat dat niet zo was. Ik was nog steeds in actieve dienst en dat zou ik blijven tot het einde aan toe. Dat was iets wat ik me plechtig voornam en dat zou me later nog flink parten spelen. Maar ze hadden me goed opgelapt en waarschijnlijk mijn leven gered, dus was het een merkwaardige vredig intermezzo. 's Nachts was er geen bewaker in de tent; de medische staf maakte zich totaal geen zorgen om mij en ze wisten dat ik niet tot ontsnappen in staat was. Ik weet niet hoe lang het duurde voordat ik werd verplaatst, maar uiteindelijk werd ik, nog steeds op een brancard, in de laadruimte van een kleine vrachtwagen geladen. Er lag nog een gewonde soldaat in, maar die zei bijna geen woord.

Het was een langdurige en pijnlijke rit. De wegen waren slecht en ik had achterin moeite met ademhalen. Ik probeerde me de paar woorden Duits te herinneren die ik op school had geleerd. Na een tijdje slaagde ik erin me op te richten en op de achterkant van de cabine te meppen. Er kwam geen reactie. We hadden gebrek aan lucht. '*Luft, Luft,*' riep ik, nogmaals beukend op het metaal.

De truck stopte. Ik hoorde de chauffeur naar de achterkant lopen, de portieren gingen open en hij schreeuwde iets wat ik niet begreep. De motor sloeg weer aan en we vervolgden onze weg met de achterportieren op een kier. Het was heel stoffig, maar beter dan stikken. Die reis moet wel zo'n vijfhonderd kilometer hebben beslagen. We bleven diverse keren stilstaan, misschien zelfs om te overnachten, dat kan ik me niet herinneren. In Benghazi werd ik naar een ziekenhuisgebouw gebracht en op een ijzeren brits aan het einde van een lange, propere ziekenzaal met tal van vensters gelegd. Ik was de enige geallieerde soldaat op die afdeling en werd op afstand gehouden van de Italiaanse en Duitse gewonden aan de andere kant.

De verpleegsters waren Duits en Italiaans en ze spraken alleen met me als het niet anders kon. Ze benaderden me met een blad met schoon verband, instrueerden me de ene of de andere kant op te draaien, deden hun werk en vertrokken. Ik sliep veel. Ik sterkte langzaam aan en het eerste gekookte eten in tijden was uiterst welkom.

Mijn leren wambuis had ik nog steeds. Het was erg gehavend door de explosie, maar ik wist het meeste vuil eraf te krijgen en de rest droogde op en bleef als een vlek aanwezig. Ik kon het niet dragen zonder aan Les te worden herinnerd.

Toen werd ik snel en zonder veel uitleg verplaatst. De Britten rukten op naar Benghazi en de Duitsers wilden geen gevangenen teruggeven, gewond of niet. Ik werd achter in een truck naar de haven gereden. Tal van andere geallieerde gevangenen, misschien wel honderd of meer, wachtten daar om aan boord van een gehavende vrachtboot te worden gebracht. Ik had geen idee hoeveel er al aan boord waren. Aan dek werden houten kratten opgestapeld. We zouden koers zetten naar Italië en er was geen enkele kans om te ontsnappen. We werden de steile loopplank af en een ruim in geleid. Ik had sinds mijn gevangenneming geen enkel contact meer gehad met andere geallieerde gevangenen, maar ik vouwde mijn wambuis tot een kussen, draaide me naar de scheidingswand en bemoeide me nergens mee. Het was er nogal benauwd en de lucht was warm en stonk van menselijke vuiligheid. Kort nadat we zee hadden gekozen kregen we onze rantsoenen, een enorme scheepsbeschuit van misschien wel twintig centimeter in het vierkant en zo hard dat je je tanden erop brak. Het was het enige voedsel dat we zouden krijgen.

Na een poosje lieten het monotone gedreun van de motoren en de gestage schommeling ons weten dat we onderweg waren; de stank was inmiddels bijna ondraaglijk. We begonnen te schreeuwen: '*Luft, Luft, Luft*,' met onze handen voor onze monden als megafoons. Het werd een rauwe, wanhopige actie en iedereen deed mee. We waren schor van het schreeuwen toen het luik eindelijk openging. We zogen de frisse lucht naar binnen en vulden onze longen met zuurstof alsof ook die op rantsoen was gesteld en kwamen weer tot rust, om terwijl de uren traag voorbijgleden zittend en slapend op hetzelfde stukje harde staal de rest van de reis te doorstaan.

We bleven daar een hele nacht en het grootste deel van de volgende dag. De scheepsbeschuit smaakte er niet beter op. Ik keek omhoog naar de kier in het luik en zag dat de avond begon te vallen. Het licht boven ons was feller en intenser toen de zon op het punt stond onder te gaan.

Ik kan me geen waarschuwing herinneren. Er klonk een oorverdovende klap uit het voorste deel van het vaartuig. Het schip danste op en neer alsof het door een enorme vloedgolf werd meegevoerd. Er volgde nog een explosie. Ik begreep dat het ernst was.

Er brak bijna onmiddellijk paniek uit. Mannen snelden naar de smalle metalen trap die naar het dek leidde. Ik zag bewakers met geweren die hun de weg versperden terwijl zij uit alle macht het dek probeerden te bereiken. Het was een schrikbeeld. Er was geen enkele orde of discipline, de mensen hielpen elkaar in het geheel niet. Iedereen vocht in zijn eentje voor zijn leven. Het was een akelig gezicht. Maar ik zou hetzelfde hebben gedaan.

Ik kon de hemel nog zien. Een dun touw, waarmee het zeil over het luik had vastgezeten, hing nu omlaag in het ruim. Ik greep het en merkte dat het stevig vastzat aan iets boven aan dek. Ondanks de wond in mijn arm begon ik mezelf hand voor hand omhoog te trekken, met het touw om mijn benen geslagen om de druk te verlichten. Hetzelfde had ik als kind talloze keren gedaan. Ik bereikte het einde van het touw en greep de neerhangende hoek van het zeildoek vast en klauterde verder omhoog totdat ik mijn benen over de rand van het luik kon slaan. Het schip verkeerde in moeilijkheden en de boeg was al onder water verdwenen. Ik aarzelde geen moment. De zee was niet al te onstuimig, dus ik trok mijn laarzen uit en dook er pardoes in. Terwijl het gedempte geluid van het water in mijn oren suisde en plofte, leek de tijd even te vertragen. Ik wist dat er nog veel mannen in dat ruim opgesloten zaten; ik wist dat zij er misschien nooit uit zouden komen en dat degenen die dichter bij de explosie waren geweest er sowieso al geweest waren.

Ik kwam boven water door een dikke laag olie die op mijn gezicht en in mijn haar bleef plakken. Ik wilde die smeerboel niet in mijn longen. Het was zwaar, donker spul en het voelde alsof het me naar de bodem zou sleuren. Het was puur een kwestie van tijd voordat het schip, met allen die daarin nog gevangenzaten, ten onder zou gaan. Ik wist dat ik ervan weg moest zwemmen om te voorkomen dat ik omlaag zou worden gezogen, dus trapte ik naarstig met mijn benen en wist door de olie weg te crawlen.

Maar er waren nog meer gevaren. Er waren nu andere mannen te water geraakt van wie sommigen hulpeloos om zich heen sloegen. Bijna onmiddellijk dook er tussen ons in een snelle boot op, een soort kleine torpedobootjager. Het was een Italiaanse onderzeebootjager en hij was niet gekomen om ons te helpen. Toen wist ik dat de explosies door torpedo's en niet door bommen waren veroorzaakt; we waren getorpedeerd door een geallieerde onderzeeër die zich nog ergens onder mij bevond. De torpedobootjager voer in enorme cirkels tussen de overlevenden door en zigzagde in een poging de onderzeeër op te sporen. Hij torende boven ons uit als een klif van grijs staal. In het water ontstond paniek.

Ik hoorde Italiaanse en Duitse stemmen roepen, maar iedereen die in het pad van de jager kwam werd door zijn schroeven vermalen of door zijn kielzog overspoeld. Toen begon de jager zijn dieptebommen los te laten. Aanvankelijk was het stil en toen hoorde je van heel ver in de diepte een gedempte plof die aanvoelde als een klap met een hamer tegen je borst. Het kwam met een luide klap aan de oppervlakte, waardoor er een fontein tot hoog in de lucht ontstond en de zee eromheen wit kleurde. Ik bevond me op zo'n honderd meter afstand en mijn hele lichaam kreeg een geweldige oplawaai. Er klonk opnieuw een explosie, toen nog een paar totdat de torpedobootjager na een laatste ronde aan de horizon verdween.

We waren alleen. Het werd snel donker. Vanuit onze positie in het water was van het getroffen vaartuig geen spoor meer te bekennen. Het had al hachelijk laag in het water gelegen en een deel van de lading die aan dek lag dreef nu in zee. Ik heb altijd aangenomen dat het was gezonken.

Ik zag een houten pakkist in het water drijven en zwom er, door de olielaag maaiend, naartoe. Het leek een eeuwigheid te duren, en toen ik er eindelijk aankwam, klampte een aantal Italianen zich er al aan vast. Door een gat in een van de hoeken kon ik zien dat de kist leeg was. Ik wachtte tot ik op adem was gekomen. Deze krakende kist was het enige reddingsvlot waarover we beschikten. Ik wist dat er iets moest worden ondernomen, omdat ik anders zou verdrinken in het koude water van de winterse Middellandse Zee. Ik probeerde mijn greep op de glibberige planken te verstevigen en slaagde er, na een aantal keren te zijn teruggevallen, in om erop te klauteren, zodat ik helemaal uit het water was. Ik probeerde niemand te beletten dat ook te doen, maar als iemand had geprobeerd mij eraf te trekken, dan zou ik zeker het gevecht zijn aangegaan. Als je echt vastberaden bent, dan lukt dat soort dingen, maar het kostte me een enorme inspanning en toen ik er eenmaal bovenop zat was ik volkomen uitgeput. Ik viel neer op mijn buik.

Toen merkte ik dat de kist nogal wankel was en het niet lang zou houden in de golven die nu begonnen aan te zwellen. De anderen waren gewoon te zwak om zich op te trekken. Ik peinsde er niet over om een van hen te helpen. Als je een helpende hand uitstak, liep je het risico terug in het water te worden getrokken. Ik moest eerst aan mezelf denken. Er zat niets anders op. De zee bleef ruw. Een voor een waren ze gedwongen los te laten. Eerst waren ze er en toen waren ze verdwenen. Zo ging dat.

Toen de zon in de zee zakte, kwamen de golven tot rust. Er was geen land in zicht en de warmte verliet snel mijn lichaam. Spoedig was het weer donker en bevond ik me weer onder de sterrenhemel met rondom mij de geluiden van golven, wind en krakend hout.

Ik klampte me de hele lange koude nacht vast aan de kist in de hoop op redding, maar de zee was verlaten. Terwijl ik op mijn buik lag raakte ik regelmatig even buiten bewustzijn. Toen de zon opkwam, meende ik land te zien, een gouden stad op een heuvel. Het had de zon kunnen zijn die door stenen gebouwen werd weerkaatst. Het had een hallucinatie kunnen zijn. De tijd verstreek, ik kwam weer korte tijd bij bewustzijn en toen was er daadwerkelijk land in zicht. Verbluffend dichtbij zelfs. De golven spatten uiteen op de rotsen aan de voet van een lichtgekleurde landtong. Het was een schrale troost. De afstand was nog steeds te groot om zwemmend af te leggen.

Toen ik weer volledig bij bewustzijn was, zat ik tussen twee grote rotsen geklemd, net uit het water. Ik leefde nog en de omhelzing van de massieve rotsen was welkom na het gekraak en gekreun van het hout op de golven. Ik was nog steeds bedekt met een laag olie.

Ik hoorde het bedaarde ritme van de golven en was ervan overtuigd dat het land onder me rees en daalde in de branding. Mijn keel was uitgedroogd, mijn lippen waren gebarsten en smaakten naar zout, olie en viezigheid. Het duurde enige tijd voordat er weer wat kracht in mijn lichaam terugkeerde en ik me probeerde te bewegen.

Ik bevond me voor de ingang van een met grote stenen bezaaide baai. Ik richtte me op mijn knieën op en probeerde te gaan staan, maar mijn benen weigerden dienst zodra ik erop steunde, dus bleef ik nog even liggen om te wachten tot mijn krachten terugkeerden. Ik moet zo'n twintig uur op die houten pakkist hebben doorgebracht. Ik kon me maar één nacht herinneren, maar omdat ik regelmatig buiten bewustzijn was geweest was zelfs dat vaag.

Toen ik weer kon lopen ontdekte ik voorbij de baai een landschap van kreupelhout en schrale grond, met daarachter heuvels. De verspreid staande bomen boden me enige beschutting, maar ik had nauwelijks kracht in mijn ledematen en was erg terneergeslagen. Ik begon te denken dat ik het zou moeten opgeven of zou verhongeren. Mijn blote voeten waren week geworden doordat ze in het water waren geweest. De stenen deden pijn aan mijn voetzolen.

Ik strompelde voort totdat ik bij een oude man kwam die voor de deur van een kleine houten boerenhut aan het werk was. Ik bleef niet stilstaan bij de vraag of hij mij gunstig gezind was of niet, maar liep recht op hem af en vroeg met gebarentaal om water. Ik had geen keuze. Hij had me niet horen aankomen en hij deinsde onmiddellijk achteruit toen hij me zag. Ik was drijfnat en had olie tot diep in de poriën van mijn lichaam.

Zijn gezicht was doorgroefd en verweerd, maar zijn verwarde haarbos was donker en dik. Hij rende niet weg, maar bleef op een afstand en keek achter me om te zien of ik alleen was. Toen hij sprak klonk hij niet Italiaans en dat verwonderde me. Misschien was dit Italië helemaal niet.

'*English, English,*' zei ik en ik legde mijn polsen kruislings over elkaar om te laten zien dat ik geboeid was geweest. De uitdrukking op zijn gezicht ontspande zich, maar hij hield zijn ogen strak op me gericht en kwam geen stap dichterbij. Ik wees achter me naar de zee, maakte golvende bewegingen en het geluid van een explosie en probeerde een zinkend schip uit te beelden. Hij keek me zwijgend en wezenloos aan en leek toen tot een beslissing te komen. Hij mompelde iets en wees op de deur van de hut. Het was donker binnen en hij ontspande zich enigszins toen we uit het zicht waren.

Ik ging zitten en hij gaf me een gedeukte tinnen kroes met water. Het was de eerste keer na vierentwintig uur dat ik iets te drinken kreeg en ik klokte het gulzig naar binnen. Hij gaf me meer. Toen werd ik me bewust van de grondsmaak van het water, maar ik dronk het toch weer even snel op. Hij bleef naar me staan kijken. 'Voedsel?' vroeg ik door op mijn mond te wijzen. 'Eten?' Hij keek in het donker om zich heen en gaf me toen een handvol rozijnen. De sterke smaak prikkelde mijn gehemelte. Na wat brood en nog meer water te hebben genuttigd, viel ik in de hoek in slaap.

Ik werd versuft wakker. Hij was er nog steeds. Hij bracht me eieren en gebak met gedroogde vruchten erin. Ik knikte dankbaar toen hij zich terugtrok en toekeek terwijl ik at. Na de scheepsbeschuit op de boot was dit een feestmaal. Ik vroeg waar ik was en kreeg een wezenloze blik en een stroom van woorden die ik niet verstond als antwoord. Ik kreeg een ingeving, pakte een stokje en tekende ruwweg de omtrekken van Griekenland op de aarden vloer, waarbij het me nog de nodig moeite kostte om de vorm herkenbaar te maken. Hij staarde verblufter dan ooit naar de krabbels, totdat ik de onmiskenbare laarsvorm van Italië eraan toevoegde. Hij barstte los in een paar zich steeds herhalende woorden. Hij pakte het stokje en wees met overtuiging op de drie vingers die ik had getekend om het zuiden van Griekenland mee aan te duiden. Daar bevond ik me dus. Aan zijn heftigheid kon ik merken dat hij de Italianen die zijn land hadden bezet haatte.

Dankzij het eten en de rust namen mijn krachten weer snel toe en ik weet niet hoe lang hij me gastvrijheid heeft verleend, maar ik wist wel dat ik daar niet eeuwig kon blijven. Als ik bij hem zou worden aangetroffen zou hij de kogel krijgen, dat was zo klaar als een klontje. Ik wist ook niet precies in hoeverre ik hem kon vertrouwen, hoewel dat achteraf bekeken cru lijkt. Ik wilde weg.

Hij gaf me een paar oude canvas sandalen, die ik met een touwtje om mijn blote voeten bond en gaf me een grof geweven hemd dat ik onder mijn uniformjasje aantrok. Ik wilde mijn militaire kleding eigenlijk niet wegdoen. Ik kende de gevaren. Vermomd als burger kon ik als spion worden neergeschoten. Ik was er zeker van dat hij blij was me te zien gaan.

Mijn geografische kennis van de omgeving was beperkt en ik kon me niet voorstellen wat ik voor de boeg had. Mijn horloge had het water overleefd en ik gebruikte het om te bepalen waar het noorden was. Ik vermeed wegen en trok door de heuvels en olijfgaarden. Ik liep met een wijde boog om nederzettingen heen en dronk water uit beekjes als ik die wist te vinden. Ik was zwak en lusteloos maar dwong mezelf door te gaan. Het stadium van buikpijn van de honger was ik gepasseerd en ik wist dat ik voortaan zou moeten stelen om aan eten te komen. Elk contact bracht het gevaar van verraad met zich mee. Wie me hielp liep het risico te worden doodgeschoten. Diefstal was de beste oplossing voor alle partijen.

Overdag werkten de meeste mensen buitenshuis, vaak op enige afstand van hun hutten. Het was gemakkelijk om in te breken en het leek een beetje op het patrouilleren door de woestijn: zoek een gunstige waarnemingspost, houd je gedeisd en observeer. Als ik wist dat de kust veilig was, ging ik naar binnen, maar er viel maar weinig te halen. De bevolking was arm en ging gebukt onder de Italiaanse bezetting. Ik vertrok nooit met een volle maag, maar één keer vond ik hetzelfde soort vruchtentaart als de oude man me had gegeven. Het was een eenzame reis en ik moest zorgen dat niemand me zag. De olievlekken zouden argwaan wekken.

Toen ik besefte dat ik me in Griekenland bevond, durfde ik te hopen dat ik nog een tijdje op vrije voeten zou blijven, maar ik kon me toch nauwelijks voorstellen dat ik dwars door bezet Europa de weg naar huis zou weten te vinden. Naarmate de dagen verstreken, ging mijn conditie achteruit. Nog steeds besmeurd met olie en nu ook nog bedekt met een laag vuil, strompelde ik naar een groepje mannen en vrouwen toe die op het veld aan het werk waren. Zij waren banger voor mij dan ik voor hen. Ik vroeg om water. Ze begrepen me en overhandigden me een langwerpige waterzak. Ik dronk zoveel ik kon en ging er als een haas vandoor.

Even later merkte ik dat ik werd gevolgd door gewapende mannen. Ik vermoedde dat het Italianen waren. Iemand had me aangegeven. Ik rende een grote olijfboomgaard in en maakte me zo klein mogelijk, maar dat mocht niet baten. Ze begonnen te schieten. Ik kon geen kant op en ze zouden me zeker hebben gedood als ik het op een lopen had gezet. Ik richtte me op en stak mijn armen omhoog. Ze boeiden mijn handen en brachten me naar een vrachtwagen. Ik was weer een gevangene.

Het was een flinke rit. Ik werd naar een kamp vol met geallieerde gevangenen gebracht: Engelsen, Zuid-Afrikanen en Griekse partizanen. Het was een ellendig oord dat bestond uit een stel bivaktenten in een veld. Het regende veel en er viel zelfs sneeuw.

Veel gevangenen waren er slecht aan toe en hadden dysenterie of andere ziektes. Toen ik daar aankwam waren er geen latrines, dus de gevangenen moesten hun behoefte doen waar ze konden; ze waren zo ziek dat dat ongeveer overal betekende. Het was een smerige plek, dat terrein, en het kreeg al snel de bijnaam 'de strontakker'. Uiteindelijk gaven de Italianen toe en mocht er een greppel worden gegraven van anderhalve bij drieënhalve meter en anderhalve meter diep. Die was in een mum van tijd vol: vijf kubieke meter aan menselijke uitwerpselen. Het stonk.

Voor schaamte was geen plaats. Ik had eerder op zee al eens dysenterie gehad en ik wist wat het was, de malaise, de maagkrampen en de aandrang. Je zat in een rij vlak tegen elkaar aan, een rij blote billen die uitstaken over de rand van de glooiing. Ik herinner me één man met een mager gezicht in jammerlijke staat die naast me hurkte. Op de een of andere manier verloor hij zijn evenwicht en gleed langs de glooiing de kuil in. Hij stond er tot zijn middel aan toe in, de arme stumper.

'Dat is vandaag al de tweede keer dat me dat overkomt,' zei hij.

Een tijdje daarna werd ik naar het noorden overgebracht en gevangen gehouden in een groot pakhuis in de buurt van Patras. We kregen water en brood en verder helemaal niets, maar we werden in elk geval door een bewaker naar een latrine buiten geleid als je naar de plee moest. Hij keek van een afstandje toe terwijl wij boven een ondiep stroompje hurkten. De omstandigheden waren iets gunstiger, maar dat bleef niet zo.

Hoofdstuk 8

We werden aan boord van een ander schip gebracht. Het was warm benedendeks, een aangename verandering na het kille kamp en ditmaal hoefden we de reis niet door te brengen in het vrachtruim. Er waren Italiaanse soldaten aan boord die met verlof naar huis gingen. Een van hen probeerde een gesprek met me aan te knopen en vroeg me, eerst in het Italiaans en vervolgens in het Frans, wie we waren en waar we vandaan kwamen. Daar was alles mee gezegd.

Ik vond één keer getorpedeerd worden meer dan voldoende, maar als ik nu naar de landkaarten kijk, denk ik dat we de veilige route hebben genomen, langs de Griekse kust, tussen de eilanden Kefallonia en Lefkada door en vervolgens door de Straat van Corfù en dan een snelle oversteek via de Straat van Otranto naar de hiel van de Italiaanse laars.

Gedurende de reis zaten we op de grond. 's Avonds zong een Ier met een gevoelige stem een droevig lied en vertelden twee Zuid-Afrikanen over hun vaderland. We kwamen aan in een haven vol bewakers, misschien Bari of Brindisi, en we werden afgemarcheerd naar een met bomen omzoomd veld waar weinig gras groeide. We waren inmiddels met honderden en er was geen prikkeldraadversperring, dus hadden ze meer soldaten nodig om ons te bewaken. Sommige jongens waren er vreselijk aan toe, met opgezwollen gezichten en ledematen door vitaminegebrek.

We kregen maar heel weinig te eten en degenen die daar de energie nog voor hadden schopten daar stennis over en maakten het de bewakers zo lastig dat het helemaal uit de hand liep. We boften nog dat er niemand werd neergeschoten. Uiteindelijk wisten ze de zaak te sussen en werden vijf van ons van de rest geïsoleerd. Ze ketenden ons aan een boom, boeiden onze armen en benen en wij vloekten ons een ellendige dag door. Gewoonlijk was ik degene die het voortouw nam. Nu werd ik als een beest in de kluisters geslagen. Het leek wel eeuwen geleden dat ik op avontuur uitging. We bleven een dag of drie, vier op dat veld en werden toen overgebracht naar een echt kamp.

Er stonden langwerpige uit steen en beton opgetrokken barakken, verdeeld in vijf nissen met houten britsen, die elk plaats boden aan ongeveer vijftig man. We kregen een paar warme dekens en een dunne strozak die als matras moest dienstdoen. Dit was Campo Concentramento Prigioniero di Guerra, Sessantacinque. Voor ons is dat Krijgsgevangenkamp PG65. Het lag dicht bij Altamura, in het zuiden van Italië.

Een van de Italiaanse officieren was een majoor die op Jimmy Cagney leek. Hij was een geschikte kerel en hij was zo blij als een kind toen we hem dat vertelden. Er was geen dwangarbeid en geen wreedheid, maar het schrijnende gebrek aan voedsel maakte het toch tot een gruwelijk oord.

We hadden een veldkeuken en de Italianen gooiden bomen in het kamp neer om het vuur brandende te houden. Een van de jongens die nog wat fut in hun lijf hadden, hakte ze in blokken. Hij kreeg waarschijnlijk een extra rantsoen. Er werd een enorme kookpot boven de vlammen gehangen en daar werd ingegooid wat we tot onze beschikking hadden, wat doorgaans niet veel meer was dan macaroni. Als de soep klaar was werd die in aluminium vaten van veertig liter door het kamp gedragen en rondgedeeld, slechts één soeplepel per persoon per dag. Aanvankelijk kregen we daar een stukje brood bij, maar dat werd algauw gehalveerd. Bij wijze van ontbijt kregen we een slok surrogaatkoffie en dat was alles. Ik voelde mijn lichamelijke conditie verder achteruitgaan en de meesten van ons waren er bij binnenkomst al niet best aan toe.

De luizen in onze kleren hadden meer te eten. Als ik mijn hemd uittrok kon ik er zo honderd tussen mijn vingers platdrukken. Binnen een halfuur waren er weer honderd. Je werd er gek van.

Kort na aankomst moesten we ons in een rij opstellen en werd ons gevraagd wat we in de burgermaatschappij hadden gedaan. Het Engels van de tolk hield niet over en ik bleef achterdochtig, dus zei ik dat ik geveltoerist was. Hij zocht het op in zijn woordenboekje en was duidelijk verbijsterd.

'Wat?'

'Geveltoerist,' herhaalde ik.

'Tegeltoepist?' vroeg hij, terwijl hij zijn meerdere aankeek om te zien wat hij ervan vond. Zoiets bestond niet. Hij schreef iets op en ging door naar de volgende.

Toen de eerste Rode Kruis-pakketten arriveerden dachten we dat we in de hemel waren, hoewel we elk pakket met een flink aantal mannen moesten delen. Erin zat een blikje poeder-'Klim' (melk in het Engels, maar dan andersom gespeld), een beetje koffie of thee, een blik groente of wat geconserveerde kaas, soms gedroogde eieren, plus een kleine reep chocola, suiker of rozijnen.

De verveling was dodelijk. Er heerste geen militaire discipline in het kamp. We moesten het zelf maar zien te rooien. We hadden niets om het brood mee te snijden, maar we hadden piepkleine metalen spiegeltjes en ik vond een manier om die te splijten en er een lemmet van te maken. Ik maakte er een houten handvat aan, zodat het fatsoenlijke broodmessen werden die ik ruilde voor extra voedsel. In de kampen draaide alles om ruilhandel. Je moest iets hebben om te kunnen ruilen. Terwijl de maanden verstreken, ontwikkelde ik een manier om een soort koffertjes te maken van lege Klim-blikken. God mag weten waarom. Ik had nauwelijks iets om erin te pakken. Het maakte geen deel uit van een of ander vermetel ontsnappingsplan. Ik plette de blikken en vouwde de randen dan zo dat ik er grotere vellen van kon vormen. Het hielp me de tijd te doden en uiteindelijk hield ik er een soort blikken doos aan over.

We hadden dan wel thee en koffie van het Rode Kruis, maar het koken van water was geen eenvoudige zaak. Ik besloot te improviseren, dus ik maakte een gesloten vat met roterende ventilatorbladen erin als een afgesloten loopmolentje. Dat verbond ik met een buis met een metalen doosje met kooltjes, stak daaronder een vuurtje aan en als ik de ventilator een slinger gaf, functioneerde dat als een miniblaasoven. De kooltjes werden roodheet en daarboven kon je in een blik water aan de kook brengen. Ik was er ontzettend trots op en het betekende dat we voor de eerste keer thee konden drinken. Anderen pasten het blaassysteem aan en verbeterden het en het werd een groot succes.

Ik vermoed nu dat de Italianen gewoon geen eten hadden om aan ons te geven. Heel wat gewone bewakers kregen weinig meer dan wij. We droogden zelfs onze gebruikte theeblaadjes om ze te ruilen.

Ik ging nog steeds gebukt onder de schande van mijn gevangenneming. Ik vertrouwde praktisch niemand en trok me in mezelf terug. Ik herinner me nog een aantal gevangenen. Er was een Londenaar die Partridge heette die van alles voor anderen deed zonder iets terug te verlangen. Dan was er nog een man die Bouchard heette en die vel over been was en crepeerde van de honger. Hij scharrelde de hele dag het kamp rond op zoek naar voedsel. We hebben af en toe een praatje gemaakt, maar nooit over thuis. Waarom zouden we onszelf kwellen?

Ik hoorde dat sommigen in andere kampen naar buiten werden gebracht om te worden gedesinfecteerd en dan door de bevolking werden bespuugd en mishandeld. Wij bleven waar we waren. Zo nu en dan verscheen er een katholieke priester die een dienst hield voor de meer gelovige jongens. Zelfs dat gebeurde vanaf de andere kant van het prikkeldraad. Hij kwam nooit binnen.

Er waren andere pogingen om de monotonie te doorbreken. Als je ergens iets vanaf wist, kon je daar een spreekbeurt over houden. De onderwerpen varieerden van geschiedenis en aardrijkskunde tot techniek. Een van de mannen praatte urenlang over zijn draaibank en de beginselen van hout- en metaalbewerking en hoe je schroefdraden moest maken.

Na een poosje begonnen ze extra keten te bouwen; we zaten al stampvol en het kamp moest worden uitgebreid. In Italië hoefden we doorgaans geen dwangarbeid te verrichten, maar toen we honderdvijftig gram brood extra aangeboden kregen als we hielpen met de bouw, namen we dat met beide handen aan. De voedselschaarste was rampzalig.

De barakken werden buiten de hekken gebouwd. Ze wilden ze eerst voltooien en pas dan een nieuw hek eromheen zetten. Dat we buiten het hek mochten komen was op zichzelf al een sensatie. Dan kon je misschien wat voedsel stelen of deed zich een kans voor om te ontsnappen.

Ik was een van de zes mannen die het dak op werden gestuurd om de pannen vast te kitten met cement. Dat was voor het eerst dat ik echt over het omringende land kon uitkijken. Er was maar één soldaat om ons te bewaken en die bleef beneden op de grond. Ik rammelde van de honger. Op de vlucht kon dat onmogelijk erger zijn. Ik nam de gelegenheid te baat en vroeg de bewaker of ik naar beneden mocht komen omdat ik moest plassen. Hij gaf schoorvoetend toestemming, hoewel hij ons niet allemaal tegelijk in de gaten kon houden.

Eenmaal buiten zicht verspilde ik geen seconde en ging er als een haas vandoor.

Ik verwachtte dat elk moment het tumult zou losbarsten, maar er gebeurde niets en voordat ik even bleef stilstaan om op adem te komen was ik al op flinke afstand van het kamp. Ik heb geen idee wanneer er alarm werd geslagen, maar ik was toen in elk geval al een eind weg.

Ik had een stuk brood meegenomen en een heel klein brokje kaas. Dat was de enige voorbereiding die ik had getroffen. Ik besloot de kust te mijden en naar het noorden te trekken in de richting van het neutrale Zwitserland. Ik probeerde optimistisch te zijn. Een vlucht naar huis was van hieruit waarschijnlijker dan vanuit Griekenland, maar het was nog steeds vele honderden kilometers door vijandelijk gebied.

Het reizen voelde vertrouwd. Ik meed de wegen en grote plaatsen en scharrelde mijn maaltje bij elkaar in afgelegen agrarische bijgebouwen. Ik werd niet gepakt, maar veel eten vond ik evenmin. Het beste wat ik kon vinden was soms hier en daar wat verlepte groente en iets wat smaakte naar anijszaad, mogelijk venkel. Dat heb ik nadien nooit meer door mijn keel kunnen krijgen. De daaropvolgende drie of vier dagen legde ik een flinke afstand te voet af, maar ik verzwakte en de honger werd steeds nijpender. Ik kwam langs een kleine graanakker, maar die was grijs en het graan stond te rotten op het land. Italië was geen gelukkig oord. De regen kwam met bakken uit de hemel.

Ik schuilde in een verlaten gebouwtje en wachtte tot het ophield met regenen. Toen het donker was hoorde ik stemmen roepen. Mijn schuilplaats was omsingeld en mij werd bevolen tevoorschijn te komen. Ik was gezien.

Ik stapte de schemering in. Ik was bezorgd. Ik begreep niet hoe het mogelijk was dat zoveel Italiaanse soldaten me opwachtten. Het deed er nauwelijks toe, ze hadden me te pakken. Ik werd in de bak van een vrachtwagen gezet en weggevoerd. Ze namen niet de moeite mijn handen te boeien en ze hebben me niet toegetakeld. Ze brachten me snel terug naar het kamp en ik werd een dag opgesloten in een isoleercel. Daarna werd die vreselijke routine voortgezet. Het was een onvoorbereide poging geweest die voortkwam uit frustratie. Ik zat weer gevangen en moest me daarin schikken.

Dysenterie bepaalde het leven in het kamp – niet zomaar een enigszins onaangenaam soort darmstoornis maar een levensbedreigende, vernederende, pijnlijke ziekte die al onze energie opslokte en ons zwak en futloos maakte. We vermagerden allemaal en met zoveel zieke mensen waren beschamende ongelukjes aan de orde van de dag. Als je jezelf eenmaal had bevuild was het, met uitsluitend koud water tot je beschikking, bijna onmogelijk om weer echt schoon te worden. Ik zag mannen huilen van vernedering, volwassen kerels die onder de diarree zaten. Heel wat mensen in het kamp stierven aan behandelbare ziektes en verwaarlozing. Een van de lijken bleef nog dagen in een schuur liggen voordat het werd begraven. Ik herinner het me omdat ik zijn broek erfde. De mijne was gescheurd en smerig en de rest van mijn uniform was er niet veel beter aan toe.

Ik was blij met de broek, of hij nu afkomstig was van een lijk of niet. Je moest nu eenmaal praktisch zijn. Maar enkele dagen later kreeg ik vreselijk last van jeuk en ditmaal was het meer dan alleen luizen. Aan de binnenkant van mijn dijen kreeg ik een vlekkerige, bobbelige, rode huiduitslag. Die verspreidde zich snel tot het overal in mijn kruis en God mag weten waar nog meer. Ik had schurft opgelopen. Heel kleine mijten hadden zich ingegraven onder mijn huid en hun eitjes gelegd. Als ik krabde, maakte ik de huid kapot en begon het te bloeden en ik wist dat het in al die vuiligheid geïnfecteerd kon raken. Overdag was het al pijnlijk, maar 's nachts had ik het gevoel dat mijn huid in brand stond en er beestjes onder kropen.

De aanvallen van dysenterie en de voortdurende honger maakten dat ik vreselijk lusteloos was en alsmaar magerder werd. Als ik snel opstond kreeg ik een black-out en klapte voorover. Na een poosje begon ik dat opzettelijk te doen om achter de barakken gevloerd te gaan. Zo leek de tijd sneller te verstrijken. Als ik buiten bewustzijn was, voelde ik de honger, de luizen en de kwellingen door de bloedende uitslag niet. De meesten van ons deden dat. De pijn van de schurft hield weken, misschien zelfs maanden aan. Pas toen er een stuk carbolzeep in het kamp opdook om me mee te wassen, trad er enige verbetering op. Mijn lichaam verkeerde in een deplorabele staat, maar in mijn hoofd was ik helemaal geen gevangene. De vijand had me heel wat aangedaan, maar mijn geest had hij niet bedwongen.

Dat jaar in Italië was hels. Veel mannen stierven aan ziekte en verwaarlozing. Toen het nieuws werd verspreid dat sommigen van ons zouden worden verplaatst, had ik het gevoel dat het niet veel beroerder kon. Ik was te zwak om het kamp uit te marcheren. Er waren geen officieren bij ons en er was nauwelijks sprake van militaire discipline. Het enige waartoe we nog in staat waren was om futloos naar de vrachtwagens te sloffen. Op een spoorwegterrein werden we in veewagons geladen. In gunstiger tijden zou ik er meteen in zijn gesprongen, maar nu was het een hele toer om me erin te hijsen. Op een bord aan de buitenkant stond VEERTIG PERSONEN OF TIEN PAARDEN. Er was één emmer om alles in te doen. Daar wilde ik zo ver mogelijk bij vandaan blijven. Heel wat mannen hadden nog steeds dysenterie. Ik ging in een hoekje zitten, blij een plekje onder het enige raam te hebben gevonden. Er zat een gat in de wand van dertig bij dertig centimeter waarvoor prikkeldraad was gespannen. Het was ook de enige plek waardoor je de emmer die al heel snel overliep leeg kon gooien. Dat kon niet zo blijven.

Een paar jongens tilden de emmer omhoog tot voor het raampje, maar een emmer uitwerpselen leegkiepen door een met prikkeldraad bespannen gat boven je hoofd was een smerig werkje. Veel werd terug de trein in geblazen en liep langs de binnenkant van de wagon omlaag waar ik zat. Dat leverde het nodige gescheld op. Bakken vol stront en ik zat eronder.

We kregen weer dezelfde oude scheepsbeschuit en een bak met water en daar moesten we het met z'n allen mee doen. We wisten niet waar we naartoe gingen. De trein tufte langzaam noordwaarts, langs vele kilometers verlaten stranden en ik zag een bord waarop RIMINI stond. Voor de oorlog had ik wel eens van die plaats gehoord. We reden landinwaarts door dorpen waar de mensen naar buiten kwamen om naar ons te zwaaien. Misschien dachten ze dat wij Italianen waren.

Ik had er toen geen benul van dat dit dezelfde route was die ze zouden gebruiken om Italiaanse Joden en andere vijanden van het Rijk naar de concentratiekampen in het noorden te transporteren. Onze wagons stonken en waren smerig, maar we konden er in elk geval nog in liggen. Zij werden boven op elkaar gepropt, terwijl ze hobbelend dwars door Europa werden vervoerd naar een afschuwelijke bestemming zonder enige bescherming van de Geneefse Conventie, waar wij tot dusverre overigens ook weinig baat bij hadden gehad.

Na een dagenlange reis slingerde het spoor zich omhoog over de Brenner-pas. We hadden Oostenrijk bereikt. Tussen het prikkeldraad door zag ik voor het eerst de Alpen. Ik was overdonderd door hun grootsheid en werd geplaagd door tegenstrijdige gevoelens. Ik dacht terug aan het landschap waarin ik was opgegroeid. De schoonheid ervan scheen in verband te staan met de schoonheid in de mensen. Dat had me gemaakt tot de man die ik was. Ik vroeg me af hoe het mogelijk was dat er zulke afschuwelijke dingen konden gebeuren in zo'n prachtige omgeving. Ik had nog niet de helft ervan gezien.

Toen de trein tot stilstand kwam, zag ik een bord met daarop INNSBRUCK HAUPTBAHNHOF. We werden op een zijspoor gezet en in overdekte vrachtwagens geladen. Nu waren de bewakers Duitsers. Na een lange reis voornamelijk door open terrein stopte de vrachtwagen op een kleine open plek in een bos waar we toestemming kregen onze behoefte te doen. Ik was onmiddellijk gespannen. De Duitse bewakers begonnen een machinegeweer te installeren op een driepoot. Het stond onze kant op gericht. Ik bedacht dat ze ons ter plekke wel eens aan flarden zouden kunnen schieten. We waren ver van de bewoonde wereld verwijderd en er waren geen getuigen. Als ze begonnen te schieten, moest ik dan op de vlucht slaan of proberen de schutters aan te vallen? Het moment ging voorbij. Ze haalden het wapen uit elkaar en we stapten weer in de vrachtwagens.

De daaropvolgende paar maanden werd ik van het ene naar het andere kamp verplaatst. Ik wist niet altijd goed waar ik me bevond en als ik er nu op terugkijk is het moeilijk om zeker te weten in welke volgorde ik ze heb bezocht. Na een langdurige reis kwamen we aan in een kamp waar we binnen een omheind terrein werden gebracht, waar zich aan de andere kant van het prikkeldraad Russen bevonden.

Ik probeerde af en toe een gesprek met hen aan te knopen, maar omdat we geen gemeenschappelijke taal spraken, kwamen we niet ver. Ik kon zien dat ze er vreselijk aan toe waren. Ze probeerden monter te blijven en voerden een showtje voor ons op en dansten achter het prikkeldraad, maar ze waren zwak en ondervoed en slaagden daar maar nauwelijks in. Het was een treurige aanblik. Het stonk er verschrikkelijk en het duurde dagen voordat we erachter kwamen waar dat vandaan kwam. De afschuwelijks stank was afkomstig van rottende lijken. De Russen werden afgebeuld en uitgehongerd tot ze er dood bij neervielen. Hun rantsoenen waren veel te klein om hen in leven te houden en wij hoorden dat ze in hun wanhoop hun doden nog een paar dagen bij zich hielden om hun rantsoenen nog een paar dagen te kunnen krijgen.

De ratten hadden het naar hun zin. Ze waren zo groot als katten en aten beslist ook mensenvlees. Ik kon het aan ze ruiken. Ze hadden geen eerbied voor prikkeldraad. Ik sliep op de grond en als ik 's nachts wakker werd renden ze over mijn bed. Ik voelde hun adem op mijn gezicht. Ze stonken. Een van mijn voorvaderen eeuwen geleden was rattenvanger geweest. Als hij ons zou kunnen zien in het midden van de twintigste eeuw, een eeuw van industriële wonderen, met ratten die zich te goed deden aan mensenvlees, zou hij hebben gedacht dat er een einde was gekomen aan de menselijke beschaving. En hij zou nog gelijk hebben gehad ook. Ik werd gebeten door vreemde wezens die groter waren dan kattenvlooien. We noemden ze bedwantsen. Ik wist niet wat het waren, maar als ik ze plette stulpte het bloed dat ze hadden opgezogen eruit.

Algauw had ik nog meer te verhapstukken. Toen ik op een dag door het kamp liep, werd ik staande gehouden door een Duitse officier, die tegen me schreeuwde. Ik had nagelaten voor hem te salueren. Ik probeerde hem uit te leggen dat wij in het Britse leger nooit salueerden als iemand zijn pet niet droeg. Hij was blootshoofds. Een van de jongens riep dat ik moest salueren en er verder niet over na moest denken. Ik deed het met tegenzin en hij liet me gaan.

Na een poosje werden we in groepen ingedeeld en moest ik met de Russen samen in een kolenmijn werken. Ik stapte in de liftkooi bij de mijningang en gleed omlaag de duisternis in, waarbij de krakkemikkige kooiconstructie kraakte en doorboog onder het gewicht en elk moment uit elkaar leek te kunnen vallen. De gewapende bewakers op de bodem van de schacht bevalen ons door te lopen tot we bij de steenkoollaag waren aangekomen. Ze zeiden nauwelijks een woord tegen de Russen, maar ranselden ze des te vaker af. Ik was de enige Engelsman op die diepte en tegen mij waren ze inschikkelijker. Ik moest van 's ochtends vroeg tot 's avonds laat kolen in laadbakken scheppen. Ik werkte met mijn voeten in het water. Het was koud en akelig. We hadden geen helmen of beschermende kleding, maar de Russen hadden het het zwaarst te verduren. Velen van hen ploeterden blootsvoets en hakten met zwaar gereedschap op de steenkoollaag in. Ik mocht niet met hen praten.

Ik was drie dagen daarbeneden toen ik een van de bewakers hoorde schreeuwen. De agressie in zijn stem overstemde het geschraap van de spades en het gehak van de houwelen in het donker. Ze waren bezig een van de Russen af te tuigen. Hij had dunne repen rubber om zijn blote voeten gebonden als geïmproviseerde bescherming tegen de scherpe rotsen. Ik wist meteen dat hij die had afgesneden van een ongebruikte transportband die ik in een verlaten zijtunnel had gezien.

De bewaker was hysterisch en schreeuwde dat er sprake was van sabotage. Er werden nog meer Russen van de werkvloer gesleurd en we werden allemaal tegen de tunnelwand geduwd, met zwarte besmeurde gezichten. Niemand smeekte om genade. Daar was geen tijd voor. Een bevel had ik niet gehoord. De vijf soldaten hieven hun geweren op en een van hen schoot zonder te aarzelen. Een oorverdovend schot weergalmde door het netwerk van tunnels en schaars verlichte doorgangen. Het werd gevolgd door nog een schot, afgevuurd door de tweede bewaker, terwijl de eerste bezig was te herladen.

Ik had maar enkele seconden de tijd om te reageren. Vluchten was onmogelijk. Als ik toch moest sterven in die godverlaten kuil, dan zou ik in elk geval een van hen met me meenemen. Dat was nog wel het minste. Ik was er geweest, wat er ook gebeurde. Er klonken meer schoten vlak na elkaar. Toen werd het stil. Vijf kogels en vijf dode Russen in het kolengruis. Ik was de achtste in de rij.

Mijn ogen waren strak gericht geweest op het vuurpeloton, dus ik had de lichamen niet ter aarde zien storten. Het suisde nog in mijn oren toen we halsoverkop werden weggevoerd. Ik had al eerder oog in oog met de dood gestaan, maar toen had ik nog de kans om terug te vechten. Ditmaal was mijn overleving te danken aan de grillen van een wrede vijand. Dichter bij volslagen overgave zou ik nooit meer komen. Ik had niets gedaan om mijn leven te redden. Wat er in dat duivelse gat gebeurde, maakte me meer overstuur dan alles wat daarvoor was gebeurd of mogelijkerwijs daarna zou gebeuren.

Ik werd naar een schaars gemeubileerde kamer gebracht. De bewaker gaf me een harde duw in de richting van een stoel en het verhoor begon. In gebrekkig Engels vroeg de officier mij of ik achter de 'sabotage' zat. Had ik de Russen daartoe aangezet? Wie had het bevel gegeven? Ik wist niet wat ik zeggen moest. Er was geen plan geweest, er was alleen maar een uitgeputte stakker die had geprobeerd zijn koude, gewonde voeten te beschermen.

Als ik iets zou proberen, zou ik worden doodgeschoten, zeiden ze. Dat wilde ik best geloven.

De dreigementen brachten me van mijn stuk maar ik had nog steeds een motor in me die nog niet helemaal kapot was. Ik werd met een andere groep gevangenen afgemarcheerd naar een trein. Het waren normale treinwagons, met aan de ene kant een smalle doorgang en kleine, eenvoudige coupés. We wisten niet waar we naartoe gingen. Ik vroeg of ik naar de wc mocht en merkte dat die zich aan het einde van de wagon en vlak bij een onbewaakte deur bevond. De bewaker stond er vrij ver vandaan. Ik kende de andere mannen totaal niet, maar ik zag een mogelijkheid. Toen de trein stopte, openden we de deur, sprongen op de spoorbaan en renden het nabije veld in. Voordat de trein weer begon te rijden waren een stuk of zes van ons eruit gesprongen. Er was geen coördinatie en we renden allemaal een andere kant op.

Geestelijk was ik kapot. De schietpartij in de mijn had zijn tol geëist.

Ik had in Italië mijn lesje moeten leren en moeten weten dat een ontsnapping altijd zorgvuldig dient te worden voorbereid. Wij waren in uniform en ik viel onmiddellijk op. Ik weet niet hoeveel er zijn opgepakt, maar korte tijd later keek ik alweer in de loop van een geweer. Gelukkig werd er niet geschoten, maar het was weer gedaan met mijn vrijheid en ik werd naar een kamer gebracht en verhoord en incasseerde een paar flinke meppen. Daarna werd ik naar een kamp gestuurd, Lamsdorf als ik me niet vergis. Helemaal zeker ben ik daar niet van. Maar ik had mijn visitekaartje afgegeven. Ik was een onverbeterlijke onruststoker.

Bijna onmiddellijk daarna werd ik overgebracht naar het strafkamp in Graudenz, in het noorden van Polen. Ik moest me uitkleden en een man bestoof me tussen mijn benen en onder mijn armen met wit poeder. Mijn haar werd gemillimeterd. En ik werd gefotografeerd als een misdadiger van voren en van opzij met een nummer om mijn nek. Ik was gevangene 220543.

Ze brachten me naar een spartaanse barak waarin al drie Engelsen en een Schot waren ondergebracht. Het waren ruige types met geschoren koppen en ze zagen eruit of ze het verdienden om daar te worden opgesloten. We hadden weinig gemeen. Af en toe mochten we even naar buiten voor wat lichaamsbeweging op een kleine binnenplaats met hoge muren eromheen. Er viel niets anders te doen dan eindeloos in kringetjes rondlopen. Ik had weinig te zeggen. De schietpartij in de mijn speelde me nog steeds parten.

Er waren geen matrassen, alleen maar kale houten britsen. Om te kunnen slapen moest ik de houten latten in het midden weghalen om mijn benige heupen wat ruimte te geven, anders was het een pijnbank. De deken van houtvezel was zo dun dat ik erdoorheen kon kijken. Ik keerde me de eerste nacht te onbesuisd om en mijn elleboog ramde er in het midden een gat in.

's Ochtends werd ik naar een andere kale kamer gebracht waarin twee officieren achter een tafel zaten. Toen het verhoor werd voortgezet kwamen er twee bewakers binnen die zich aan weerskanten van mij opstelden. Ik zag hun zware, gepoetste laarzen. Het had er de schijn van dat ik een pak slaag zou krijgen, maar ze deden het verhoor alleen nog eens dunnetjes over. Ik haalde opgelucht adem. Ze dachten nog steeds dat ik betrokken was bij een of andere actie van de Russen, maar mijn uniform bood me enige bescherming zolang ze niets konden bewijzen.

Ik hoorde dat er elders in dat enorme kamp vreselijke dingen gebeurden, maar ik kwam er genadig af. Ik was daarheen gestuurd bij wijze van straf, maar ik hoefde in ieder geval niet meer in die ellendige mijn te werken. Een week of drie later was ik weer onderweg, ditmaal met de trein en in gezelschap van een paar bewakers.

Hoofdstuk 9

WE KWAMEN AAN OP EEN klein station. Het perron was heel laag en ik moest bij het uitstappen van de trein een trapje afdalen. Ik werd regelrecht over een zandweg afgemarcheerd en na een kilometer of drie bereikten we een kamp in een heel aangename omgeving. Vergeleken met waar ik de laatste tijd was verbleven was het bijna niet te geloven. Er stonden tien degelijk gebouwde houten barakken, er groeide gras op het terrein en er was maar één enkel prikkeldraadhek om te zorgen dat we er niet vandoor gingen. Dat wordt nog een plezierige boel hier, dacht ik. Er waren al een paar honderd geallieerde gevangenen aanwezig. Er was elektrisch licht, stromend water, er waren wc's waarop je kon zitten en centraleverwarmingsbuizen. Op de stapelbedden lagen stromatrassen en fatsoenlijke lakens. Ik hoorde dat het oorspronkelijk was gebouwd voor de Hitler Jugend. Daar zag het beslist naar uit.

De andere gevangenen vertelden me waar we waren; iets ten zuiden van de Poolse stad Oswiecim.

De volgende ochtend werden we om halfzeven gewekt en de poorten uit en door de velden en de bossen afgemarcheerd. Na twee kilometer was het landschap plotseling verdwenen. Voor ons lag een enorm zich naar alle kanten uitstrekkend bouwterrein. Uit schoorstenen en stoomkranen kwam rook. Het duistere skelet van een satanisch fabriekscomplex van beton en ijzer rees op uit de modder. Daarboven dobberde een scherm van versperringsballonnen aan stalen kabels. We werden naar binnen afgemarcheerd.

Het gehele terrein wemelde van vreemde, traag bewegende gestaltes – honderden, nee duizenden. Ze waren allemaal gehuld in gerafelde, slecht passende, gestreepte hemden en broeken, die meer op pyjama's leken dan op werkkleding. Hun gezichten waren grauw, hun hoofden waren slordig kaalgeschoren en deels bedekt door kleine petjes. Ze bewogen zich als schaduwen, vormloos en onduidelijk, alsof ze elk moment konden verdampen. Ik wist niet wie zij waren, wat zij waren.

De andere mannen noemden hen 'pyjama's'. Zij vertelden me wat de Duitse naam voor die Poolse stad, Oswiecim, was. Het was Auschwitz.

Eindelijk drong het tot me door dat die arme schimmen medemensen waren, hoewel hun heel wat aan menselijkheid was ontnomen. Dat zag ik nu al. Ze droegen de gele davidster. Het waren Joden.

We werden opgedeeld in *Arbeitskommando's* van twintig tot dertig man en naar verschillende aannemersbedrijven gestuurd, elk met zijn eigen afgerasterde terrein. We werden onmiddellijk aan het werk gezet en moesten bouwmaterialen en zware buizen verplaatsen en kabels leggen. Ik zag meteen hoe het er toeging. Als er iets verplaatst moest worden, werden de arme 'pyjama's' erbij gehaald, die als uit het niets leken op te duiken en samendromden rond de buis, klep of kabel die moest worden opgetild. Er waren er zoveel voor nodig omdat ze zo vreselijk verzwakt waren. Mannen strompelden rond met enorme zakken cement op hun rug, anderen worstelden met kruiwagens.

Wrede ploegbazen, die zwaaiden met knuppels of touwen met dikke knopen erin, hielden hen nauwlettend in de gaten. Dit waren misdadigers die waren gerekruteerd als Kapo's die konden beslissen over leven en dood van de anderen en dat ook onbekommerd deden. Ik haatte ze meteen. Ik was direct getuige van mijn eerste afranseling en kon moeilijk geloven dat een leven zo weinig waard was. Zelfs in de woestijn hadden we meer ontzag voor de dood. Hier vonden ze een kogel nog te duur om iemand van zijn leven te beroven, zolang ze het ook met laarzen en knuppels afkonden.

Aanvankelijk werden die Joodse gevangenen van ons vandaan gehouden. Als ze met ons praatten riskeerden ze te worden doodgeschoten of doodgeslagen. 's Avonds keerden we terug naar ons redelijk comfortabele kamp en zij werden afgemarcheerd... God mocht weten waarheen.

De reusachtige fabriek werd gebouwd door de chemiegigant IG Farben, voornamelijk om *buna* te fabriceren, wat synthetisch rubber was voor Hitlers oorlogsinspanningen, en methanol, om als brandstof te dienen. Het terrein besloeg van oost naar west drie kilometer en was bijna anderhalve kilometer breed. Binnen dat met prikkeldraad afgezette gebied bevonden zich, verspreid als een massief raster, talloze 'Baus' of bouwterreinen, en het werd gedomineerd door een grote industriële fabriek met vier lange schoorstenen. We noemden het de 'Queen Mary', naar het cruiseschip met de drie schoorstenen. Iemand kon blijkbaar niet tellen. Overal rezen gebouwen, torens en schoorstenen op. Overal werden op grote schaal steigers opgetrokken en buizenstelsels aangelegd, met smalle spoorbanen tussen elk blok, om alles wat nodig was om deze plek bedrijfsklaar te maken aan te voeren. In alle hoeken en gaten van deze industriële nachtmerrie zag je die arme drommels in hun smerige streepjespyjama's, velen te zwak om op de been te blijven, laat staan om met materialen rond te zeulen.

Het was me inmiddels wel duidelijk dat dit geen gewoon werkkamp was. Het was de vooropgezette bedoeling dat zij zich zouden doodwerken. Het was de hel op aarde. De hel op aarde. Er was geen gras, geen enkele vorm van groen, alleen maar modder in de winter en stof in de zomer. De natuur – om maar te zwijgen van de grote bouwmeester zelf – had deze plek verlaten. Ik heb al die tijd dat ik er was nooit een vlinder, een vogel of een bij gezien.

Al snel werd duidelijk dat de bewakers niet in staat waren de groepen strikt van elkaar gescheiden te houden. Het vertraagde de werkzaamheden en alles moest zo snel mogelijk klaar zijn.

Korte tijd later werkten we naast de Joden. Vanaf dat moment deden we hetzelfde werk als zij, maar kregen niet met de zweep en werden niet naar willekeur vermoord. Wij werden niet geacht hier dood te gaan, zij wel. Dat was het verschil. Als de wind uit het westen waaide, kwam er een misselijkmakende, zoete stank uit een paar schoorstenen in de verte.

Een paar dagen lang werkten we samen met een arme drommel die Franz heette, geloof ik. Ik had geleerd hem in de groep te herkennen. Toen was hij er op een dag opeens niet meer. Ik maakte gebruik van een ogenblik dat de Kapo's even niet onze kant op keken om een van de mannen in zijn Kommando te vragen wat er met hem was gebeurd. Hij wees met beide handen omhoog en zei: 'Hij is door de schoorsteen gegaan.'

Toen vielen de schellen van mijn ogen. Degenen die te zwak waren om te werken werden gedood en verbrand. Die stank was afkomstig uit de schoorstenen van de crematoria verderop. Ik wist het nu, maar het feit dat het me werd verteld was voor mij niet voldoende.

Toen we een keer van IG Farben terugmarcheerden naar ons kamp, brak er ruzie uit tussen een paar Britse gevangenen en de bewakers van de Wehrmacht, of *Postens*, zoals ze werden genoemd. Onze jongens zweepten hen op, joelden en juichten en ik zat er middenin. Er ontstond een vechtpartij en de Postens stonden in een mum van tijd tussen ons in om de orde te herstellen en duwden en porden ons. De *Feldwebel* schreeuwde bevelen. Hij was een grote kerel en zodra ik uit het gewoel tevoorschijn kwam, had hij het op mij gemunt. Hij pakte een van de soldaten zijn geweer af, greep het met beide handen beet en haalde met volle kracht uit naar mijn hoofd. Ik zag het aankomen en kon op tijd wegduiken. Er klonk een plof; het geluid van versplinterend bot. Een van de Duitsers die vlak achter me stond had de klap vol tegen zijn hoofd gekregen. Hij sloeg onmiddellijk tegen de grond en elke vorm verdween van zijn gezicht. Als de kolf van een negenponder met volle kracht iemands slaap raakt, dan wist je het wel. Als hij niet meteen dood was, zou hij het niet lang meer maken. We gingen weer in het gelid staan en bereidden ons voor op vergeldingsmaatregelen. Die kwamen niet. Ik heb diezelfde Feldwebel daarna nooit meer gezien.

Ons verblijf in het kamp was te mooi om lang te duren. Op een dag in het begin van 1944 werden we overgebracht naar een plek slechts enkele meters verwijderd van de zuidelijke grens van het IG Farben-complex. De pyjama's bevonden zich ergens ten oosten van ons, zo dichtbij dat we 's nachts het geschreeuw en soms ook het geweervuur in hun kamp konden horen.

Ons nieuwe gevangenenkamp was kaal en spartaans en veel dichter bevolkt dan waar we vandaan kwamen. In de winter hingen de ijspegels aan de dakranden van de barakken. In de zomermaanden werden we er belaagd door zwermen muggen. Er was een gebrekkige latrine, slechts een rij gaten in een plank boven een kuil en zelfs daar waren er te weinig van voor een kamp van deze omvang.

We hoorden dat in E-715, zoals het daar heette, Russische gevangenen gehuisvest waren geweest. Het gerucht ging dat de SS hen had opgeruimd om plaats te maken voor ons. Ze hadden de gevangenen in een primitieve tunnel gedreven, die later onze schuilkelder zou worden, en gedood met gifgas. Het was moeilijk uit te maken of dat waar was of niet. In een dergelijk oord was alles mogelijk.

Ik weet nu dat de Russische krijgsgevangenen de eerste slachtoffers waren op wie experimenten met gifgas werden uitgevoerd. In september 1941 werden honderden van hen vermoord met gebruik van Zyklon B-gas in een kelder van het hoofdkampement in Auschwitz. De proef slaagde, maar de kampcommandanten vonden de procedure niet efficiënt genoeg, dus bouwden ze een crematoriumgebouw om zodat er gaskristallen door gaten in het dak naar binnen konden vallen. Bij dat experiment stierven negenhonderd mannen. De raderen van de gemechaniseerde moordindustrie waren in beweging gebracht.

Toentertijd voedden de geruchten dat er in ons eigen kamp mensen waren vergast mijn frustratie en mijn behoefte aan zekerheid. De Russen werden bijna net zo beroerd behandeld als de Joden. Wij hadden het beter dan welke andere groep ook. Onze bewakers waren gewoonlijk soldaten van de Wehrmacht, het Duitse leger, en minder wreed dan de SS, maar weer veel minder humaan dan het Afrikakorps.

De Duitse militair die wij in E-715 het vaakst zagen was een onderofficier die Mieser heette. Hij diende zich aan als er problemen moesten worden opgelost en hij verzorgde het ochtendappel. De sergeant stond gewoonlijk naast hem. Hij was onze hoogste onderofficier in het kamp en vervulde de gezaghebbende functie van *Vertrauensmann*. Dat gaf hem wat meer bewegingsvrijheid en hij fungeerde als onze spreekbuis tegenover de Duitsers en het Rode Kruis. Over de doden niets dan goed, maar we wisten met Charlie nooit helemaal waar we aan toe waren.

Tijdens het appel waren we zo tegendraads als we durfden. We werden per slot van rekening niet voor onze lol geteld.

Miesers kreet *'ruhig'* om ons tot stilte te manen, werd snel door de jongens overgenomen. Zodra hij verscheen riepen we dat woord steeds weer genadeloos in koor. Dus gaven we hem de naam *Ruhig*. Het was een kinderachtige plagerij, maar goed voor het moreel. *Ruhig* kon bemoeiziek zijn en sommigen van ons hadden de pest aan hem, maar hij was bij lange na de beroerdste niet.

De commandant van het kamp, of de *Hauptmann*, zoals hij werd genoemd, zagen we maar zelden. Eén keer kon ik een confrontatie met hem niet vermijden. Op een avond keerden we in de regen terug van ons werk. Ik stond naast een Londenaar die Phil Hagen heette. We bevonden ons op een klein, met prikkeldraad afgezet terrein, vlak bij de ingang van het kamp en de bewakers begonnen ons te fouilleren. Het duurde niet lang voor ze ontdekten dat Phil een dode vogel in zijn broek had verstopt, een kip wellicht, of een eend, die hij ergens te pakken had weten te krijgen.

Ze straften altijd meer dan één van ons als er iemand werd gesnapt. Er klonk een hoop geschreeuw en gebrul en het duurde niet lang voordat de jongens begonnen te joelen en de bewakers dwongen hun wapens te trekken en een paar schoten in de lucht af te vuren om de rust te herstellen.

Ik stond vlak naast Phil, dus werden wij samen afgevoerd en voor de nacht opgesloten in een ijskoude strafcel aan de voorzijde van het kamp. Water en eten waren er niet. Toen we de volgende ochtend voor de commandant werden geleid, beweerde Phil dat de vogel hem had aangevallen en dat hij gedwongen was geweest hem uit zelfverdediging te doden. Het duurde enkele ogenblikken voor zijn relaas was vertaald, maar toen schaterde de commandant het uit en was de druk van de ketel. Er werd met geen woord meer over gerept.

Er waren twee zeer omstreden gruweldaden in het bijzonder waarvan onze mannen het slachtoffer werden. Ik was er zelf niet bij, maar ik hoorde erover.

'Jock' Campbell was een pientere kerel en in weerwil van de omstandigheden in het kamp een knappe, zelfs parmantige verschijning. Het verhaal gaat dat Jock, toen de colonne op een avond terugkeerde naar het kamp, een dwangarbeidster zag zeulen met een zwaar blik.

Toen Jock zag wat er aan de hand was, verliet hij de colonne en schoot haar te hulp. Hij kreeg het bevel terug te keren in het gelid. Toen hij dat weigerde werd hij met een bajonet gestoken, maar niet fataal, zou blijken. Sommige verslagen wijzen in de richting van een soldaat die Benno Franz heette. Ik ben er niet bij geweest, dus ik zou het niet weten. Wel was ik er getuige van dat Campbell, die languit in de modder lag toen we langs hem marcheerden, door een paar jongens werd verzorgd. De wond zag er lelijk uit, maar hij kan niet met volle kracht zijn toegebracht en ik ben er bijna zeker van dat hij er goed vanaf is gekomen.

Op 23 februari 1944 was een korporaal van het Engelse leger hard aan het werk op de Buna-werkvloer toen hij bevel kreeg een tweeëntwintig meter hoge stalen stelling op te klimmen die bedekt was met een ijslaag. Hij weigerde en zei dat het zonder adequaat schoeisel levensgevaarlijk was. Hij werd ter plekke doodgeschoten. Zijn naam was korporaal Reynolds. Sommigen beschuldigden een officier die Ritler heette, anderen beweerden dat opnieuw soldaat Benno Franz de dader was. Ik herinner me dat ik die dag een schot hoorde, maar ging niet kijken, omdat je dat geluid wel vaker hoorde. Dat soort gebeurtenissen deed de stemming zo mogelijk nog verder versomberen.

Sommigen in E-715 waren van mening dat het maar het beste was om dat kleine beetje vrije tijd waarover je beschikte te besteden aan creatieve activiteiten. Ze probeerden theatervoorstellingen in de barakken te organiseren om het moreel op te krikken, om te laten zien dat we niet waren verslagen. Een slimmerik was op het idee gekomen om *Sweeney Todd* te bewerken, alsof we behoefte hadden aan een moordlustige kapper om onze alledaagse leventjes wat op te fleuren. Er werden voortdurend mensen om zeep geholpen.

Misschien probeerde iemand er een gezagsondermijnende allegorie van te maken. Als dat zo was, kan ik me daar weinig van herinneren, behalve dat de Duitse bewakers en censoren kwamen controleren wat we in ons schild voerden. Er waren nog andere dubieuze voorstellingen. Ik had er weinig baat bij. We maakten voortdurend deel uit van een gruwelwereld en ik had geen behoefte aan verpozing.

Die mening herzag ik als het om voetbal ging en datzelfde gold voor veel van de jongens, we waren per slot van rekening ook maar mensen. Er werden een paar T-shirts en korte broeken het kamp binnengebracht en iemand kwam met het idee van een soort internationaal toernooi op de proppen. De beoogde teams waren Engeland, Schotland, Wales en Zuid-Afrika, maar er waren niet genoeg deelnemers van al die landen. Als ik me goed herinner was Burt Cook de enige Zuid-Afrikaan die meedeed, dus waren het eigenlijk alleen maar teamnamen. Ik speelde twee wedstrijden als rechter vleugelspeler in het Zuid-Afrikaanse team, scoorde in de finale en we wonnen.

De wedstrijden werden gespeeld op een veldje oostelijk van de hoofdingang en ik vermoed dat er machinegeweren stonden opgesteld om te voorkomen dat we te uitbundig werden. Doug Bond, die jaren later een goede vriend van me zou worden, was keeper voor Engeland, maar in die tijd kende ik hem nog helemaal niet. De verleiding om een potje te voetballen was moeilijk te weerstaan en je kunt zeggen wat je wilt, maar ik genoot er intens van.

Achteraf gezien waren we misschien naïef. We poseerden na afloop voor foto's van het team en staan daar allemaal lachend en olijk in de lens kijkend op. Nu ik eraan terugdenk, vermoed ik dat we deel uitmaakten van een doelbewuste propagandacampagne. De fotograaf was een burgerman en de foto's werden later aan ons uitgedeeld. Rond dezelfde tijd kregen we nieuwe uniformen. Ze waren niet echt nieuw, maar beter dan wat we tot dan toe hadden gedragen. Veel jongens werden ook in hun nieuwe uitmonstering gefotografeerd.

Het was een geschenk van de Duitsers. Het hielp de Wehrmacht enige afstand te scheppen tussen de wijze waarop zij ons behandelden en de wijze waarop de SS de Joden behandelde. Iemand voorvoelde al dat daar na de oorlog vragen over zouden worden gesteld. Ik twijfel er ook niet aan dat het de kampcommandanten hielp de waarnemers van het Rode Kruis koest te houden. Die waren trouwens toch al hoogst onnozel gebleken. Sommige van hun rapporten over de toestanden in ons kamp die ik later zag, vertoonden weinig gelijkenis met de werkelijke toestand.

Er stond in dat we altijd mochten voetballen, zolang er maar voldoende bewakers beschikbaar waren. Dat was klinkklare onzin. In een van de rapporten van het Rode Kruis stond vermeld dat het werk niet zwaar was en dat er geen klachten over waren.

Er werd gemeld dat we beschikten over warm stromend water en, wat nog belachelijker was, dat ze gevangenen hadden zien tennissen. Het Rode Kruis meldde wel dat het aantal latrines ontoereikend was en dat het drinkwater niet voor consumptie geschikt was, dat hadden de Duitsers in elk geval toegegeven.

Het verblijf hier was bepaald geen pretje. Ik wist nooit wie ik kon vertrouwen. Er werd voortdurend gefluisterd over spionnen in de gelederen, fretten noemden we die. Ik herinner me nog het verhaal over Miller. Hij was een welbespraakte kerel. Hij was in zijn eentje uit het kamp in Lamsdorf gekomen en zei tegen de jongens dat hij had gediend bij de Green Howards, een van de kleinere regimenten. Hij had onmiddellijk argwaan gewekt. De bijzonderheden over zijn oorlogsverleden klopten niet en zijn kennis van het regiment was uiterst gebrekkig, ging het verhaal. Een paar van de mannen gingen, met steun van Coward en de oppassers die voortdurend in zijn nabijheid waren, op onderzoek uit. Ze kwamen tot de conclusie dat Miller een fret was die in het kamp was gestationeerd om verslag over ons uit te brengen.

Volgens de overlevering hebben ze hem in de latrines gesmeten, hem gedood en zijn lijk in de kuil eronder gedropt. Ik was er zelf niet bij, maar destijds twijfelde ik daar geen moment aan. Er waren meer dan voldoende mannen in het kamp die tot zoiets in staat waren. De Duitsers hebben het feit dat er een man tekort was altijd straal genegeerd.

Industrieel complex van IG Farben, Buna-Monowitz in 1944

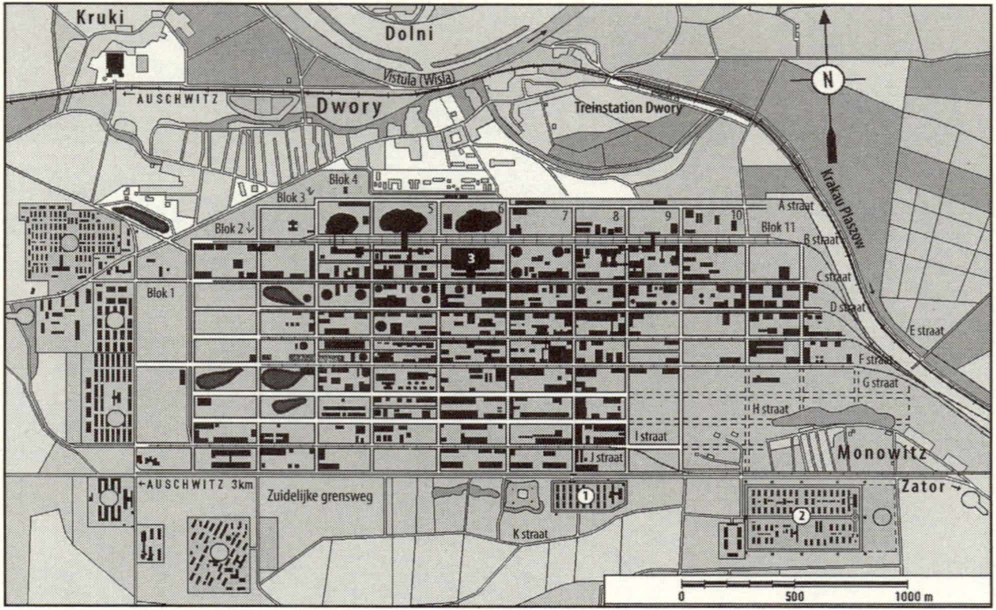

↑ Naar Auschwitz 1 en Auschwitz Birkenau

1 E-715 Het krijgsgevangenenkamp
2 Auschwitz III Monowitz
3 De Queen Mary

Auschwitz III, Buna-Monowitz, eind 1944

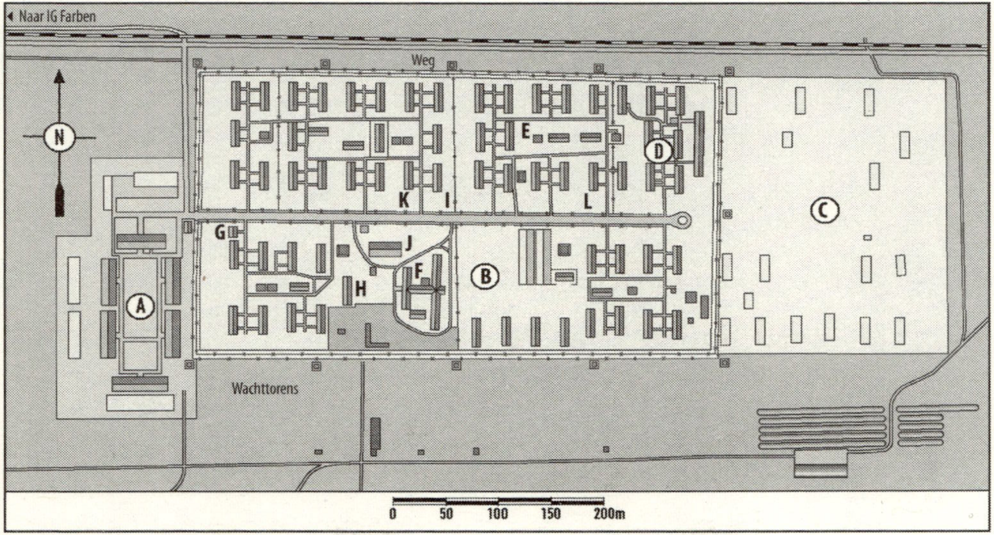

A SS-barakken
B Exercitieterrein
C Geplande kampuitbreiding, nooit voltooid
D Barakken voor de zieken/mortuarium
E Strafbunker
F Keuken voor de gevangenen
G Gevangenenorkest
H Bordeel (Denis noemt dit het Frauenhaus)
I Kledingwinkel
J Smederij
K Pakhuis
L Kampkantine/gevangenenorkest

Kamp
Controlegebied
Prikkeldraad onder hoge stroom
Prikkeldraad

Hoofdstuk 10

We werkten elf uur per dag. Vergeet alles wat je ooit in oorlogsfilms op televisie hebt gezien, waarin de mannen rondbanjeren in crickettruien, een beetje tuinieren of sporten om de aandacht af te leiden van hun ontsnappingstunnels, een pijpje roken en de Duitsers pesten. Zo was het misschien in de kampen voor de officieren, maar voor ons, 'de lagere rangen', was het zwaar lichamelijk werk, hoewel we het lang niet zo slecht hadden als de pyjama's.

Elke dag zag ik hoe Joden op het fabrieksterrein werden gedood. Sommigen werden doodgeslagen of doodgeschopt, anderen zakten simpelweg in elkaar en stierven van uitputting en honger in de modder. Ik wist dat in alle uithoeken van het kamp, bij alle werkeenheden, hetzelfde gebeurde. Soms slaagden de Joden erin hun leven een poosje te rekken maar uiteindelijk was de uitkomst meestal dezelfde. Ze kregen gewoon te weinig te eten om het vol te houden. Tegen het middaguur werd de vreselijke koolsoep uitgedeeld. We konden die troep nauwelijks binnenhouden, hoewel die van ons nog enigszins voedzaam was terwijl de Joodse gevangenen weinig meer dan stinkend water voorgeschoteld kregen. Zo nu en dan lukte het ons om het aantal van ons Arbeitskommando te overdrijven, waardoor we meer soep kregen dan we nodig hadden. Je kon het niet rechtstreeks aan de Joden geven, maar we lieten het staan op plekken waar ze erbij konden. Als de bewakers of de Kapo's hen onze soep zagen eten, schopten ze de kom omver om hun dat te beletten. Meestal werden ze op de koop toe afgeranseld.

Bij de Buna-Werke zogen ze alle leven en energie uit iedere toch al afgepeigerde man en als hij totaal geen kracht meer overhad, werd hij afgevoerd om te worden gedood. Ik kende de namen toen niet maar ze gingen in westelijke richting: of naar het oorspronkelijke uit baksteen opgetrokken kamp, Auschwitz I, of naar het nieuwe, uitgestrekte, uit houten gebouwen bestaande Auschwitz-Birkenau. Daar zouden ze vroeg of laat worden gedood, in veel gevallen onmiddellijk na aankomst. Dit alles werd georganiseerd door de SS en de bazen van IG Farben zelf. De Kapo's, de gevangenen die waren aangesteld om hun medegevangenen in het gareel te houden, waren degenen tegen wie mijn woede zich richtte. Het waren slechte mensen en velen van hen droegen de groene driehoek van de beroepsmisdadiger. Hun overleving hing af van het gezag dat zij konden uitoefenen. Als ze hun bevoorrechte baantje kwijtraakten hadden ze totaal geen vrienden meer en waren hun dagen geteld.

Men spreekt wel eens van de onmenselijkheid van de ene mens tegenover de andere, maar dit had niets te maken met menselijkheid of onmenselijkheid – dit was beestachtig. Liefde en haat hadden hier geen enkele betekenis. Het was onverschilligheid. Ik voelde me vernederd bij elke zinloze moord waarvan ik getuige was en waartegen ik niets kon beginnen. Ik leefde in obsceniteit.

Voor de Joodse gevangenen was alles wat kon worden geruild of genuttigd van waarde. Dat bood hun wellicht de kans wat langer te leven. Ze moesten allemaal iets weten te verzinnen, een manier om per dag een paar calorieën extra naar binnen te krijgen, anders wachtte hun een wisse dood. De risico's waren onvoorstelbaar groot.

In vergelijking met hen waren wij bevoorrecht, maar uitsluitend in vergelijking. Wij bedongen dat we af en toe een zondag vrij kregen en de omstandigheden waaronder wij leefden werden enigszins versoepeld. Maar dat was pas nadat ik onverwacht ruzie had gekregen met een van de belangrijkste aannemers op het terrein van IG Farben.

Een klein beetje kennis kan heel gevaarlijk zijn. Een klein beetje talenkennis in een oord als Auschwitz kon dodelijk zijn. Ik had een van de voormannen op het bouwterrein in zijn gezicht gezegd dat hij een *Schwindler* was, omdat hij ons zonder onderbreking zeven dagen per week liet werken. Hij werd razend van woede. Ik wist dat ik een verkeerd woord had gebruikt toen de bewakers erbij werden geroepen om me af te voeren.

Uiteindelijk werd er een tolk bij geroepen om te bemiddelen, een Schotse soldaat, die beter Duits sprak dan ik. Hij betoogde dat een *swindler* in het Engels een milde vorm van kritiek inhield, net zoiets als iemand een deugniet noemen. In het Duits had het woord duidelijk een veel grimmiger betekenis. Eerlijk gezegd was *Schwindler* nog netjes als je het vergeleek met wat ik werkelijk van hem vond, maar dat pleidooi deed de gemoederen bedaren en de rust werd hersteld. Ik had weer geluk gehad.

Het was zwaar werk en we vonden het verschrikkelijk dat onze dwangarbeid bijdroeg tot de Duitse oorlogsindustrie. We klaagden dat het werk in strijd was met de Geneefse Conventie. Tot mijn verbazing werd die klacht doorgegeven en werden wij ontboden op het kantoor van IG Farben. Ik maakte deel uit van het vijftal dat was uitgekozen om onze zaak te bepleiten. Het verwonderde me dat ze überhaupt bereid waren te luisteren, maar toen we het kantoor in werden geleid en zagen dat een hoofdofficier de vergadering zou voorzitten, wist ik dat het weinig goeds voorspelde.

Hij hoorde onze klachten aan, trok toen zijn Luger-pistool uit zijn holster, smeet het op tafel en zei: 'Dit is mijn Geneefse Conventie. Jullie doen wat ik zeg.' We werden teruggestuurd naar ons werk, maar we waren vastbesloten al het mogelijke te doen om de werkzaamheden te traineren.

Ik kreeg vaak de opdracht om iets af te leveren bij het kantoor van een Duitse ingenieur. Hij droeg een slappe vilthoed en hoge laarzen of beenkappen als hij buiten op het bouwterrein was, maar hij maakte graag een babbeltje en leek me aardig te vinden. We hadden het plan opgevat om het werk dat de Duitsers ons opdroegen te saboteren en dat maakte het gemakkelijk een uitvlucht te vinden. Daar maakte ik kennis met Paulina, een jonge vrouw uit de Oekraïne die daar werkte. Nadat Duitsland de Sovjet-Unie had aangevallen waren zij en veel andere vrouwen uit de Oekraïne dwars door Europa getransporteerd en gedwongen voor de nazi's te werken. Zij hadden meer bewegingsvrijheid dan de Joodse gevangenen. Ze droegen geen gestreepte uniformen en zij waren daar niet om te worden uitgeroeid, maar evengoed liep hun leven voortdurend gevaar. Het vergde moed om ons te helpen en Paulina heeft ons vaak geholpen. Ze kwam ergens uit de buurt van de Zwarte Zee, ze was jong, had een breed gezicht en golvend blond haar. Ze waarschuwde ons als er een speciale lading machines of onderdelen werd verwacht, zodat we een of andere vorm van sabotage konden organiseren.

Als het te gevaarlijk was om af te spreken in het kantoor van de ingenieur, kwamen we bijeen in een klein ketelhuis. De man die de ketels onderhield was een dwangarbeider en ik waarschuwde hem van tevoren. Hij wist wat er gaande was, maar hij plaagde ons toch door zijn vingers ineen te haken en op veelzeggende toon de woorden *amour, amour* te fluisteren.

Hij had een ijzeren golfplaat van de wand achter de ketel losgeschroefd zodat een van ons, als de SS binnenkwam terwijl wij daar in gesprek waren, via de achterzijde van het gebouwtje kon ontsnappen. Dat is nooit nodig geweest.

De gegevens die Paulina ons verstrekte waren van vitaal belang. We verwisselden labels op treinwagons in de hoop dat ze naar de verkeerde bestemmingen zouden gaan. We strooiden zand in asblokken zodat ze heet zouden worden en sneller zouden slijten. We verbogen de bladen van ventilatoren zodat ze begonnen te trillen en uiteindelijk het mechaniek vernietigden. We legden zelfs scherp gekante stenen onder elektriciteitsdraden in de geulen in de hoop dat die uiteindelijk de stroomtoevoer zouden verstoren. Als we opdracht kregen de reusachtige gashouders te bevestigen, ontwikkelden we een manier om de klinknagels er zodanig in te rammen dat het leek alsof alles degelijk vastzat. Na verloop van tijd zouden ze losraken en een lek veroorzaken. Ik sloop soms het terrein van de aannemer op, zocht de zuurstofflessen op die werden ingezet bij het acetyleenlassen en gebruikte een sleutel die ik zelf had gemaakt om de afsluiters los te draaien en het gas te laten ontsnappen. Acetyleen kon je ruiken; zuurstof niet. Het was de volmaakte misdaad. Mijn technische kennis kwam sinds mijn tijd in de woestijn voor het eerst goed van pas. Ik was blij dat ik iets nuttigs kon doen.

Paulina deed meer voor me dan me voorzien van informatie. Ze speelde het klaar om me een enkele maal gekookt voedsel toe te stoppen en, wat nog mooier was, ze bracht het me op een bord. Ik weet niet waar het vandaan kwam, maar ik was haar zeer dankbaar. Ze mocht me graag, meer had het niet om het lijf. Er was niets tussen ons, maar toen ze me een foto van zichzelf gaf, droeg ik die evengoed op een veilig plekje bij me. Ik droeg hem met me mee in een zak van mijn uniform en nam hem mee naar huis. Ik heb hem nog altijd. Ze gaf me ook een eenvoudige zegelring, met de raadselachtige initialen FD en het jaartal 1943 erop. Zelfs terloopse geschenken waren zeldzaam in dat oord en hadden een emotionele waarde, dus die heb ik ook altijd bij me gehouden en mee naar huis genomen.

Veel van de sabotageacties die wij uitvoerden zouden zonder haar onmogelijk zijn geweest. Het waren allemaal langetermijnprojecten. Dat kon niet anders. Spectaculaire acties zouden aan het licht komen en iemand zou ervoor moeten boeten. Het was gewoon te riskant.

De reden voor de bouw van de bunarubberfabriek diende zich aan in april 1941. Heinrich Himmler, de Reichsführer van de SS, had IG Farben duizenden dwangarbeiders beloofd om die te bouwen. In die fabriek is nooit één stuk bunarubber geproduceerd en het doet mij goed te denken dat wij daar een rol in hebben gespeeld.

De onmenselijkheid was alom. Op een dag keek ik in de richting van de kantines op het terrein van IG Farben, toen ik een Joodse gevangene in een vuilnisbak zag scharrelen op zoek naar iets te eten of om te kunnen ruilen, misschien wat bedorven groente of een sigarettenpeuk of een stukje ijzerdraad. Hij bewoog zich heel traag. Honger en uitputting hadden zijn zintuigen afgestompt door de noodzaak te eten of te sterven.

Er was geen tijd om hem te waarschuwen. Hij had de geüniformeerde bewaakster, een van de weinige vrouwen op het terrein, niet in de gaten totdat ze vlak achter hem stond. Ze sloeg hem met één klap tegen de grond en torende wijdbeens boven hem uit. Er was maar weinig voor nodig. Ze pakte met haar gehandschoende hand een grote steen op, hief die boven haar hoofd en sloeg hem zijn hersens in.

Ze was niet de enige vrouwelijke bewaker die ik daar zag. Iemand wees me een vrouw aan in een goedzittend uniform, die omringd door een gezelschap over het terrein liep. Haar verbeten uitdrukking vervormde een jeugdig gezicht. Ze vertelden me dat ze Irma Grese heette en de beruchte bewaakster was uit het vernietigingskamp Birkenau, aan de andere kant van de stad. Haar sadistische daden leidden tot haar executie in december 1945.

Sommige SS-bewakers waren al oud of in de strijd gewond geraakt, maar ik voelde geen greintje sympathie voor hen. Zij leken niet op de mannen van het Afrikakorps. Zij konden zien wat er gebeurde in Auschwitz. Er was geen ontkomen aan.

Op zeker moment kwam er een SS'er naar me toe terwijl ik buiten aan het werk was. Hij had diepliggende ogen en was in de oorlog gewond geraakt aan zijn arm. Hij stelde zich naast me op, staarde recht voor zich uit en begon te praten alsof hij het tegen zichzelf had. Hij was machinegeweerschutter aan het oostfront geweest en hij beschreef een Russische aanval die begon met het blazen op een fluitje. Ze waren met duizenden, vertelde hij, en hoeveel hij er ook neermaaide, ze bleven maar komen. Terwijl hij naast me stond beleefde hij het opnieuw. De loop van zijn machinegeweer trok krom van de hitte van het eindeloze vuren. Het was zinloos. Ze waren onstuitbaar. Hij was gewond en misschien niet helemaal goed meer bij zijn hoofd. Ik zei niets. Hoe kon je op zo'n plek in hemelsnaam medelijden met iemand hebben?

Aan het einde van zijn monoloog rechtte hij zijn rug en liep weg zonder zelfs maar te groeten. Drie dagen later zag ik hem opnieuw. Hij keek dwars door me heen.

Ik herinner me nog dat ik metalen buizen vasthield zodat een twintigjarige blonde jongen met een fris gezicht daar flensen op kon lassen. Hij was een Duitse burgerarbeider. Die arbeiders waren een raadsel in onze ogen, maar ze fascineerden me wel. Ik probeerde contact met hem te maken vanwege zijn jeugd en stelde hem vragen over muziek en waarom de nazi's zo'n hekel hadden aan jazz. Ik hoopte dat hij, als ik hem op zijn gemak zou kunnen stellen, iets zou vertellen over zijn verleden en iets zou loslaten wat van nut zou kunnen zijn. Hij was al vergiftigd door haat. De kloof tussen ons was te groot, maar plotseling hield hij op met lassen en begon te zingen.

Küss mich, bitte bitte küss mich,
Eh' die letzte Bahn kommt.
Küss mich ohne Pause.

Dat die onschuldige woorden in schril contrast stonden met deze monsterlijke plek drong totaal niet tot hem door. Hij ging door met lassen.

Er was nog een gevangene onder de wijze en getalenteerde mannen die door de nazi's in het verderf was gestort. Zijn naam was Victor Perez, een Sefardische Jood die in Frans Tunesië was geboren. In zijn tijd was hij wereldkampioen boksen vlieggewicht geweest, maar in 1943 was hij in Parijs gearresteerd. Omdat ik zelf ook een groot sportliefhebber was, kende ik hem als 'de jonge Perez' die in het begin van de jaren dertig naar Engeland was gekomen om te boksen. Ik heb hem op het complex van IG Farben maar één keer en dan nog heel kort gesproken. Toen ik hem vertelde dat ik op de hoogte was van zijn grote gevecht tegen Johnny King in Manchester, moest hij even stilstaan en zich achter de oren krabben voordat hij het zich herinnerde. Hij was nog maar een schaduw van de knappe jonge sportman wiens foto's ik had gezien. Jaren later hoorde ik dat ze hem hadden gedwongen te boksen op de *Appellplatz* – het exercitieterrein van Auschwitz III – terwijl de SS weddenschappen op de uitkomst afsloot. In januari 1945 is hij door de SS doodgeschoten.

Onze bescheiden sabotageacties waren voor mij niet voldoende. De grond waarop we liepen was doordrenkt met bloed. De verschrikkelijke stank hing nog steeds boven het kamp en vermengde zich met het vuil en de gassen in de lucht. Steeds meer vragen drongen zich op.

Ik dacht dat ik immuun was geworden voor de wreedheden van het kamp. Dat moest haast wel, hoe kon ik het anders overleven. Iedereen die in Auschwitz gevangenzat had een verhaal, een verleden, maar door de enormiteit ervan ging elke persoonlijke tragedie verloren in de massa. En toen, toen ik het het minst verwachtte, stapten er twee personen uit de menigte naar voren. Het collectieve lijden van duizenden werd opnieuw het lot van echte mensen. Dat gold ook voor Hans en Ernst, de twee Joodse gevangenen die om verschillende redenen indruk op me maakten.

Ik ontmoette Hans terwijl ik aan het werk was op de eerste verdieping van een stenen gebouw dat langzaam vorm begon te krijgen. Er zat nog geen dak op, maar we waren al wel begonnen met het installeren van zware pijpleidingen in een gang. Waar ik stond kon ik door niemand worden gezien, maar de indeling was zodanig dat ik gemakkelijk kon worden verrast als een bewaker me in de gaten wilde houden.

Wat was ik aan het doen? Ik krabbelde een wiskundige formule met krijt op een van de grote pijpen die lagen te wachten om te worden geplaatst. Ik was mij niet bewust van wat er om me heen gebeurde. Het was een nutteloze daad maar ik probeerde iets van mezelf van voor de oorlog te bewaren, de zekerheden waarmee ik toen had geleefd. Waar ik mee worstelde was een lastige methode om de oppervlakte van een driehoek te berekenen: de formule van Heron.

$$A = \sqrt{s(s - a)(s - b)(s - c)}$$

Daar stond ik met een krijtje in mijn hand in een halfvoltooide gang vlak bij het epicentrum van de moordmachine van de nazi's naar gekalkte letters en symbolen op een buis te turen.

Hans zag dat ik alleen was en nam zijn kans waar. Hij liep rechtstreeks op me af en vroeg of ik een sigaret voor hem had. Toen zag hij mijn wiskundige gekrabbel. Hij sprak me aan in het Duits. Hij zei alleen dat hij wist wat er stond (*Ich weiss was das ist.*) De dagelijkse speurtocht naar voedsel om te overleven was even vergeten. We stonden stil en keken samen naar de merkwaardige formule en heel even leek het alsof we in contact stonden met de eeuwen van menselijke wijsheid en vernuft, de wereld van fatsoen en kennisvergaring die was weggevaagd.

Hans was een Nederlandse Jood met hoge jukbeenderen en een smal gezicht. Hij was een ontwikkeld man, dat merkte ik meteen toen ik hem ontmoette. Ik kwam erachter dat zijn familie voor de oorlog in Amsterdam een warenhuis of zoiets had gehad. Veel meer ben ik nooit over hem te weten gekomen. Ik weet niet eens zeker of Hans wel zijn echte naam was, maar zo noemde ik hem. Het was gevaarlijk om iemands echte naam te kennen. Als ze je verhoorden dan was je het haasje, dan wisten ze die gegevens op de een of andere manier uit je te trekken en zou er iemand de kogel krijgen. Ik stelde mezelf altijd voor als Ginger.

Toen ik weer met beide benen op de grond stond, besefte ik dat hij in gevaar was en gebaarde hem dat hij weg moest gaan. Als ze zagen dat hij met mij stond te praten, kon hij het wel schudden. Een ogenblik later was hij verdwenen, maar die schaarse ogenblikken hadden een diepe indruk op me gemaakt en sindsdien keek ik naar hem uit.

Die ontmoeting met Hans zou het begin blijken te zijn van het meest onbezonnen waagstuk van mijn leven, maar eerst moest ik mijn eigen problemen oplossen, want kort nadat Hans was vertrokken, zag een van de bewakers mijn in krijt gekalkte formule. Hij haalde er hulp bij. Er verscheen een geüniformeerde delegatie die in verbijsterd stilzwijgen de mysterieuze symbolen op de buis bestudeerde. Toen gebeurde het onvermijdelijke. Ik werd naar een piepklein glazen kantoortje op de benedenverdieping gebracht om te worden verhoord.

Er waren slechts twee SS-officieren aanwezig en zij waren ervan overtuigd dat mijn gekrabbel een geheime boodschap in een of andere code was, maar wat betekende het en wat was de bedoeling ervan?

'Het is geen code, het is een formule,' zei ik. 'Zoiets als de stelling van Pythagoras... maar dan anders.' Ik wist dat het een hele klus zou zijn om hun dit uit te leggen. Ze leken niet overtuigd. 'Het heeft met driehoeken te maken,' zei ik, 'om de oppervlakte van driehoeken te berekenen.' Ik probeerde de SS uit te leggen wie Heron en Pythagoras waren. Met hun gebroken Engels en mijn rudimentaire kennis van het Duits kwamen we niet ver. Zij hadden geen flauw idee waarover ik het had. In feite was het weer een van mijn idiote streken.

Op een koude dag ontmoette ik de tweede van de gevangenen die een onuitwisbare indruk op me maakte. Ik had pijn in mijn rug van het sjouwen over het terrein met ladingen zware pijpen waarop flensen moesten worden gelast. De drie verdiepingen tellende filtreringsfabriek was praktisch voltooid. Nu waren we bezig met het installeren van de apparatuur.

Ik rookte in die tijd zelf eigenlijk niet, maar sigaretten waren de enige universele valuta in Auschwitz. Daar kon je zowat iemands leven voor kopen. Bovendien waren ze ook bruikbaar voor andere dingen.

Een aantal hoge Duitse officieren die het project begeleidden bracht een bezoek aan de fabriek om te zien of het opschoot. Ze wandelden rond, rolden hun bouwtekeningen uit en weer op, maakten aantekeningen en bleven af en toe stilstaan om gewichtige gesprekken met elkaar te voeren.

Ik deed wat ik altijd deed als zij in de buurt waren. Ik probeerde zo dicht mogelijk bij hen te komen en stak een sigaret op met als enige doel de rook in hun gezicht te kunnen blazen. Daar hadden ze weinig waardering voor. De andere jongens volgden mijn voorbeeld. We moesten het subtiel aanpakken. Als we al te agressief of te opvallend te werk gingen konden we in de problemen komen, maar ze begrepen hoe laat het was.

Roken was ook een manier om de Joodse gevangenen sigaretten toe te spelen zonder argwaan te wekken. Ik vond het vreselijk dat ze in de aarde moesten graaien naar de peuken die ik in hun richting gooide, maar het was beter dan helemaal niets doen. Zelfs een sigarettenpeuk kon als ruilobject dienstdoen.

Ik liep het fabrieksgebouw uit en liet het kabaal van gehamer en de heldere flitsen van de lasapparaten achter me. Ik had meteen in de gaten dat een jonge Joodse gevangene zijn ogen op me gevestigd had. Ik vermoed dat hij stond te wachten tot ik mijn sigaret zou weggooien. Zijn hoofd was geschoren, net als dat van de anderen, maar er was iets bijzonders met hem aan de hand. Zijn gezicht had meer expressie. Hij zag er niet uit als een levend lijk, maar ik wist dat dat niet lang zou duren. Dat overkwam hun uiteindelijk allemaal. Ik herinner me de aankomst van transporten Hongaarse Joden. Daar zaten potige kerels bij. Binnen vier maanden waren ze vel over been en waren velen van hen gestorven.

Deze jongen was een jaar of negentien, en op de een of andere manier anders dan de anderen. Ik zag meteen dat zijn pyjama-uniform dikker was dan dat van de meesten, en minder afgedragen en zelfs schoner. Aanvankelijk was ik extra op mijn hoede. Misschien was hij een van de bevoorrechte enkelingen, de *Prominente*, die een twijfelachtige manier hadden gevonden om op te klimmen in de kamphiërarchie. Het leek onwaarschijnlijk, maar zeker wist ik het niet.

'Hoe heet jij?' vroeg ik.

'Ernst,' antwoordde hij. 'En jij?'

Op de een of andere manier stelde zijn manier van doen me gerust. Hij had iets innemends over zich.

'Noem mij maar Ginger,' zei ik. Ik geloof dat ik hem een sigaret heb gegeven en toen zijn we uit elkaar gegaan. Meer had het niet om het lijf.

Enkele dagen later zag ik hem opnieuw. We keken elkaar niet aan, dat was te gevaarlijk in het openbaar, dus praatten we terwijl we liepen. Hij had moeite met zijn Engels, maar zodra ik begreep wat hij wilde zeggen, veranderde dat alles. Hij zei iets als: 'Mijn zus in Engeland...'

Die paar simpele woorden maakten dat ik als aan de grond genageld bleef staan. Had ik hem goed begrepen? Had hij een zus die in Engeland woonde? Ik was stomverbaasd. Ik keek hem aan. Hij zag er moe uit, maar niet zo afgetobd als de anderen. Hij legde in een mengeling van Engels en Duits uit dat zijn zus in 1939 als een van de laatsten uit Duitsland naar Engeland had weten te ontsnappen. Ze heette Susanne, zei hij en ze was in Birmingham neergestreken. Alleen het horen van een vertrouwde naam op de lippen van een van die arme drommels was al onthutsend. Er was een band gesmeed, ik voelde me nauwer met hem verbonden. Ik ben geen emotionele man, maar toen besefte ik hoeveel ik had verdrongen om te kunnen overleven. Zijn zus was veilig in Birmingham en hij zat gevangen in deze weerzinwekkende heksenketel.

'Heb je haar adres?' vroeg ik. Hij zei dat hij het wel had, maar zo gauw niet uit zijn hoofd wist. Ik vroeg me af of hij me uittestte. Hij realiseerde zich waarschijnlijk dat hij maar één kans had en dat hij die niet wilde verprutsen. Ik moest geduld hebben.

De volgende keer dat ik hem ontmoette had hij het adres van zijn zus keurig paraat. Hij vertelde het me zonder aarzelen. Het was Tixall Road 7, Birmingham en ik prentte het onmiddellijk in mijn geheugen. Ik zei dat ik zou proberen een brief naar haar door te sturen. Die eenvoudige belofte was het begin van een mysterie dat zich over zeventig jaar zou uitstrekken.

Ernst had een kwajongensachtig, intelligent gezicht. In de paar maanden dat ik hem kende heb ik nooit gezien dat hij werd geslagen, maar voor de meesten van hen was dat een kwestie van tijd. Een verwonding of een afranseling zou zijn aftakeling bespoedigen.

Toen ik terug was in het kamp dacht ik lang en diep na voordat ik besliste wat de beste manier zou zijn om contact op te nemen met zijn zus. Misschien kon ze nog geen Engels lezen. Misschien zou ze me niet vertrouwen. Uiteindelijk besloot ik het te doen via mijn moeder, die waarschijnlijk wel zou begrijpen hoe ze mijn obscure boodschappen moest interpreteren.

Ik zette me aan het schrijven en zei mijn moeder dat ze Susanne moest schrijven en haar moest zeggen dat ik met haar broer in het Britse krijgsgevangenkamp zat. Ik liet doorschemeren dat hij een Engelse soldaat was en dat hij gewond was aan zijn hand en dus zelf niet kon schrijven, maar dat hij het overigens goed maakte. Natuurlijk was dat klinkklare onzin. Ik geloof dat ik hem zelfs indeelde in een volstrekt niet bestaand regiment. Via mijn moeder liet ik Susanne zo onomwonden mogelijk weten dat ze hem uitsluitend kon helpen door mij per post sigaretten te sturen, zoveel als ze zich kon veroorloven. Ik schreef dat ik zou proberen ze hem beetje bij beetje te geven. De kans was klein dat het zou lukken, maar als mijn brief haar zou bereiken, zou Susanne in elk geval weten dat Ernst nog in leven was. Het was de moeite van het proberen waard.

De brief was in normaal Engels geschreven. Doorgaans schreef ik mijn moeder in een kinderachtige code die ik samen met mijn zus had ontwikkeld.

Die brieven stonden vol met verwijzingen naar dingen bij ons op de boerderij. Ik had geschreven dat ons vee naar de slachtbank werd gezonden. Om het aantal gevangenen van het concentratiekamp te vermelden gaf ik aan dat het het aantal stuks vee was, vermenigvuldigd met de factor drie of wat het dan ook was. Ik probeerde zelfs Bijbelse termen te gebruiken en verwees naar Mozes. Het was stuntelig gedoe, maar ik deed wat ik kon.

Om te onderstrepen dat ik het over Joden had, verwees ik naar de premier van koningin Victoria, zonder Disraeli's naam te noemen. Ook verwees ik af en toe naar Epping Town, waar een heleboel Joden woonden, zoals mijn moeder wist. Ze had een hoop verbeeldingskracht nodig om er een touw aan vast te kunnen knopen, maar later hoorde ik dat ze heel goed had begrepen wat ik probeerde te zeggen.

Ik vond het van het grootste belang dat de wereld zou weten wat er hier gebeurde. Ik probeerde haar duidelijk te maken dat ze de informatie door moest sturen naar het ministerie van Oorlog, maar dat kon ik niet openlijk doen, dus begon ik over een man die mijn ouders vroeger hadden gekend en die voor 1939 voor het ministerie van Oorlog had gewerkt. Hij woonde in Ongar en toen ik studeerde had ik vaak samen met hem in dezelfde trein naar Londen gezeten. Ik probeerde zo duidelijk als ik durfde aan haar kenbaar te maken dat ze moest proberen contact met hem op te nemen. Uiteindelijk koos ze een andere aanpak en schreef twee brieven naar het ministerie van Oorlog. Het was heel algemene informatie en ik weet niet hoe ze het heeft verwoord. Haar gezondheid liet te wensen over, maar ze deed haar best.

Ik had toentertijd geen flauw idee wat de buitenwereld wist van de dodenkampen. Ik had sinds 1939 in het leger gediend en in de woestijn had ook maar heel weinig nieuws ons bereikt. In gevangenschap was het nog minder. Nu denk ik dat de geallieerden tegen die tijd al aardig op de hoogte waren van wat zich afspeelde in de concentratiekampen.

We kregen wel af en toe flarden informatie binnen. In ons kamp E-715 was een radio verborgen. Ik heb hem zelf nooit gezien, maar ik hoorde dat het een elementaire kristalradio was. Een van de gevangenen had hem in elkaar geflanst met onderdelen die hij naar binnen had gesmokkeld en afgetroggeld van iedereen die contact had met de buitenwereld. Hij was heel zorgvuldig verborgen. En algemeen werd aangenomen dat iemand hem ergens had verstopt.

De meesten van ons hoorden het nieuws van de radio uit de tweede hand via een medegevangene die we de bijnaam *Stimmt* hadden gegeven, waarschijnlijk naar een Duitse uitdrukking die hij graag bezigde, *das stimmt*, wat 'dat klopt' betekent. Ik geloof dat zijn echte naam George O'Mara was. Hij was een aardige vent die op zijn tenen van de ene barak naar de andere trippelde om door te geven wat hij te weten was gekomen, een soort fluisterende stadsomroeper.

Af en toe kregen we een Duitse krant onder ogen, vooral wanneer we gebruikmaakten van de latrines in de Buna-Werke. Ik vond een exemplaar van de *Völkischer Beobachter* – met daarin een artikel van de SS, waarin ze opschepten over hun plannen met Engeland als zij dat land ook eenmaal hadden bedwongen. Ze zeiden dat ze zouden regeren vanuit Whitehall, alle krijgsgevangenen zouden executeren en Engelse meisjes door hun dappere soldaten zouden laten bezwangeren met deugdelijk Arisch bloed. Goed leesvoer voor de latrines.

Het was beangstigende propaganda, maar het maakte me alleen nog woedender. Zoals ik al eerder zei, ik was niet in dienst gegaan voor Koning en Vaderland, maar mijn jeugdige zucht naar avontuur was nu een moreel conflict voor me geworden op het moment dat ik daar niets aan kon veranderen.

Tussen de werkperiodes had ik tamelijk veel bewegingsvrijheid.

Als ik een buis op mijn schouder nam, kon ik het gehele bouwterrein afstruinen zonder dat iemand me een strobreed in de weg legde. Dat deden we allemaal. Zo nu en dan liep ik Ernst tegen het lijf.

Op een keer was ik samen met een paar andere Britse gevangenen in een bouwkeet van de aannemer toen Ernst binnenkwam. We hadden een paar minuten staan praten toen we geluiden hoorden en het tot ons doordrong dat een van de bewakers in de buurt rondscharrelde. Ernst kon niet op tijd wegkomen, dus verstopte hij zich achter een paar opgeslagen tafels.

De bewaker kwam binnen, keek om zich heen en wilde weten wat wij daar uitspookten. Ik slaagde erin hem bezig te houden, maar ik kraamde volslagen onzin uit in gebrekkig Duits en uiteindelijk gingen we naar buiten en lieten Ernst daar in zijn schuilplaats achter. Het duurde een poos voor hij tevoorschijn durfde komen. Nu klinkt het misschien theatraal, maar de Britse gevangenen haalden voortdurend dit soort stunts uit. Hij moet bang zijn geweest, maar hij had het er nooit meer over. De volgende keer dat we met elkaar konden praten buiten gehoorsafstand van de Kapo's, zei hij alleen maar tegen me dat ik erg goed Duits sprak. Dat was niet waar, maar ik waardeerde zijn complimentje.

Ernst vertelde me tijdens onze vluchtige ontmoetingen nooit iets over zijn familie. Ik wist dat hij een zus in Engeland had, maar daar was dan ook alles mee gezegd. De kans dat mijn brief ooit zijn bestemming zou bereiken was niet erg groot en het adres was waarschijnlijk verkeerd. Ik had er weinig fiducie in. Met al die bombardementen van de geallieerden, de diefstallen en de algemene chaos van de oorlog was het zeer onwaarschijnlijk dat er ooit sigaretten zouden aankomen.

Hoofdstuk 11

De volgende keer dat ik Hans zag waren we beiden met buizen in de weer.

Elf uur per dag sjouwden we en zeulden we met loodzware onderdelen, waarbij we de logge afsluitkranen op lage rolwagentjes stapelden die over de smalle spoorbaan tussen de gebouwen reden. Zodra die ondingen waren geladen duwden we ze over het terrein naar de plek waar ze de buizen en de afsluiters nodig hadden. Onze gesprekken moesten plaatsvinden tussen het laden en lossen door. Terwijl we daarmee bezig waren broedden we ons plan uit.

Soms werkten we schouder aan schouder en zwoegden we samen, maar zelfs zo dicht bij elkaar was het Duits spreken via mijn mondhoeken geen eenvoudige zaak.

Ditmaal werden ze op hun plaats gelast achter de donkere stenen gevel van de drie verdiepingen hoge fabriek die langzaam vaste vormen begon aan te nemen. Overal in het onaffe gebouw bevonden zich metalen trappen. Wat hier ten koste van mensenlevens vervaardigd zou worden was buna, kunstmatige rubber om de oorlogsmachine van de nazi's draaiende te houden. Wij kenden de fabriek als de Buna-Werke.

Men zegt dat stenen muren nog geen gevangenis maken en dat ijzeren tralies nog geen kooi vormen. Dat had ik als jongetje vaak horen beweren. Ik had dat gezegde toen goed in mijn oren geknoopt. Ik wist dat ze mijn geest niet gevangen konden houden. Zolang ik kon denken, was ik vrij. Ik was altijd een doordouwer geweest. Voor zover ik kon nagaan was ik nooit een uitdaging uit de weg gegaan, maar ditmaal was het anders. Ik wist toen maar weinig van oosterse godsdiensten of filosofieën, maar ik wist dat de geest door stenen muren heen kon breken. Het was mijn geest die de kracht daartoe leverde.

Wij waren allemaal gedwongen arbeid te verrichten ten behoeve van Hitlers oorlog, de slavenarbeiders uit de concentratiekampen van Auschwitz, het gedwongen burgerpersoneel en de Britse krijgsgevangenen. Wij deden hetzelfde uitputtende werk als de Joden, met één cruciaal verschil. Het programma dat bekendstond als *Vernichtung durch Arbeit*, was niet op ons van toepassing.

Als de avond viel werden we afgemarcheerd naar onze kampen; de Joden naar Auschwitz III, dat ook wel Monowitz werd genoemd en waar wij heel weinig van af wisten, en de Britse krijgsgevangenen naar ons kamp E-715, aan de zuidgrens van het industrieterrein.

Elke avond keerde ik terug naar iets min of meer voorspelbaars, een spartaans ingerichte barak en slecht eten, maar ik kon er in elk geval betrekkelijk zeker van zijn dat ik de volgende ochtend nog zou leven. Voor Hans en alle andere pyjama's was de zekerheid van overleving er totaal niet, zelfs niet voor de volgende dag.

Men had de Joden van hun menselijke waardigheid beroofd, maar ze hadden nog een kans als ze iets hadden om mee te onderhandelen. Alle pogingen om een extra korst brood te bemachtigen berustten uiteindelijk op zuiver toeval.

Ik kon er weinig tegen doen, maar ik werd gekweld door de behoefte te weten wat er werkelijk gaande was. Naarmate de weken verstreken slaagde ik erin zo nu en dan een paar woorden met Hans te wisselen en dan sprak ik met hem over het idee dat in me rijpte. Zo kon ik zien wat er gebeurde. Ik wierp een balletje op.

Als we een *Umtausch* – een persoonsverwisseling – konden bewerkstelligen, dan kon hij overnachten in het Britse kamp om wat op krachten te komen. Daar kreeg hij beter te eten en als hij mazzel had zelfs eieren. Om onze vriendschapsband te versterken gaf ik hem een stuk Duitse worst dat ik had gewonnen. Zodra we er eentje kregen in het Britse kamp, werd dat verloot. Als we de worst eerlijk over alle gevangenen verdeelden, bleef er voor niemand iets over wat de moeite waard was. Als één persoon hem kreeg, dan had hij tenminste iets om zijn tanden in te zetten. Het was voor ons niet gemakkelijk te verteren, maar toen ik het stiekem aan Hans gaf, had het meer voedingswaarde dan hij in weken binnen had gekregen.

Ik verschafte hem ook sigaretten die hij als ruilobject kon gebruiken. Sigaretten waren goud waard in de kampen en ik had het geluk een oom te hebben die probeerde me iedere maand een partijtje 555's te sturen.

Die bereikten niet allemaal hun bestemming, bij lange na niet, maar mijn vader heeft hem na de oorlog evengoed het volle bedrag terugbetaald. Dat heeft hem een lieve duit gekost.

Er waren mensen die konden worden omgekocht en dingen die konden worden aangeschaft, maar ik had voldoende sigaretten om in mijn behoeften te voorzien. Ik had Hans omzichtig benaderd omdat je nooit iemand helemaal kon vertrouwen. Zelfs niet iemand die de formule van Heron begreep. Het idee begon in mijn gedachten langzaam vastere vormen aan te nemen en in de loop der weken groeide het uit tot een soort plan.

Er waren slechts twee mannen in ons kamp die ik in vertrouwen nam, Bill Hedges en Jimmy Fleet. Zij zeiden tegen me dat ik knettergek was, maar ze waren wel bereid het spel mee te spelen. Bill sliep op de brits boven mij in de hoek van de barak en hield zich voornamelijk bezig met de vluchtweg. Hij was belast met de taak om Hans te verstoppen. Tegenover de anderen luidde de smoes dat ik ziek was geworden en in bed moest blijven.

Bill had voor de oorlog gewerkt in een ijzerwinkel in het noorden van Engeland; meer wist ik niet over hem. Ik ben bang dat ik ook toen al de lakens uitdeelde en de meesten deden wat ik van hen verlangde. Ze hadden allebei gezworen er met niemand over te praten. Zoals ik al zei, we vertrouwden niemand.

De persoonsverwisseling vergde twee weken minutieuze voorbereidingen en observatie. Ik bestudeerde de bewegingen van de Joodse gevangenen. Ik wist waar en wanneer ze bijeen werden gedreven om terug te worden afgemarcheerd naar hun kamp en leerde hun matheid, hun gekromde houding en hun schuifelende gang te imiteren.

Ik leerde mezelf te lopen op de ruwe houten klompen die zij droegen. Ik ruilde sigaretten tegen een paar klompen en wikkelde oude lappen om mijn voeten als bescherming tegen de scherpe randen en oefende me in het lopen erop. Die klompen konden tijdens het werk martelwerktuigen zijn. Ze hebben heel wat mensen het leven gekost als hun voeten begonnen op te zwellen en zij zich niet snel genoeg meer konden voortbewegen. Dat moest ik zien te voorkomen.

Een van de pyjama's wees me een oudere Kapo aan die volgens hem minder wreed was dan de overigen. Hij was zwaargebouwd, had een donker getaand gezicht en aan zijn stoppels kon je zien dat hij in betere tijden zwart haar had gehad. Het lukte me om hem terzijde te nemen door hem vijftig sigaretten toe te stoppen – vijfentwintig vooraf en vijfentwintig als ik succesvol was teruggekeerd van de persoonsverwisseling. Dit was zonder twijfel het gevaarlijkste onderdeel van het plan. In een oord als Auschwitz moest iedereen voor zichzelf zorgen. Ik had gemakkelijk kunnen worden verlinkt als hij daar een voordeeltje voor zichzelf in zou zien en ik had met eigen ogen gezien hoe Kapo's mensen doodden.

Via Hans gaf ik sigaretten door aan twee van zijn maten in zijn Arbeitskommando. Zij zouden me de weg moeten wijzen, me laten zien waar ik heen moest. Toen de tijd rijp was, hakte ik met een oude schaar op mijn haar in en schoor de rest weg met een bot scheermes.

Toen de werkdag zijn einde naderde, smeerde ik modder op mijn gezicht, vooral op mijn wangen en onder mijn ogen om de grauwe gelaatskleur van uitputting te suggereren. Ik dacht terug aan de eindeloze patrouilles naar vijandelijke kampementen in de woestijn. Ik was er klaar voor.

Maar waarom deed ik het? Waarom gaf ik vrijwillig mijn status van beschermde Britse krijgsgevangene op om een plek te betreden waar hoop en menselijkheid waren uitgeroeid?

Ik zal je zeggen waarom. Ik wist dat de gevangenen van Auschwitz slechter werden behandeld dan beesten. Ik wist toen nog niet wat de diverse Joodse concentratiekampen inhielden, dat Auschwitz I ten westen van ons het wrede vernietigingskamp was, totdat Auschwitz-Birkenau, verder naar het westen, werd gebouwd en het begrip 'fabrieksmatige massaslachting' moest worden geherdefinieerd. Toen wist ik niet dat Auschwitz III-Monowitz, het kamp naast ons, relatief gesproken, het minst moordlustige van de drie was. Wel wist ik dat de Joden voor mijn ogen werden gedood en dat degenen die te zwak waren om nog te werken werden uitgeroeid. Als ik naar de gezichten van de Joodse gevangenen keek, met hun ingevallen wangen en donkere verzonken ogen, was het net alsof er niets meer was. Alle gevoelens en emoties in hen waren uitgedoofd. Ik moest en zou met eigen ogen zien wat er aan de hand was. Ik moest daar zien binnen te komen.

Steeds opnieuw smeekten ze ons, als wij ooit behouden naar huis zouden terugkeren, de wereld te vertellen waarvan wij getuige waren geweest. De pyjama's begrepen wat er gebeurde. De stank van de crematoria vertelde hun alles wat ze weten moesten. Dus ja, we hadden allemaal de verhalen gehoord over de gaskamers en de selecties, maar voor mij was 'van horen zeggen' niet voldoende. De woorden 'vermoeden' en 'speculatie' hadden nooit deel uitgemaakt van mijn vocabulaire. Ik wist dan misschien wel de kampen aan te wijzen, maar ik moest erachter komen wat van gewone mensen zulke schimmen maakte.

Dit, Auschwitz, IG Farbens Buna-Werke, met al de slavenarbeiders erin, was de hel op aarde, dat leed geen twijfel. Ik zag de wreedheden elke dag, maar was niet bij machte er iets tegen te doen. Het was een smet op mijn blazoen en ik kon me er niet bij neerleggen.

Zelfs daar, toen ik een krijgsgevangene was, wist ik absoluut zeker dat onze jongens de Duitsers uiteindelijk zouden verslaan en dat wíj ooit iemand zouden dwingen zich hiervoor te verantwoorden. Ik wilde de namen van de Kapo's en de SS-officieren die verantwoordelijk waren voor de obsceniteit om me heen. Ik wilde zoveel mogelijk zien. Ik wist dat er op dit alles een antwoord zou komen en dat de rekening ooit zou worden vereffend.

Dus ja, er was toch iets wat ik kon doen; iets waar ik toe werd gedreven. Het was niet veel, maar als ik erin zou slagen binnen te komen, zou ik het niet alleen kunnen zien, dan zou ik getuigenis kunnen afleggen.

En dan was er nog iets, iets wat niets te maken had met verheven principes, maar uitsluitend met mijzelf. Ik was altijd meer een leider geweest dan een volgeling; zo zag ik het tenminste. Mijn droom om ooit nog eens officier te worden was in de kiem gesmoord en het oorlogvoeren was me bij Sidi Rezegh verder onmogelijk gemaakt, maar ik was nog steeds in actieve dienst en nu had ik een missie. Ik kon dit volbrengen.

Hoofdstuk 12

HET LIEP TEGEN DE AVOND en ik wist dat de Britse krijgsgevangenen zich spoedig zouden verzamelen op vijftig meter afstand van de pyjama's om terug te marcheren naar E-175.

Ik kon zien dat de Joodse Arbeitskommando's zich klaarmaakten om zich in een rij op te stellen om terug te sjokken naar hun kamp en toen kwam ik in actie.

De mensen scharrelden wat om elkaar heen, dus maakte ik gebruik van de verwarring aan het einde van de werkdag en liep vastberaden naar de *Bude*, een houten schuurtje in een afgelegen hoekje van het terrein van de aannemer. Ik opende de deur en ging naar binnen. Ik kende het strakke interieur met zijn kleine tafels en een eenvoudige bank, omdat we daar soms aten en schuilden tegen de regen. Zodra ik binnen was, trok ik mijn zware laarzen uit en pakte de ruwe houten klompen om een snelle omwisseling mogelijk te maken. Hans zag me de schuur binnengaan en volgde me snel.

Plotseling tekende zijn gestalte zich af in de deuropening en zonder te aarzelen kwam hij binnen. Hij was duidelijk geagiteerd: wat we deden was gevaarlijker voor hem dan voor mij, maar hij was gekomen. Voor hem was de kans op een veiliger nacht en wat meer eten het risico waard. Met een nerveuze blik over zijn schouder schoof hij de grendel voor de deur en snelde, met zijn hoofd omlaag, op me af, alsof dat zou helpen onze bedoelingen te verbergen.

Tijd om te praten was er niet. Snelheid was geboden; als dit langer dan een minuut duurde zouden we worden gemist.

Hans trok zijn van luizen vergeven shirt uit en wierp het naar me toe. Op mijn beurt gaf ik hem mijn dikke uniformjasje. Ik trok zijn blauwgestreepte plunje aan. De geur van vuil en menselijk verval steeg op uit de stof en ik was me bewust van het ongedierte dat uit de plooien en gerafelde zomen tevoorschijn kwam op zoek naar vers bloed. Daar kon ik tegen, ik wist hoe het was om met luizen te leven. De woestijn en de Italiaanse kampen hadden me dat geleerd. De gedachte dat ik ook tyfus zou kunnen oplopen, kwam toen nooit bij me op. Luizen vormden op dat moment wel het minste van mijn problemen.

Ik had mijn legeroverhemd in de barak achtergelaten en droeg onder mijn uniformjasje alleen mijn onderhemd. Als ik onder die afgedragen streepjespyjama een overhemd zou dragen zou dat zeker argwaan hebben gewekt, ook al had ik mijn hoofd geschoren en mijn gezicht met modder besmeurd om er zo uitgemergeld mogelijk uit te zien.

Ik was nu van alle bewijzen van mijn ware identiteit ontdaan. *What a difference a uniform makes*, dacht ik vluchtig, terwijl ik naar Hans keek, die nu mijn kleren aanhad. Ik had gelijk gehad; hij was ongeveer even lang en had hetzelfde postuur als ik, en net als ik had hij een vrij bleke huid.

Ik had een paar oude schoenen voor hem weten te ritselen en had die van tevoren in de Bude verborgen. Een Britse krijgsgevangene op houten klompen zou opvallen. Voordat hij kwam had ik mijn legerlaarzen al verstopt. Die vertrouwde ik niemand toe, zelfs niet voor één nacht.

Toen de verwisseling een feit was, nam ik haastig het plan nog even met Hans door. Ik drukte hem op het hart dat hij geen enkele opwinding moest tonen of ook maar iets moest doen wat de aandacht op hem zou vestigen. Hij moest zich rustig en bedaard gedragen. En in geen geval rennen, zei ik, hoewel ik betwijfelde of hij daar zelfs maar de kracht voor zou hebben. Hij vertrok onmiddellijk, op en top een Britse soldaat, en ging op zoek naar Bill en Jimmy, zoals hem was opgedragen.

Ik wachtte nog heel even. Toen nam ik de angstige gezichtsuitdrukking aan die ik had afgekeken, liet mijn schouders hangen en verliet met neergeslagen ogen de schuur en sjokte naar de Joden toe die bezig waren een rij te vormen. Daar ging ik ergens hoestend tussen staan, zodat ik mijn accent achter de heesheid kon verbergen, mocht iemand me aanspreken.

Ik voelde me goed, alsof ik zelf weer zeggenschap had over mijn leven. Ik hoefde niet meer werkeloos toe te zien. Alleen al door de spot te drijven met hun reglementen kon ik ze een streek leveren.

Plotseling werd ik mij bewust van nieuwe gevaren. Ik streek heimelijk met mijn vingers over de voorkant van het pyjama-achtige jasje om te controleren of het bovenste knoopje dicht was en de kraag strak om mijn nek zat. Dat was verplicht. Een ontbrekend knoopje of een open kraag kon een afranseling door de Kapo's tot gevolg hebben. Dan zat er voor mij niets anders op dan me te laten slaan. Als ik bekend zou maken wie ik werkelijk was zou ik ter plekke worden doodgeschoten; zoveel was me duidelijk. Vanbinnen was ik klaar om erop los te timmeren, maar uiterlijk moest ik zwakheid en volgzaamheid voorwenden.

De adrenaline pompte door mijn aderen en ik luisterde naar het ritmische tellen op de achtergrond: '*Ein, zwei, drei, vier.*'

De levenden werden opgeteld bij de lijken die aan de zijkant lagen opgestapeld. Zolang de Kapo's een besmeurd hoofd zagen, telden ze dat als lijk mee; zolang de aantallen 's morgens en 's avonds maar gelijk waren deed het er niet toe of dat lichaam leefde of dood was. Dat interesseerde ze niet.

Als een Kapo een vergissing maakte moest hij de gevangenen

de schuld geven om zijn huid te redden. Dat betekende op z'n minst een stomp, een volledige afranseling, een klap met de kolf van een geweer of erger. De Kapo's stonden onder druk; de Kapo's tuigden de gevangenen af. Zo ging dat. Ik had het gezien vanuit de relatief veilige gelederen van de krijgsgevangenen. En ik haatte de Kapo's er des te meer om.

Als ze klaar waren met tellen deden ze het voor alle zekerheid nog eens dunnetjes over. Er stonden SS-bewakers, geweren in de aanslag, aan weerszijden van de rijen gevangenen om de boel in de gaten te houden, terwijl een Kapo de rijen langsliep en handgebaren maakte terwijl hij de aantallen controleerde. Ik had mijn aandacht gevestigd op de weg waarlangs we het terrein zouden verlaten. Ik probeerde het volgende gevaar te voorzien.

Vanwaar ik stond, midden in de rij, gedrukt tussen de gebogen schouders van mannen die morgen net zo gemakkelijk dood konden zijn, was het moeilijk om de lijken van die dag te zien die aan de zijkant op een hoop waren gegooid. Het was net alsof de bergen groezelige vodden waarin nog vaag menselijke vormen herkenbaar waren al door de aarde omlaag werden gezogen.

Voor sommigen was het einde ongetwijfeld een verlossing geweest; lijden en bewustzijn waren gelijktijdig opgeheven. De Joodse Häftlinge stortten onder het werk voortdurend in elkaar en bliezen zonder dat iemand het merkte in de modder hun laatste adem uit, terwijl om hen heen het werk werd voortgezet. Of ze werden geschopt en geslagen tot ze langzaam wegkwijnden.

Ik staarde naar de stapel lijken en schrok toen er opeens van alles gaande was en medegevangenen de uitgemergelde stoffelijke overschotten over de grond sleepten en op dunne planken legden die als geïmproviseerde houten brancards dienstdeden. Ze gaven geen enkele blijk van emotie. De doden waren gewoon ook vrachtjes, ditmaal van vel en botten, en de ledematen van de sjouwers trilden van inspanning. Er waren niet voldoende planken, dus moesten sommige dragers de lijken bij hun armen en benen pakken of bij hun tot op de draad versleten kleren. Een lijk laten vallen betekende vertraging en een volgende afranseling; en een verwonding betekende hier snel achteruitgaan en doorgaans de dood.

Degenen met een plank konden het gewicht met twee of meer delen. Zelfs hier, zelfs onder deze omstandigheden werkte de menselijke inventiviteit op volle toeren: een man had een touw om zijn schouders en onder de houten brancard geslagen om de druk op zijn schriele spieren te verlichten. Ze wisten allemaal dat elke extra inspanning hun eigen leven zou bekorten.

Toen de lijken waren geladen, stelden de dragers zich weer in de rij op. Ik putte kracht uit de adrenaline, maar emotioneel zat ik potdicht, omdat mijn afweermechanisme het overnam. Ik hoefde niet na te denken, ik moest alleen maar doen. Te veel nadenken zou mijn vastberadenheid ondermijnen en me in gevaar brengen. Als je een taal vloeiend wilt spreken, dan moet je in die taal denken en dat gold ook voor mij, tussen mensen die niet meer dan schimmen waren. Net als zij moest ik aanvaarden wat hun overkwam. Ik moest denken en doen als zij.

Na weken voorbereiding waarin ik het scenario in gedachten had doorgenomen hing het welslagen van mijn missie aan een zijden draadje. De koele berekening keerde terug. Het was weer net als tijdens al die woestijnpatrouilles. Ik had slechts een fractie van een seconde de tijd om de situatie in te schatten en erop te reageren. Ik moest gefocust blijven, anders was ik er geweest.

Mijn hart klopte in mijn keel terwijl ik uiterlijk hopeloosheid moest uitdragen. Hier kon je je nergens tegen verzetten. Dit was een heel andere rol, maar het was wel degelijk een rol. Ik moest en zou zien wat er plaatsvond en niets kon me daarvan weerhouden.

Toen ik naar de rij voor me keek zag ik dat een van de lijken van zijn geïmproviseerde brancard dreigde te glijden. Er moest snel iets worden gedaan, anders zou het misgaan.

Snel en zonder omhaal schoof een van zijn kameraden hem terug op zijn plaats. Hij spreidde de benen hardhandig zodat ze aan weerskanten van het dunne hout bungelden en de voeten door de modder sleepten. Die eenvoudige ingreep voorkwam dat het verstijvende lijk van de plank afrolde terwijl ze ermee voorthobbelden. De dode man hield zichzelf op zijn plaats. Hij hielp zijn krachteloze slippendragers zonder een begrafenis tot slot.

Eindelijk sjokte de rij moeizaam weg. Als er een moment was geweest waarop ik nog terug had kunnen komen op mijn plan, dan was dat nu voorbij. Ik had mijn kameraden achtergelaten, en alles wat vertrouwd en voorspelbaar was verdween snel achter me. De houten klompen waren te groot voor mijn voeten en ik kwam er maar moeizaam op vooruit en ik moest mijn tenen krommen om ze niet te verliezen. De oude lappen die ik om mijn voeten had gewikkeld hielpen een beetje, maar ze schuurden nog steeds erg. Dat hielp me wel het schuifelgangetje onder de knie te krijgen.

We waren nu buiten de poorten van de fabriek. Bijna onmiddellijk was er ergens in de rij beroering en we stonden abrupt stil. Ik probeerde kalm te blijven of me in elk geval net zo te gedragen als de anderen, maar ik wilde zien wat er was gebeurd zonder iets van mijn nieuwsgierigheid te laten blijken. Ik hoorde geschreeuw, de bewakers sloegen iemand in de rij en door de gelederen trok ook een gevoel van onderdrukte verontwaardiging. Ze hadden het allemaal eerder gezien en ik ook, maar ditmaal was ik geen toeschouwer. Ik was een van hen. In deze uitmonstering bestond ik in de ogen van mijn overweldigers niet meer. Mijn leven kon even gemakkelijk worden beëindigd als het hunne. Toen ik mijn plan beraamde, had ik het gevoel dat ik het heft weer in handen had omdat ik het initiatief nam, maar in werkelijkheid was ik even machteloos als de mensen om me heen. Ik wist dat ik een hoop geluk nodig had.

Na een poosje kwam de rij weer in beweging. Het was geen bijzonder lange mars, maar het was pijnlijk en lusteloos. Voor de mannen om me heen was elke stap van die mars een uitputtingsslag. Stel je een ter dood veroordeelde man voor, geketend, geknakt en vol angst voor wat hem wachtte, zo liepen ze erbij; zo probeerde ik er ook uit te zien. Ik betrad het onbekende.

Toen ik onder het schuifelen naar de rijen voor me keek ving ik af en toe een glimp op van de deinende lijken. Een arm die slap omlaag hing. Het been van een ander dat bij elke stap als de slinger van een klok heen en weer bewoog en over de grond schuurde. De mannen die de lijken droegen vertoonden tekenen van uitputting, hun ruggen gekromd onder het gewicht, knokige vingers die naarmate zij voortstrompelden steeds meer verzwakten. Van het ene op het andere moment zeeg een van de mannen ineen en het lijk dat hij droeg viel op de grond. Bijna onmiddellijk was hij het mikpunt van grof geweld. Ik hoorde de doffe dreunen van vuisten, de harde klappen met geweerkolven of knuppels op weerloze lichamen.

Een andere Häftling nam de last van hem over en we kwamen weer in beweging, waarbij de voeten van de mannen traag en hopeloos over de grond sleepten. In de loop van die tocht moesten we vier keer stilstaan en elke keer hoorde ik het gedreun van slagen waarmee op ribben of schouders werd ingebeukt.

Ik kon inmiddels onze bestemming zien – een uitgestrekt overbevolkt kamp met lage barakken omgeven door een overhangend hek van dubbel prikkeldraad. En ergens daartussen was een kale elektrische draad gespannen waar een hoog voltage stroom op stond. Vanuit op vaste afstand van elkaar geplaatste wachttorens werd alles scherp in de gaten gehouden en SS-bewakers patrouilleerden langs de hekken. We verlieten het hoofdpad en liepen naar de ingang. Hier werden de kortstondige levens tegen elkaar uitgespeeld, hier vochten ze om een kruimel brood of bezweken.

Het was nog licht toen we door de poort het terrein betraden en ik zag een bord met daarop de wrede belofte ARBEIT MACHT FREI.

Toen wist ik nog niet dat de ironie van die drie woorden tientallen jaren nog zou nagonzen. Dit was Auschwitz III-Monowitz.

Langzaam viel de avond en ver boven ons in het tanende licht was een heldere hemel. Ik voelde het, ik wist dat die er was, maar het drong niet volledig tot me door, toen niet. Geen enkele keer heb ik als gevangene in dat godverlaten oord een blauwe hemel gezien. Ik keek niet omhoog. Een enkele blik op de schoonheid boven mij zou een gevaarlijke afleiding zijn geweest, net zoals de brieven van mijn moeder in de woestijn waarvan ik het had vertikt om ze te lezen. Het zou mijn vastberadenheid hebben ondermijnd en me hebben herinnerd aan het immense uitspansel van de wereld en de vrijheid.

Ergens vandaan werd een bevel geschreeuwd en we gristen de petten van onze hoofden. Net als alle anderen ging ik in de houding staan. Ik liet mijn futloze houding varen. Ik begreep dat we tegenover de SS de indruk moesten wekken dat we nog een dag werken aankonden. Ze haalden al iemand uit de gelederen. Smeken, bidden of bezwaar maken hielp niet. Daarvoor waren ze te zeer verzwakt. Toentertijd had ik het gevoel dat sommigen van hen er zo wanhopig aan toe waren dat ze het einde zouden verwelkomen als het kwam. Ik heb nooit gezien wat er met hem is gebeurd, maar ik wist dat hij zich binnenkort op de wagen naar Birkenau en de gaskamers zou bevinden.

Toen we eenmaal de poort door waren, begon ik de indeling van het kamp met zijn sjofele barakken in me op te nemen.

Door de hoek waaruit de wind waaide, werd het kamp overspoeld door de zoete, weerzinwekkende geur van de crematoria in de verte, aan de andere kant van het kamp, die in mijn neus en keel brandde. Het was een misselijkmakende stank die zich vermengde met al die andere geuren om mij heen van vuil en wegterende mensen.

Verderop in het kamp hing een lichaam met een kaalgeschoren hoofd bewegingloos aan een galg. De nek was gebroken en verwrongen, waardoor het hoofd opzij werd gedrukt. Ik kon niet zien of de handen geboeid waren. Als er een bord om de nek hing met daarop waaraan de dode zich schuldig had gemaakt, dan is dat niet tot me doorgedrongen.

Ik was inmiddels gewend aan lijken, maar de kwellingen die aan de dood voorafgingen waren zichtbaar in de vorm van een opgehangen man. Zijn lichaam was daar achtergelaten als waarschuwing voor alle anderen. *Aufpassen* – wees op uw hoede, schreeuwde het uit. Het schokte me. Of ze je nu opknoopten of niet, ze hadden ons allemaal bij de strot. Ze konden de strop aantrekken wanneer ze maar wilden.

De lijkendragers waren weer in beweging gekomen. Met de vermoeidheid in hun diepliggende ogen geëtst, kromden zij hun ruggen voor een laatste krachtsinspanning. Ze droegen de skeletachtige stoffelijke overschotten naar de zijkant en wierpen ze op de grond. Bijna geluidloos gleed het ene lijk na het andere in de modder. Toen rechtten de lijkendragers hun ruggen en voegden ze zich opnieuw bij de rest van ons, waarna de lijken nogmaals werden geteld.

De gedachte aan ontsnappen kwam niet bij me op, daarvoor was ik niet hier, maar uit de macht der gewoonte nam ik de omgeving in me op, bestudeerde de ligging en zocht naar uitwegen waarvan ik nooit gebruik zou kunnen maken. Vluchten had geen zin. Eenmaal binnen wás er geen uitweg meer. Als ik zou worden ontmaskerd als indringer was mijn doodvonnis getekend. Een alternatief plan was er niet.

De Appellplatz lag iets hoger dan de rest van de omgeving en toen onze haveloze groep zich opstelde in een gelid dat door merktekens op de grond was aangegeven, werd ik me bewust van iets vreemds.

Ergens aan de overkant van het exercitieterrein, boven de geblafte bevelen, het geschuifel en het gehoest uit, hoorde ik de gevangenen van het kamporkest klassieke muziek spelen.

Mijn 'jongensleger' en ik. Ik sta uiterst links met een Franse bajonet in mijn hand. De dorpelingen gaven me de bijnaam 'Ero'.

Ik met de handen in de zakken, met vrienden op Butlins Vakantiekamp, Skegness, eind jaren dertig.

Mijn vader George, die geniet van een dagje aan het strand.

Op de treeplank van mijn Wolsey Hornet Trinity bij Butlin, eind jaren dertig.

Mijn zus Winifred en ik tijdens mijn korte verlof voordat ik naar Egypte vertrok in augustus 1940.

Tijdens de basisopleiding in Winchester, 1939-'40. Ik zit links.

Ikzelf (rechts) met Charles Calistan (midden) en Cecil Plummer (links) op verlof in Cairo voordat we in 1940 de woestijn in trokken. Charles en ik hielden af en toe een vriendschappelijk bokswedstrijdje. Hij was van Engels-Indiase afkomst en kreeg zowel de Military Medal als de DCM en had volgens mij ook het Victoria Cross verdiend voor zijn buitengewone moed in El Alamein. Hij kwam in 1944 om in Italië.

Een Britse pantserwagen met Bren-machinegeweer in Egypte, 1940. De chauffeur en de commandant zochten tijdens de strijd dekking achter pantserplaten, maar wij zaten in de openlucht en konden gemakkelijk door granaten worden getroffen. De Bren-boordschutter had de kwetsbaarste positie.

Een Britse soldaat die de rupsbanden van een pantserwagen repareert, iets wat ik in de woestijn heel wat keren heb gedaan.

Italiaanse gevangenen die uitrusten na een lange mars worden bewaakt door een pantserwagen in de Westelijke Woestijn, december 1940.

Een Bren-boordschutter in actie in de omgeving van Tobruk, eind 1941.

Een Oekraïense vrouw die Paulina heette (links) en een onbekende vriendin. Zij werkte op de burelen van een van de Duitse ingenieurs van IG Farben en gaf de krijgsgevangenen tips wanneer er een nieuwe lading materiaal werd verwacht, zodat wij sabotageacties konden voorbereiden. Ik heb de foto verstopt in mijn uniform mee naar huis genomen.

Een deel van het uitgestrekte IG Farben-terrein waar zich het gebouw bevond dat wij de Queen Mary noemden vanwege de schoorstenen. Er lagen een heleboel fabrieksterreinen bij elkaar en kilometers buisconstructies op hoge stellingen.

Het Zuid-Afrikaanse voetbalelftal in E-715. Ik zit op de voorste rij links. Ik heb altijd vermoed dat die foto's werden gebruikt als propagandamateriaal door de Wehrmacht om het onderscheid te benadrukken tussen de manier waarop zij de krijgsgevangenen behandelden en de wijze waarop de SS met de Joodse gevangenen omging.

Gevangenen marcheren uit Buna-Monowitz (Auschwitz III) in de richting van IG Farben, een tocht die ik twee keer heb ondernomen. Achter in de colonne zijn de streepjespakken van de concentratiekampgevangenen te zien. De SS-barakken zijn op de achtergrond zichtbaar en de poten van een van de wachttorens en een met aarde bedekte schuilkelder voor de *Postens* zijn op de voorgrond te zien. De toegangspoort naar Auschwitz III bevindt zich achter de wachttoren.

Barakken, die waarschijnlijk deel uitmaakten van Auschwitz III, in de sneeuw.

Ik als hoofdingenieur achter mijn bureau van UMP in de jaren zestig. Ik had een succesvolle carrière, maar het duurde jaren voordat mijn nachtmerries over Auschwitz III minder werden.

Het ontvangstbewijs voor compensatie, aangeboden door de Britse overheid voor de tijd die ik in krijgsgevangenschap had doorgebracht. Ik vond het beschamend.

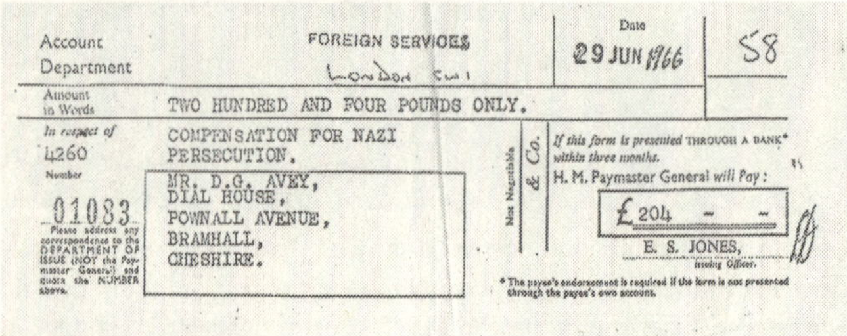

Account Department
FOREIGN SERVICES
London SW1
Date 29 JUN 1966
58
Amount in Words: TWO HUNDRED AND FOUR POUNDS ONLY.
In respect of: COMPENSATION FOR NAZI PERSECUTION.
4260
Number
01083
Please address any correspondence to the DEPARTMENT OF ISSUE (NOT the Paymaster General) and quote the NUMBER above.

MR. D.G. AVEY,
DIAL HOUSE,
POWNALL AVENUE,
BRAMHALL,
CHESHIRE.

Not Negotiable
& Co.
If this form is presented THROUGH A BANK* *within three months.*
H. M. Paymaster General *will Pay*:
£204 – –
E. S. JONES,
Issuing Officer.
* The payee's endorsement is required if the form is not presented through the payee's own account.

Op Ryedale na een dressuurwedstrijd tijdens een driedaags evenement.

Audrey en ik tijdens een gezellig avondje uit.

Susanne en Ernst Lobethal als kinderen in het vooroorlogse Breslau.

Ernst als jongeman. Hij veranderde zijn naam in Ernie Lobet toen hij zich in Amerika vestigde. Ik wist niet hoe ik het had toen ik hoorde dat Ernie Auschwitz had overleefd en vervolgens ook nog eens werd uitgezonden naar de oorlog in Korea.

Ontmoeting met Ernies zus Susanne na vierenzestig jaar. Toen we elkaar in 1945 voor het eerst ontmoetten was ik een zwaar getraumatiseerde soldaat en niet bij machte haar enige troost te bieden aangaande het lot van haar broer.

Ernie (Ernst) Lobet, een beeld uit zijn opmerkelijke videoverslag voor de Shoah Foundation. Zo hoorde ik voor het eerst zijn verhaal.

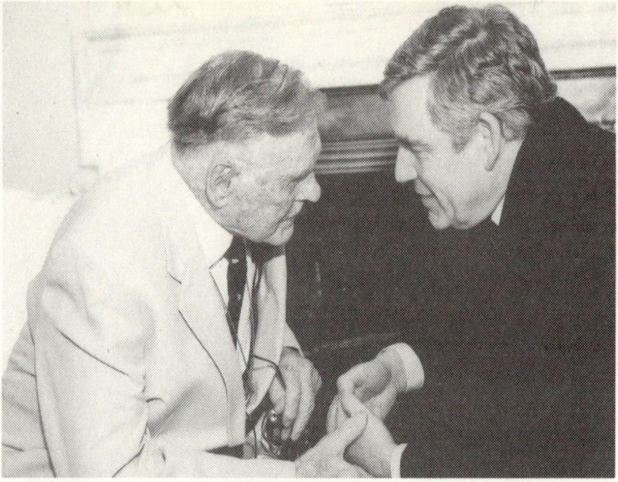

Oog in oog met premier Gordon Brown op Downing Street 10, op 22 januari 2010. In maart 2010 werd mij een medaille uitgereikt als een van de zevenentwintig Helden van de Holocaust. Op twee na werden al die onderscheidingen postuum uitgereikt.

September 2010: nu ik vrijuit over die gruwelijke tijden kan praten, is het net alsof er langzaam een loden last van mijn schouders valt.

Hoofdstuk 13

TOEN IK DAAR MIDDEN IN de rij op de Appellplatz stond, wist ik dat als ik zou worden verlinkt er geen getuigen zouden zijn behalve die arme stumpers om mij heen. Hoevelen van hen zouden er over drie maanden nog in leven zijn? Niet veel. Ik zou worden neergeknald en weggesleept, waarbij het orkest voor een bespottelijk achtergrondmuziekje zou zorgen. Later hoorde ik dat ze gedwongen waren bij executies muziek ten gehore te brengen.

Ik hield mijn hoofd gebogen, maar door mijn lengte kon ik zonder me in te spannen de SS-bewakers observeren. Elke verandering van stemming en aandacht van hun kant zou op gevaar kunnen duiden. Als een Kapo me rapporteerde zou hij misschien een beloning krijgen, maar hij zou ook het gevaar lopen argwaan te wekken. Er was geen oogcontact. Dat gebeurde gewoon niet. Ik haalde iets opgeluchter adem.

Toen de laatste telling en hertelling voltooid waren en de aantallen klopten, mochten we weg en kwamen de futloze gelederen om mij heen tot leven. Ik monsterde de reeksen uitgemergelde gezichten, tussen al die gedaanten in identieke streepjespyjama's op zoek naar de mannen die ik moest volgen. Ik kon het me niet veroorloven de aandacht op mezelf te vestigen door de indruk te wekken niet te weten waar ik heen moest. Als ik naar de verkeerde barak liep zou onmiddellijk blijken dat ik een buitenstaander was. Ik was zeer geconcentreerd en mijn hart klopte in mijn keel, maar ik kon niets laten merken. Ik moest inwendig krachtig blijven, maar zwakheid uitstralen.

De gevangenen waren al bezig weg te schuifelen toen ik een glimp opving van een van de mannen die ik zocht en zonder een woord te zeggen sjokte ik achter hem aan naar zijn barak. We liepen een smalle gang in die toegang gaf tot de slaapruimte.

Ik moest kokhalzen van de vieze lucht toen ik me daardoorheen een weg baande. De mannen wrongen zich tussen de ruwe houten britsen die overal driehoog in de smerige ruimte stonden.

Velen klommen erin en gingen meteen plat. Ik volgde mijn twee gidsen en wij deden zonder een woord te zeggen hetzelfde. Dit was de smalle brits die ze normaliter deelden met Hans. Ik klauterde erop, maakte me zo klein mogelijk om te kijken en te luisteren.

Dit waren geen gewone britsen. In plaats van in de lengte te liggen, zoals gewoon was, moesten we één bed met zijn drieën delen en dus dwarsliggen. We lagen hoofd aan voeten maar omdat de brits nauwelijks anderhalve meter was moest ik mijn benen intrekken om er überhaupt in te passen. Het betekende ook dat de man in het midden aan weerszijden van zijn hoofd een paar stinkende voeten had liggen.

Ik lag met mijn hoofd naar de binnenkant van de brits en mijn voeten naar het gangpad zodat ik niet kon worden gezien. Achter onze hoofden bevond zich een piepklein houten schot en daarachter opnieuw een serie britsen en meer creperende gevangenen. Op dat moment lagen mijn lotgenoten met de hoofden aan één kant en kon ik ze voor het eerst bekijken. Beide gezichten waren afgetobd en somber, oud voor hun jaren en toch zagen zij er sterker uit dan sommige anderen.

De een was een Duitse Jood, de ander een Poolse. De communicatie met de Duitser was het gemakkelijkst. Mijn kennis van de taal was beperkt maar ging vooruit en hij sprak een paar woorden Engels. In de kampen was de voertaal Duits, maar dat wilde niet zeggen dat iedereen die taal goed sprak, dus praten met de Pool was maar beperkt mogelijk.

Ik hoorde met stemverheffing spreken in vreemde talen in de gang vlak bij de ingang. Het klonk als een ruzie. Het avondlijke gebakkelei dat ik zo vaak had gehoord was begonnen. Alles wat ze overdag te pakken hadden kunnen krijgen, alles wat ook maar íéts was, iets wat je kon bezitten, hoe klein en onbeduidend op zichzelf, werd door de mannen die in de gang opeengeperst stonden verhandeld. Een knoop, een draadje garen, als je dat nodig had, alles had waarde, zelfs een spijker. Als er iets bruikbaars mee kon worden gedaan, als iemand het wilde hebben, kon het worden verhandeld en opnieuw verhandeld in ruil voor een paar extra calorieën.

Ik had geen horloge, maar te oordelen naar het licht buiten toen we hier aankwamen en de tijd die er sindsdien voorbij was gegaan, schatte ik dat het zeven of acht uur in de avond was. De meesten om mij heen waren al uitgeteld en bewogen zo min mogelijk. Zij lagen alleen maar en probeerden zoveel mogelijk energie te sparen.

Ik schrok op van gerammel met metaal en een smerige stank die de ruimte vulde. De avondsoep was gearriveerd in een grote ton. De barakken waren overvol en benauwd, maar die doordringende stank verdrong in een mum van tijd alle andere luchtjes. Iedereen ging haastig in de rij staan met een kom in zijn hand en waggelde vervolgens terug om de soep naar binnen te werken.

Ik bleef waar ik was. Ik wilde geen aandacht op mezelf vestigen en ik zou het trouwens toch niet door mijn keel krijgen. Het was smerige troep gemaakt van verrotte kool en gekookte aardappelschillen met God mag weten wat nog meer. Alleen al van de geur draaide mijn maag zich om. Ik functioneerde nog steeds op adrenaline en de soep kon ik gemakkelijk overslaan. De anderen hadden geen keuze. Zij moesten hem wel eten.

Iedere gevangene bewaakte zijn metalen kom met zijn leven, ze bonden hem zelfs vast aan hun broeksriem. Zonder kom kreeg je geen soep en zonder die vieze soep kon je niet leven. Later, als ze gingen slapen, gebruikten ze de kom als hard kussen en bleven ze hem vastklemmen, zelfs als ze bewusteloos waren.

Ik vroeg nooit naar de namen van mijn beschermers, maar ik weet nog wel dat ik toen vond dat ze er niet erg Joods uitzagen. Maar ja, hoe zagen Joden er eigenlijk uit? Dat zou ik niet met zekerheid kunnen zeggen. Toen de barakken in duisternis waren gehuld werd het spreken gemakkelijker. Maar een vloeiend gesprek was het niet. Ik stelde vragen in het Duits en in het Engels en we hakkelden fluisterend. Mijn britsmaatjes hadden de diepliggende ogen die ze allemaal hadden, maar ze leken minder getraumatiseerd door hun omgeving dan de meesten. Ik had de indruk dat ze nog niet zo lang in het kamp waren.

Ik hield mezelf voor dat ze waren opgekikkerd door de sigaretten die ik hun via Hans had bezorgd en door de gedachte aan de sigaretten die ze nog zouden krijgen als ik weer in veiligheid was – sigaretten die ze konden ruilen tegen voedsel.

Ik schatte dat er tussen de honderd en de honderdvijftig mensen in die barak samengeperst woonden. Ik wist zeker dat velen van hen vroeger een comfortabel leven hadden geleid; zij waren hoogleraren, onderwijzers en zakenlieden geweest wie alles was afgenomen en die nu bij elkaar waren gesmeten. Nu hapte ik omringd door de stank van uitwerpselen en zweet naast hen naar adem. Het rook daarbinnen naar dood, daar viel niet aan te ontkomen. Het was misselijkmakend en overweldigend.

Stukje bij beetje schetsten mijn britsmaten mij een beeld van het leven in Auschwitz III. Ze vertelden me van het door een prikkeldraadversperring omgeven hospitaalblok, de *Krankenbau*, zonder faciliteiten, waar de ernstig zieken naartoe werden gestuurd. Als ze binnen veertien dagen niet weer op de been waren, werden ze op de wagen naar Birkenau geladen om te worden vergast.

Ze vertelden van de vrouwen die in het *Frauenhaus* gevangen werden gehouden en als prostituees werden gebruikt. Daar waren er zestien of zeventien van, werd me verteld. Doorgaans waren het de Duitse Kapo's die daar naartoe gingen. Dat was de beloning voor de straffen die zij hadden uitgedeeld.

In het donker schoten de korrelige beelden van die beestachtige marteling door mijn hoofd. Godallemachtig! Als je zag wat voor kerels die Kapo's waren, beroepsmisdadigers, mogelijke verkrachters en moordenaars – het was ondenkbaar.

Ik probeerde hun namen in mijn geheugen te prenten en ook de namen van de SS-bewakers, maar ik was gefrustreerd. Ik had meer willen weten over de selecties, de gaskamers, maar nu begreep ik dat ik daarvoor op de verkeerde plek zat. De kampen lagen van elkaar gescheiden, maar waren onverbrekelijk verbonden. Deze mensen werden meedogenloos afgebeuld; wie wankelde of verzwakte werd naar de gaskamer gestuurd. Er waren veel onderdelen maar het was één grote machine.

Toen de uren verstreken vielen mijn britsmaten in een rusteloze slaap. De Duitser worstelde door met mijn vragen maar de stiltes werden langduriger en zijn woorden minder verstaanbaar.

Ik lag daar en luisterde naar het gezucht en gekreun van de anderen in het donker. Iemand lag in zichzelf te praten, een eindeloze herhaling van dezelfde verkrampte zinnen. Hij was niet de enige. Je hoorde het geschreeuw van mensen die in hun dromen de ontberingen van de dag opnieuw beleefden, een afranseling, een ophanging, een selectie. Voor anderen was het het verlies van een vrouw, een moeder, een kind bij aankomst. Als we ontwaakten ging de nachtmerrie om hen heen gewoon door. Voor hen was ontsnapping onmogelijk.

Als je het opgeeft voel je niet langer pijn. Elke emotie, elk gevoel is afgesneden. Zo waren zij eraan toe. Zo was het met hen gesteld.

Ik had moeite met ademhalen. Het was verstikkend heet en je snoof de stank op van rottend mensenvlees. Auschwitz III was nergens mee te vergelijken; het was de hel op aarde. Ik was speciaal hierheen gekomen om er getuigenis van af te leggen, maar het was een gruwelijke, weerzinwekkende ervaring.

Ik was ondergedoken tussen deze wegkwijnende mensen, maar in tegenstelling tot hen was ik hier op eigen initiatief. Ik had complotten gesmeed, me in alle bochten gewrongen en smeergeld betaald om hier aanwezig te kunnen zijn, en net zoals ik hier was binnengekomen zou ik er weer uitkomen, niet de vrijheid tegemoet, dat nog niet, maar naar een betere plek dan deze.

Ik zou deze mensen aan hun lot overlaten en Hans zou terugkeren op deze smerige brits. Zijn hoofd zou weer worden gevuld met deze zelfde gekwelde geluiden. Hij zou proberen erboven te staan, maar toen ik daar lag, één meter tachtig lang, op een te kleine brits met mijn knieën tegen de botten van een vreemde, wist ik dat het einde onontkoombaar was. Ik viel in een rusteloze slaap, terwijl ik luisterde naar het gebrabbel van een man van wie ik wist dat hij spoedig dood zou zijn.

Ik ontwaakte met een gevoel van opperste troosteloosheid. De Kapo stormde door de barak en schopte tegen de houten britsen. Hij blafte orders die door de ruwe betonnen vloer werden weerkaatst. Het licht ging aan. Het moet een uur of vier in de nacht zijn geweest.

Ik hoorde hoe een man werd afgetuigd omdat hij te traag in beweging kwam. Iedereen die te zwak was om op te staan, degenen wier gezondheidstoestand gedurende de nacht achteruit was gegaan of die het in het duister hadden opgegeven, werden naar één kant geschoven. Ik kon wel raden wat er met hen zou gebeuren.

Het ontbijt bestond uit vreemd smakend bruinbrood besmeerd met iets wat volgens mij ranzige margarine was. We liepen langs tafels en moesten het in het voorbijgaan pakken. Van terugkomen voor wat meer kon geen sprake zijn. Ik liep met gebogen hoofd en liet mijn beurt voorbijgaan. Ik had honger, maar ik kon nog steeds niks door mijn keel krijgen.

Ik dacht aan de kruiwagens met wittebrood die we in het Britse krijgsgevangenkamp kregen, de eieren die we door middel van ruilhandel en aftroggelen konden bemachtigen. Zelfs in ons kamp droomde ik voortdurend van voedsel, maar dat was totaal niet te vergelijken met het leven hier. Met hun dieet was de dood onafwendbaar, de enige vraag was wanneer die zou intreden.

Ik was al bezig vooruit te denken, mij voor te bereiden op mijn volgende beproeving – hoe ik hier weer uit moest komen. We schuifelden naar buiten en naar de Appellplatz, waar we twee keer werden geteld. Toen dat voorbij was werden we onder het toeziend oog van de SS naar de poort afgemarcheerd. Opnieuw rechtte ik mijn rug. Ze zochten naar mensen die te zwak waren om te werken zodat ze die uit de rij konden halen. Eenmaal buiten de poort sloegen we rechts af via het pad naar de weg die naar het complex van IG Farben voerde. Ik voelde de eerste golf van opluchting. Eerst zou de persoonsverwisseling nog moeten slagen, maar zelfs met een maag die rommelde van de honger, keek ik bij hoge uitzondering nu eens uit naar de lange dag die ik voor de boeg had. Ik was weg uit dat afschuwelijke oord en verheugde me erop weer Engelse stemmen te horen en mijn uniform terug te krijgen.

We marcheerden naar het bouwterrein en na een poosje zag ik mijn Britse kameraden. Ik hoopte dat Hans zich ergens tussen hen bevond. In zijn vodden kon ik mij minder gemakkelijk over het terrein verplaatsen; in mijn uniform had hij nu de beschermde status van krijgsgevangene. Zodra de rij uiteenviel was er even een korte pauze voordat de bevelen voor die dag werden gegeven en daarvan maakte ik gebruik om naar de Bude te snellen en me daar, zoals was afgesproken, te verstoppen. Ik had Hans gezegd dat hij naar me moest uitkijken. Hij zag me vertrekken en volgde me snel. Als een van de rijen door een langdurige telling vertraagd zou zijn geweest, had ons dat diep in de problemen kunnen brengen. Maar nu kon de persoonsverwisseling plaatsvinden voordat het werk begon. Verder vooruit kon ik niet plannen, daarna was het een kwestie van improviseren. Daar was ik goed in, maar ik had er nog steeds een flinke dosis geluk bij nodig.

Hans was gespannen toen hij in mijn uniform arriveerde, maar als hij het erg vond om zijn oude plunje weer aan te trekken, repte hij daar met geen woord over. Hij wilde niet praten. Hij was een fatsoenlijke kerel en ik had altijd geweten dat hij zich aan de afspraak zou houden. Toch was ik opgelucht toen ik hem zag. Ik wist dat als hij buiten in paniek zou zijn geraakt en geweigerd had terug te komen, wij het allebei met ons leven hadden moeten bekopen. Als hij uit de Bude naar buiten kwam, was dat weer als concentratiekampgevangene en dat wist hij. Hij wilde het zo snel mogelijk achter de rug hebben, Ik had mijn laarzen tevoorschijn gehaald voordat hij binnenkwam en zijn klompen stonden voor hem klaar.

Ik trok zijn streepjesplunje uit en was blij dat ik weer mijn uniformjasje en broek kon aantrekken. Ik keerde weer terug naar mijn stam en kreeg mijn beschermde status als krijgsgevangene terug, terwijl hij die juist weer moest afstaan. In de haast ging de symboliek daarvan verloren. Het kon me niet snel genoeg gaan.

Ik herhaalde de waarschuwingen die ik hem ook al op het hart had gedrukt toen we voor het eerst van kleding wisselden: blijf kalm en ga niet hard lopen. Ik hoefde hem niet te vertellen hoe hij zich als Häftling diende te gedragen. Ik wist niet zeker of het tot hem doordrong. Zodra hij zijn oude kleren weer aanhad was hij verdwenen.

Het duurde dagen voordat ik in staat was terug te denken aan die uren in Auschwitz III en stil kon staan bij de totale vertwijfeling in dat oord. Ik besefte dat dit het ergste was waaraan je iemand kon blootstellen. Alles van hem afpakken – zijn bezittingen, zijn trots, zijn eigenwaarde – en hem vervolgens doden. Hem langzaam doden. Onmenselijkheid van de ene mens tegen de andere, was nog veel te zwak uitgedrukt. Dit was veel en veel erger dan de gruwelen die ik in de woestijnoorlog had meegemaakt. Toen had ik een vijand tegenover me en deed ik mijn plicht. Daar was ik goed in, dus overleefde ik het.

Bij de persoonsverwisseling hadden we een heleboel mazzel gehad, maar ik was teleurgesteld over wat ik tijdens dat uitstapje te weten was gekomen. Er waren nog een heleboel vragen die ik niet kon beantwoorden, maar ik had het gezien en dat was een begin. De gewaarwordingen in Auschwitz III lieten me niet los.

Ik voegde me weer bij de Britse gevangenen en de dagelijkse beslommeringen werden hervat. Er lag een stapel van een flens voorziene buizen die moesten worden opgeladen en meer van die bovenafsluiters. Die wogen vierentwintig kilo per stuk. Het lastigste was ze op het wagentje te krijgen, maar als de wielen eenmaal in beweging waren was het voortduwen best te doen. Zodra ik ze naar de andere kant van het terrein had gebracht, stapelden we ze op zodat ze klaarlagen om te worden geïnstalleerd en zo ging het maar door. Het was al middag voordat ik eindelijk weer iets kon eten en tegen die tijd was mijn eetlust wel weer teruggekeerd.

Het duurde even voordat ik met Bill kon spreken. Ik wist dat hij Hans onder zijn hoede had genomen; daar was ik van overtuigd. Het bleek dat Jimmy zich meer afzijdig had gehouden, maar ze hadden de klus geklaard. Bill had hem snel weten te vinden en hem verstopt op mijn brits, in een hoek van de barak, onzichtbaar voor de anderen. Ze hadden allebei geheimhouding gezworen. We vertrouwden nooit iemand helemaal, dus hoe minder mannen ervan wisten hoe beter het was.

Avey was ziek, meer vertelden ze de anderen niet. Ik was in mijn bed gebleven en wilde met rust worden gelaten. Bill bracht Hans voedsel en drinken en hij had de hele avond zijn hoofd onder de dekens gehouden. Geen van ons kende alle Britse gevangenen in het kamp van gezicht, we waren met te velen, maar de barakken zelf waren tamelijk klein, dus ze moesten hem uit het zicht houden tot aan het appel. Gelukkig hadden de mensen weinig aandacht voor elkaar en het was allemaal zonder problemen verlopen.

Voor Hans waren de wisseltruc en het gevaar de moeite waard vanwege de sigaretten die hij kon ruilen tegen voedsel. De extra rantsoenen die in het Britse kamp werden verstrekt, hadden hem een oppepper moeten geven, wat extra energie. Toen ik hem een tijdje later sprak, vertelde hij me dat het eten hem ziek had gemaakt. Na maanden van stinkende koolsoep had het rijkere voedsel zijn maag van streek gebracht. Dat hadden we niet kunnen voorzien, maar ik was geschokt toen ik het hoorde. Op de een of andere manier haalde dat de glans van de hele onderneming. Maar hij had wel lekker op mijn stromatras kunnen uitrusten onder de dekens die gemaakt waren van die vreemde houtvezels. Het was beter dan hij gewend was en voor één nacht was hij buiten bereik geweest van de mensen die hem wilden doden.

De Kapo die ik eerder had omgekocht moest ik nu ik weer veilig was nog zijn tweede partij sigaretten geven. Een tijdje later lukte het me om hem terug te betalen. Ik ging naast hem lopen en mompelde uit mijn mondhoek dat ik over een paar minuten in een gebouwtje vlak in de buurt zou zijn. Hij kwam binnen en ik overhandigde hem de sigaretten die ik hem schuldig was. Hij verstopte ze onder zijn streepjeshemd en maakte dat hij wegkwam. Het was net alsof ik een bankbiljet van twintig pond doormidden had gescheurd en de ene helft had gehouden. Hij moest zich aan de afspraak houden.

De hele onderneming was een dwaasheid. Nu ik erop terugkijk vanuit het comfortabele leven dat we nu leiden lijkt het bespottelijk, iets wat volstrekt onmogelijk lijkt, maar toch is het zo gebeurd.

Het was ongeveer in dezelfde periode dat er een nieuw en enigszins ironisch gevaar opdoemde. Halverwege 1944 hadden de geallieerden zich gerealiseerd dat de Buna-Werke van IG Farben binnen het bereik van de Amerikaanse Vliegende Forten lagen en de moeite van het bombarderen waard waren. Joodse gevangenen waren ondanks het gevaar dat ze met zich meebrachten blij met de bombardementen. Ze wisten dat de vliegers hoog boven hun hoofden hun vrienden waren en de vrijheid brachten, maar ze waren tegelijkertijd natuurlijk ook doodsbang. Het alarm werd gegeven met behulp van een grote rood-gele mand die aan een van de lange schoorstenen van de Queen Mary hing. Die werd geacht te worden gehesen als de bommenwerpers in aantocht waren; hoe hoger de mand, hoe dichterbij ze waren. Als hij helemaal aan de top hing waren de vliegtuigen vrijwel pal boven onze hoofden.

Wanneer we aan het werk waren als de bommenwerpers kwamen, zochten we dekking waar we maar konden. We doken in greppels of maakten ons klein achter muren, en sommigen kropen in een buis. Ik heb me een keer verscholen onder een inspectieluik in een enorm riool dat uitkwam op de rivier toen ik merkte dat ik me daar bevond met nog zo'n veertig burgerarbeiders en bewakers. Ik mocht blijven. Rondom het terrein waren kleine betonnen bunkers voor de individuele bewakers, zodat ze ook tijdens een luchtaanval op hun post konden blijven. Ze waren kegelvormig en zagen er vreemd uit, een soort manshoge Duitse helm.

Er was een reusachtige betonnen bunker op het terrein. Hij was groter dan de meeste gebouwen, grijs, vierkant en oerlelijk. De Duitsers noemden alles wat die vorm had *klotzig*. Dat was een passende naam. Het bouwsel kon waarschijnlijk een directe voltreffer weerstaan. Ik heb gehoord dat het er nog steeds staat.

De Joden konden niets anders doen dan plat op hun buik op de grond gaan liggen en gebruikmaken van de bescherming die toevallig op het terrein aanwezig was. Sommigen dromden om ons heen, alsof ze dachten dat geallieerde gevangenen een soort speciale bescherming genoten of wisten waar de bommen terecht zouden komen. Maar dat was niet zo.

20 augustus 1944 was een aangename zomerse dag naar de maatstaven van Auschwitz. Het was een van die zeldzame zondagen waarop we niet hoefden te werken en een paar jongens hadden iets

georganiseerd wat ze een gala noemden. Het was een wanhopige poging om het moreel op te vijzelen, maar het had weinig om het lijf. Er waren een paar geïmproviseerde attracties – lege blikjes die je van een afstandje om moest gooien en dat soort dingen.

Ik hoorde het luchtalarm en de stemming sloeg om. We verlieten overhaast de barakken en renden het veld aan de achterkant van de omheining in waar het land omlaag liep. Daar waren een rioolgreppel die van het oosten naar het westen liep en een kleine bunker in de oosthoek. Die was niet te vergelijken met de gigantische bunker op het fabrieksterrein, maar het was een redelijk stevig gebouw. Ik wilde niet naar binnen. De geruchten over de vergassingen – waar of niet – speelden voortdurend door mijn hoofd. Op de zware stalen deuren zat een grote metalen grendel aan de buitenkant en dat gaf voeding aan mijn argwaan. Het was donker en angstwekkend. Ik zocht mijn heil toch liever in de greppel. Ik was niet de enige. Veel mannen renden in de richting van de bunker tot aan de ommuurde helling die naar de deuren leidde en bleven toen stilstaan. Zij dachten dat ze daar veilig genoeg waren zonder naar binnen te gaan.

Rookwolken stegen al op uit het kamp. Die kwamen van rookbommen die aan de zuidkant van het terrein tot ontploffing waren gebracht. Die rookbommen waren ontwikkeld met de bedoeling het hele terrein in een dikke mist te hullen, en zo precisiebombardementen onmogelijk te maken. Van de hoogte waarop de Amerikanen hun bommen lieten vallen was accuratesse sowieso onwaarschijnlijk.

Ik hoorde het angstwekkende geronk van de bommenwerpers hoog in de lucht. Ze leken uit het zuiden te komen. Ik rolde de greppel in en hoorde het gefluit van vallende bommen. Het was een schrale troost dat ze door onze vrienden werden geworpen. De greppel stond vol met water en mijn laarzen waren al snel doorweekt. Ik drukte mijn gezicht tegen de kant en bedekte mijn hoofd met mijn handen. Er klonk een verschrikkelijke explosie, op een meter of veertig afstand. Ik voelde de schokgolven tegen de zijkant van mijn hoofd. De klap kwam van de kant van de bunker. Verderop in de richting van het fabrieksterrein volgden meer explosies. Het duurde ongeveer een kwartier voordat er een einde kwam aan het bombardement en ik de schade kon opnemen.

Ik rende naar de bunker en vond waar zich de ingang had bevonden een stapel beton van een meter of vijftien diep. Over een weids gebied lagen lijken en delen van lijken verspreid. Een bom was precies neergekomen op de plek waar de mannen hadden gestaan. Degenen die zich in de bunker bevonden hadden het overleefd en kwamen door een andere uitgang naar buiten. Een paar mannen hadden verwondingen, maar de meesten die buiten de deur van de bunker hadden geschuild waren dood en hun lijken lagen bedolven onder het puin. 'Is er hier een mineur?' riep iemand. Een van de mannen was begonnen het metselwerk weg te trekken, maar hij boekte weinig resultaat. Hij had een shock en was veel te fragiel voor die taak. Ik riep dat hij eruit moest komen, nam zijn plaats in en begon als een bezetene te graven. Elke steen werd voorzichtig verwijderd om te voorkomen dat grotere stukken beton zouden verschuiven en mogelijke overlevenden daaronder zouden verpletteren.

Ik riep dat er touwen moest komen en na een poosje werden die gebracht. Ik bond het uiteinde daarvan om de ene grote steen na de andere en de mannen aan de rand van de krater trokken die dan omhoog zodat ik eronder kon kijken. Al gravende ontdekten wij het ene verbrijzelde lichaam na het andere, sommige misten ledematen, andere waren uiteengereten of verpletterd door het puin.

Een heel groot brok beton belette me verder te graven. Dat moest worden verplaatst. Als daar nog iemand onder lag die leefde, dan moesten we hem snel zien te bereiken. Ik kon hem heen en weer wrikken, maar hij bewoog maar één kant op. Dat betekende dat ik hem over het hoofd van een dode soldaat die in het puin beklemd lag zou moeten rollen. Ik wist dat het noodzakelijk was ten behoeve van mogelijke overlevenden die daaronder lagen, maar dat weerhield een van de jongens er niet van om me daarop aan te spreken. 'De arme stumper is dood,' zei ik. 'Wat wil je dan?' Hij gaf zijn verzet op toen hij zich realiseerde dat er niets anders op zat. Ik haalde diep adem en begon te duwen. Uiteindelijk kreeg ik het lijk eruit en het werd in handen gegeven van degenen die buiten de krater stonden. Ik ging verder met graven.

We groeven ons een weg terug naar de ingang van de bunker, maar onze hoop nog overlevenden aan te treffen was tanende. Toen klonk er een gedempt geluid en drong het tot me door dat daaronder toch nog iemand in leven moest zijn. Ik trok meer stenen weg en creëerde een kuil die groot genoeg was om erin te kruipen. Toen ik hem bereikte was hij half bij bewustzijn. Ik vroeg hem welk lichaamsdeel van hem beklemd zat. Hij kon geen antwoord geven. Ik riep om water en keerde terug met een kommetje om zijn gezicht te besprenkelen. Toen kwam hij bij. Hij was kwaad en vloekte. Hij heeft me heel wat last bezorgd, maar uiteindelijk kregen we hem eruit. Hij had het vege lijf gered dankzij een driepootkrukje dat een deel van het vallende puin had opgevangen en een beschermende ruimte rondom hem had gevormd.

Bovengronds hadden de jongens zich om de gewonden bekommerd. Er lagen inmiddels meer dan dertig stoffelijke overschotten. We probeerden zoveel mogelijk de juiste ledematen bij elkaar te rangschikken en daarna werden ze meteen in lakens genaaid. Het was afschuwelijk werk. Dit waren onze vrienden.

Er stierven voortdurend onschuldige mensen om ons heen, maar wanneer het je eigen maten zijn is dat toch anders. Het was een geweldige klap voor het moreel. Later werd wel beweerd – en door het Rode Kruis werd dat geloofd – dat de jongens gedood waren omdat ze naar de 'show' stonden te kijken. Daar klopte niets van. Ze dachten dat ze veilig waren.

De lichamen zouden worden begraven op de begraafplaats van

de Kerk van de Hemelvaart van de Heilige Maagd in Oswiecim. Ik werd samen met Bill Meredith – een jongen uit Liverpool – vooruitgestuurd om te helpen aan de zijkant, tegen de muur van het kerkhof, een massagraf te graven. Er was een kleine kapel en het was de eerste keer dat ik grafstenen zag met foto's erop. Dat fascineerde me.

We ontblootten onze bovenlijven en begonnen te graven. Toen we klaar waren was er inmiddels een wagen gearriveerd waarin de lijken opgestapeld lagen. Er waren een paar mannen bij aanwezig, maar voor zover ik me kan herinneren was er geen ceremonie of een rouwdienst. Ze lieten de lijken in de kuil zakken en Bill en ik legden ze naast elkaar. Het was net als in de woestijn. Voor het eerst in veel te lange tijd dacht ik terug aan de mannen die we in het zand hadden achtergelaten en aan Les, die niet eens fatsoenlijk was begraven.

Er was geen tijd om de laatste eer te bewijzen. Wij werden met de wagen mee teruggestuurd en de lijken bleven onbedekt achter. Ik weet niet wie het graf heeft gedicht. Drie weken later viel er een bom op de begraafplaats en werd hun laatste rustplaats vernietigd. Na de oorlog zijn de lijken die konden worden geïdentificeerd en ook een paar waarbij dat niet mogelijk was getransporteerd naar een officiële oorlogsbegraafplaats in Krakow, waar ze sindsdien in vrede rusten.

Hoofdstuk 14

ER WAREN MAANDEN VOORBIJGEGAAN sinds ik mijn moeder over Ernst had geschreven. Ik zag hem zo nu en dan op het fabrieksterrein, maar van thuis had ik niets meer gehoord. Ik had geen flauw idee of mijn moeder de brief had ontvangen of dat zij erin was geslaagd contact op te nemen met zijn zus in Birmingham, als die daar tenminste nog woonde. Het was het proberen waard geweest, maar diep in mijn hart geloofde ik er niet in. Het postsysteem van het Rode Kruis was een vitale verbindingsstreng, maar het haperde regelmatig en dat werd steeds erger.

Na een paar maanden ontving ik een aan mij geadresseerde brief in een handschrift dat mij niet bekend voorkwam. De brief werd gevolgd door een pakketje. De brief was geschreven in het Engels en ik maakte hem open zonder maar één moment aan Ernst te denken. Ik geloof dat hij begon met 'Lieve Ginger', en was ondertekend door Susanne. Hij was bedoeld voor hem, maar geschreven alsof hij aan mij was gericht. Ze zei dat ze sigaretten stuurde. De list was geslaagd.

Een brief van mijn moeder bevestigde dat zij contact had opgenomen met Susanne en haar had verteld dat sigaretten de enige mogelijkheid vormden om hem te helpen. Voor het overige liet ze het aan haar over. Ik maakte het pakket open en daar waren ze, tweehonderd Engelse Players-sigaretten. De sigaretten die mijn oom mij stuurde – in de enkele gevallen dat die mij bereikten – waren 555's. De Players waren voor Ernst en het waren er meer dan ik in heel wat maanden bij elkaar had gezien.

Het was een wonder: de zus van Ernst was veilig en maakte het goed. En wat relevanter was, ze wist nu dat haar broer in leven was in Auschwitz. Ik kon alleen maar hopen dat die naam haar niets zei.

We hadden een menselijke band gesmeed. Dat betekende meer dan de inhoud van het pakketje, hoe waardevol die op zichzelf ook was. Alleen die brief trotseerde het kwaad van dit verschrikkelijke oord. Ik was in de wolken. Nu moest ik hem de brief en de sigaretten nog zien te overhandigen en daarvoor moest ik ze het fabrieksterrein van IG Farben op smokkelen. Er werd wel eens gefouilleerd, maar ik had mazzel.

Sigaretten waren in de kampen waardevoller dan goud. Toen ik van plaats ruilde met Hans, had de Kapo ons leven in zijn handen en kon ik hem omkopen om even de andere kant op te kijken met vijftig sigaretten, vijfentwintig vooraf en vijfentwintig naderhand. Dat was een klein fortuin in het kamp en nu stond ik op het punt om Ernst nog veel meer te bezorgen.

Ik heb nooit goed geweten wat Ernst precies voor werk deed op het bouwterrein, maar hij kon zich vrijer bewegen dan de meesten en de ergste werkzaamheden leken hem te worden bespaard. Ik vermoedde dat hij een drager of een soort boodschapper was.

Het duurde een poosje voor ik hem weer ontmoette. Ik wachtte op een gelegenheid om hem te kunnen benaderen en fluisterde hem toe dat ik hem over vijf minuten op een afgelegen plekje wilde spreken.

Hij kwam. Ik controleerde of we wel alleen waren en trok toen de brief van zijn zus uit mijn zak. Hij wist niet hoe hij het had toen tot hem doordrong wat het was. Ik zei dat hij hem mee moest nemen en ergens anders moest lezen en raadde hem aan hem vervolgens te verscheuren. Hij had alles verloren, dat hadden ze allemaal. Een brief vernietigen, waarschijnlijk zijn enige persoonlijke bezitting op dat moment, dat was wel erg veel gevraagd... Ik wist dat dat hem zwaar zou vallen. Maar de veiligheid van ons allebei hing ervan af en ik vertrouwde erop dat hij het zou doen. Hij nam de brief aan en stopte hem ergens weg onder zijn zebrapak.

Ik keek nogmaals of er niemand aankwam, voordat ik de eerste portie sigaretten en een reep chocola vanonder mijn gevechtspak tevoorschijn haalde. Als ik hem alle sigaretten in één keer zou geven, bracht dat het gevaar met zich mee dat hij alles verloor omdat het er waarschijnlijk te veel waren om verborgen te houden. Ik zei hem dat ik ze hem in kleine porties met tussenpozen zou toestoppen. Toentertijd was dat op die plek een fortuin waard en Ernst wist dat.

Ik werd omringd door al die wanhopige mensen. Alles was hun ontnomen, ze waren weggerukt van hun vrouwen, kinderen, ouders en grootouders die onmiddellijk na aankomst waren vermoord. Degenen die werden gespaard ploeterden voort, uitgehongerd en gebroken, in de wetenschap dat hun dierbaren waren vergast en hun lichamen waren verbrand. Uiteindelijk zouden wanhoop, ziekte, uitputting of afranselingen ook hen de dood in jagen.

Dat was de context. En onder dergelijke omstandigheden gaf ik Ernst een brief en een geschenk van zijn zus uit Engeland. Meer kon ik niet voor hem doen. Ik had geen idee hoe hij die sigaretten zou gebruiken; wat voor voedsel of gunsten hij daarmee zou kopen. Vrijheid zouden ze hem niet opleveren, maar hij zou er zijn voordeel mee kunnen doen en ze zouden zijn overlevingskans vergroten. Dat was alles. Daar moest hij het mee doen.

Hij was al zover gekomen, maar niemand van ons wist hoe dit zou aflopen. De stank uit die schoorstenen in de verte en de lijken aan het einde van elke werkdag zeiden genoeg. Elk mensenleven was ondergeschikt aan kwaadaardige krachten of een moordlustige gril.

Ik had een glimp opgevangen van het bestaan achter het prikkeldraad van Auschwitz III-Monowitz, maar hij kende die wereld en wist het best hoe hij zich daar moest handhaven. Ik had vertrouwen in hem maar wist evengoed dat de kans dat hij het niet zou overleven groot was. Ik probeerde niets van die sombere prognose te laten merken. In de daaropvolgende weken smokkelde ik de rest van de sigaretten in kleine partijen het terrein op en overhandigde hem die. Hij heeft me nooit verteld wat hij ermee deed.

Behalve dat hij een zus had in Engeland, wist ik verder niets van zijn familie. Hij had het nooit over zijn ouders of grootouders en hij leek geen vrouw of vriendin te hebben. Dat maakte het gemakkelijker om te overleven. Dat wist ik uit eigen ervaring. Voor mij gold dat toen ik in de woestijn verbleef en toen het schip werd getorpedeerd. Datzelfde gold ook als je gevangenzat. Het was gemakkelijker als je alleen met jezelf rekening hoefde te houden, bedacht ik. Als je jezelf niet kunt redden, ben je nergens. Misschien was dat de reden dat ik me in die tijd aan zo weinig mensen hechtte.

Ernst was anders dan de anderen. Ondanks de wanhoop in zijn ogen waren er ook nog speelse trekjes overgebleven van de knaap die hij ooit was geweest, verwijzingen naar de man die hij zou kunnen worden. Ik had het gevoel dat ik een verwante geest in hem had ontdekt. Ik keek altijd naar hem uit en gaf hem meer sigaretten zodra ik daar kans toe zag. Als de oorlog langer had geduurd, hadden we vast en zeker nog een poging gewaagd om aan een nieuwe voorraad sigaretten te komen.

Ik popelde om weg te komen uit dit godverlaten oord, al was het maar voor een paar uur, en als zich de mogelijkheid voordeed om me aan te sluiten bij een werkeenheid buiten de Buna-Werke, greep ik die met beide handen aan. Elke kans om met burgers in contact te komen moest worden benut. Wij kregen bevel om met de trein naar de stad Katowice te gaan, die vol te laden met voorraden en terug te keren. Er werd ons niet verteld wat wij in moesten laden of waarom ze dachten dat daar zes van ons voor nodig waren. We werden onder gewapende bewaking het kamp uit geleid en na een korte wandeling kwamen we aan op een treinstation met lage perrons die uitzicht boden op een open rangeerterrein.

Vanwaar ik stond, kon ik diagonaal over de spoorbanen heen kijken. Verderop was zojuist een aantal veewagens met gevangenen gearriveerd. Zij werden op ongeveer honderd meter afstand in lange rijen opgesteld. De vrouwen waren gescheiden van de mannen, maar ze droegen nog wel allemaal burgerkleding. We wisten waarvan we getuige waren. We wisten wat er met die vrouwen en kinderen zou gebeuren.

Een van de vrouwen hield een huilende baby in haar armen. Een SS-bewaker patrouilleerde langs de rijen. Ik zag dat hij bij de vrouw bleef stilstaan en haar uitfoeterde voordat hij doorliep. Het kind hield niet op met huilen. Hij liep nog een paar meter door, keerde zich toen om, liep terug naar de vrouw en gaf de baby toen met alle macht een stomp in het gezicht. Toen was het stil.

Ik ging bijna over mijn nek van schrik en gefrustreerde woede. Zelfs van die afstand was me duidelijk dat het kind gedood was. Dat afgrijselijke incident maakte korte metten met elk gevoel van opluchting dat ik die dag buiten de poort van het kamp zou mogen doorbrengen. De trein die voor ons was bestemd reed het stationnetje binnen en we stapten in. Ik kon geen woord uitbrengen. We waren gewend wreedheden jegens volwassenen te zien maar de moord op een baby in de armen van zijn moeder was onvoorstelbaar.

We kwamen aan bij een door militairen beheerd pakhuis met een grote binnenplaats in de buurt van Katowice, waar we moesten beginnen met het inladen van een wagon. Het merendeel van de lading bestond uit grote dekens die aan elkaar waren genaaid om er zakken van te maken. Ik wist niet wat erin zat, het had brood kunnen zijn. Ik ben er nooit achter gekomen. Na wat ik had gezien kon het me weinig schelen.

We keerden terug in een gewone personenwagon met bewakers in de gangen om te voorkomen dat we zouden ontsnappen. Ik had gezien hoe een baby was doodgeslagen. Terwijl ik uit het raam staarde, speelde de scène zich steeds weer voor mijn geestesoog af. Ik was al begonnen met het verdringen van beelden. Ik kon er niets tegen beginnen. Ik was nooit iets uit de weg gegaan en ik was nooit teruggeschrikt voor een gevecht; zo was ik niet opgevoed. Nu was ik gedwongen dat voortdurend te doen.

Mijn persoonsverwisseling met Hans had me wat namen en een beetje informatie opgeleverd. Ik had een beter idee van wat zich in het kamp afspeelde, maar ik had veel meer willen weten. Ik was teleurgesteld. De selectie vond hier plaats, maar de mechanische massamoorden werden elders gepleegd. Er was nog steeds een heleboel dat ik niet wist.

De weken gingen voorbij en de winter naderde. Het werd kouder en kouder. Langzaam leek de overwinning onze kant op te komen. Ik had nog steeds geen flauw idee hoe het afschuwelijke verhaal van de kampen zou aflopen; wie zouden overleven om het wereldkundig te maken?

In de loop der maanden rijpte bij mij het idee om het nogmaals te proberen. Hans was nog in leven. Wonderbaarlijk genoeg zijn beide kameraden ook. Ik stelde voor nogmaals van plaats te ruilen en hij stemde ermee in; zijn lot was niet verbeterd en het was het risico waard. Opnieuw begonnen de dagen van voorbereiding. Ditmaal zou de persoonsverwisseling niet plaatsvinden in de Bude – het schuurtje waar we de eerste maal gebruik van hadden gemaakt – maar in een Bau, een stenen gebouw op het werkterrein.

Meteen achter de hoofdingang bevond zich een piepklein kamertje dat we soms gebruikten om uit te rusten en we besloten dat we daar elkaars kleren zouden aantrekken. Er waren hoeken waarin dingen die voor de ruil benodigd waren van tevoren konden worden verborgen, dus leek deze plek geschikter.

Toen de bewuste dag aanbrak voelde ik me beter voorbereid dan de eerste keer. Ik wist hoe het er bij het afmarcheren aan toeging, waar de problemen lagen, maar ik zou nog steeds ontzettend veel geluk moeten hebben.

We wisselden onze kleren snel om en ditmaal voelde ik de kou toen ik zijn pyjama-achtige plunje aantrok. Opnieuw vertrok hij als eerste, popelend om aan het waagstuk te beginnen. Ik had mijn gezicht weer met aarde ingesmeerd, mijn haar was weer afgeknipt en slordig geschoren. Ik wachtte even, controleerde of al mijn knopen eraan zaten en dicht waren en nam, voordat ik naar buiten ging, mijn houding van voorgewende uitputting aan. Ik liep zonder complicaties terug naar de pyjama's en maakte me, opgegaan in hun massa, klaar voor het appel.

Ik had geen rekening gehouden met de sterke daling van de temperatuur. Ik rilde hevig. Ditmaal leek er geen einde aan de telling te komen.

We begonnen aan de mij inmiddels bekende mars, de lijken van de recentste doden droegen we met ons mee, net als de eerste keer dat ik het kamp betrad. En opnieuw viel er een aantal op de grond, werd opgeraapt en viel opnieuw. Na die langdurige tocht liep ik voor de tweede keer door de poort van Auschwitz III-Monowitz naar binnen. Het bevel *Mützen ab* werd ergens vandaag gebruld en we namen onze hoofddeksels af en gingen rechtop staan. Vervolgens zetten we koers naar de Appellplatz – het exercitieterrein ongeveer halverwege de centrale middenweg, aan de rechterkant. Zelfs binnen het terrein werden we omringd door hekken. Het orkest speelde, net als de vorige keer.

We stelden ons op om opnieuw te worden geteld. Ditmaal leek het wel uren te duren. Het marcheren had me niet warmer gemaakt. Die streepjesplunje was totaal niet bij machte om ook maar iets van mijn lichaamswarmte vast te houden. Het begon avond te worden. Ik hoefde niets te veinzen. Ik voelde me net zo beroerd als de mannen om me heen. Toen begon het te regenen.

Ik was ervan overtuigd dat er ditmaal meer mannen op de Appellplatz stonden, hoewel ik ze niet heb geteld. Toen we eindelijk konden gaan, volgde ik mijn gidsen naar de barakken aan één kant van het plein en dichter bij het hekwerk dat onder stroom stond. Eenmaal binnen ging ik meteen op de brits liggen en bleef daar. Ik wist dat ik hun eten toch niet door mijn keel kon krijgen.

Mijn twee vrienden hadden erg geleden in de maanden die voorbij waren gegaan sinds ik hun brits met hen deelde. Het verbaasde me dat ze nog in leven waren. Ik zei het niet tegen ze, maar ze waren nog magerder geworden. De Pool was er het ergst aan toe. Zijn huid had nu een ziekelijk gele kleur. Hij zag eruit als iemand die het niet lang meer zou maken. De gevangenen hadden een vreemde naam voor zo'n man. Ze noemden dat het uiterlijk van de *Muselmann*.

Ik voelde dat de geallieerde bombardementen en de gunstige ontwikkelingen van de oorlog hun een sprankje hoop op overleving hadden gegeven, maar het bleef een ijle hoop. Ik had maar weinig tijd, maar ik kon hen niet dwingen met me te praten. Ze waren uitgeput en de Pool raakte bijna onmiddellijk buiten westen toen hij op de brits lag. Ik was ervan overtuigd dat hij de volgende ochtend niet zou halen. Met de Duitser kon ik nog wel enkele woorden wisselen.

Ik was ditmaal beter voorbereid op wat mij daarbinnen te wachten stond: het gekreun, het geraaskal, de kreten zo nu en dan. De Duitser was waarschijnlijk begin twintig, maar zoals we daar op die brits lagen waren ze al meer lichamen dan mensen voor mij; uitgemergelde lichamen bovendien. Ze gaven weinig warmte en ik huiverde.

De dood bracht een bepaalde geur met zich mee die mij de eerste keer ook al was opgevallen. Ik kan hem niet beschrijven maar hij hing bedompt, donker en afstotelijk in de lucht in die barakken. De inspanningen van de dag hadden ons gevloerd. Ik viel in slaap bij het geluid van gekreun en de verre melodieën van gebeden.

De Pool haalde de volgende ochtend, maar had hulp nodig bij het opstaan. Hij kan niet veel langer in leven zijn gebleven en daarna heb ik hem nooit meer op het bouwterrein gezien. Ik was blij toen het appel achter de rug was en we door de poort waren gemarcheerd en op weg waren naar de Buna-Werke, naar het werk dat ik gewoonlijk verafschuwde.

De persoonsverwisseling in de Bau geschiedde snel en zonder dat er een woord werd gewisseld. Ik voelde opluchting toen ik veilig terug was en mijn uniform weer aanhad. Een aantal weken later probeerde ik het nog eens en maakten we voor de ruil opnieuw gebruik van de Bude waar we de eerste keer ook van kleren hadden gewisseld. Ik had de deur van het schuurtje opengelaten omdat een gesloten deur heimelijkheid suggereerde. Ditmaal snuffelde er een bewaker rond op het terrein van de aannemer en moesten we de poging staken voor we goed en wel waren begonnen.

Achteraf bekeken had ik in mijn geheugen moeten opslaan wat ik te weten was gekomen en daar genoegen mee moeten nemen. Maar dat deed ik niet. Ik was er eerder ook mee weggekomen, dus ik kon het best nog eens doen. Ik had toen een aantal namen van de Kapo's en de bewakers in mijn geheugen geprent, maar belangrijker was dat ik het met eigen ogen had gezien en daar ging het me om. Verhalen uit de tweede hand waren waardeloos. We wisten niet hoe het met deze kampen zou aflopen of wie er aan het einde van de oorlog nog over zou zijn om de buitenwereld ervan te overtuigen dat deze misdaden werkelijk hadden plaatsgevonden.

Hoofdstuk 15

HET WAS EEN NATTE EN AKELIGE ochtend. Het had flink geregend en de grond was veranderd in een modderpoel. Ik was een van de twintig krijgsgevangenen die opdracht kregen elektriciteitsleidingen aan te leggen voor een nieuwe fabriek. We moesten ons in een rij opstellen en stonden tot ons middel in een modderige greppel met een dikke hoofdkabel tussen onze benen. In de vreemde logica van de kampen moesten wij nu dat werk doen omdat de slavenarbeiders inmiddels te zwak waren om de zware kabel te verslepen. We rolden hem af van een enorme houten haspel en hoe langer hij werd, hoe zwaarder het werk werd. Als we niet eendrachtig samenwerkten kregen we er al helemaal geen beweging in.

Een Joodse jongen van een jaar of achttien stond boven me bij de haspel. Net als de anderen was hij mager en zwak, maar hij had een aangenaam gezicht. Ik heb nooit gezien wat hij verkeerd had gedaan; de bewakers hadden geen reden nodig. Er kwam een SS-officier op hem toe lopen en hij deed wat ze allemaal moesten doen. Hij hield op met werken, griste zijn pet van zijn hoofd, sloeg die tegen de zijkant van zijn broek en ging in de houding staan.

Dat voorkwam niet dat hij hem te lijf ging. De officier sloeg hem met iets hards in zijn gezicht en binnen enkele seconden stroomde het bloed onstuitbaar over zijn gezicht. Het lukte de jongen om op de been te blijven en opnieuw in de houding te gaan staan, waarbij hij iets mompelde in een taal die ik niet kende. Zodra de jongen rechtop stond, werd hij opnieuw aangevallen en huilend van de pijn tegen de grond geslagen. Opnieuw krabbelde hij overeind en opnieuw werd hij hard in zijn gezicht geslagen. Zijn streepjesplunje was inmiddels doorweekt met bloed. Ik was er getuige van hoe een jonge jongen dood werd geslagen. Ik had het allemaal al eens eerder gezien, maar mijn opgekropte woede zwol aan en ditmaal knapte er iets in me.

Ik schreeuwde in slecht Duits tegen de SS-officier: '*Du verfluchter Untermensch!*' Het was het ergste wat ik kon bedenken. Ik had hem een term in zijn gezicht geslingerd die de Duitsers gebruikten om iedereen mee aan te duiden die ze als inferieur beschouwden: de Slaven, zigeuners, de Joden. Ik wist dat het een gevaarlijke krachtterm was. Hij hield op met het aftuigen van de jongen, maar ik wist dat het daarmee niet was afgedaan.

Het duurde tien ijselijke minuten voordat de officier wraak nam. Hij liet me eerst het werk afmaken. Ik klom de greppel uit en wendde me af om weg te lopen. Hij kwam zonder waarschuwing van achteren op me af. Hij dook naast me op en gaf me een verpletterende klap in mijn gezicht. Ik stortte met mijn hand tegen mijn oog ter aarde. Hij had me geslagen met de kolf van zijn pistool. Ik was een paar seconden buiten bewustzijn. Toen ik bijkwam zwol het vlees onder en boven mijn oog al op. De officier was verdwenen.

Ik heb niet gezien wat er met de jongen is gebeurd, maar hij kan onmogelijk nog lang hebben geleefd. Als hij niet aan zijn verwondingen was bezweken, was hij in elk geval getekend en zou dan toch spoedig sterven.

Mijn oog was er beroerd aan toe en ik had maar één klap gehad. In ons kamp was een Zuid-Afrikaanse arts die Harrison heette. De bezoekers van het Rode Kruis beweerden dat hij over de medicijnen beschikte die hij nodig had. Wat hij in feite had waren aspirines en een 60-wattlampje voor de meest elementaire behandelingen. Hij deed voor me wat hij kon en ik liet het wel uit mijn hoofd om de verwonding te rapporteren.

De zwelling verdween en de snijwonden genazen, maar mijn gezichtsvermogen was aangetast en daar heb ik nog jaren last van gehad. Af en toe keek ik naar een groot gebouw en dan kromp het voor mijn neus ineen en leek niet hoger dan een telegraafpaal. Jaren later kreeg ik kanker aan dat oog en het werd eruit gehaald en vervangen door een glazen implantaat. Ik wist aan wie dat te wijten was.

De machteloosheid van die jongen en mijn onvermogen om hem te helpen obsedeerden me. Ik had van huis uit geleerd dat ik me moest verzetten tegen onrecht en in Auschwitz kon ik zo weinig doen. Ik zag zoveel mensen die werden afgeranseld, zovelen die werden vermoord. Maar het is het beeld van die dappere jongen dat in de duisternis voor me opdoemt. Het zijn zijn gelaatstrekken die ik zie als ik badend in het zweet wakker word. Ik wist helemaal niets van hem, zelfs niet zijn naam, maar het bebloede gezicht van die jongen is mij bijna zeventig jaar bijgebleven.

Veel krijgsgevangenen deden wat ze konden voor de pyjama's, een sigaretje hier en daar een beetje eten als ze hun dat konden toespelen. Anderen waren verlamd van angst. Sommigen waren bang voor hun ziektes, om met hen mee omlaag te worden gezogen. Per slot van rekening waren wij allemaal gevangenen die probeerden te overleven. Grootmoedigheid beperkte zich niet tot degenen die het in de burgermaatschappij hadden getroffen.

Frank Ginn was zo'n soldaat. Ik zeg het niet graag maar die arme kerel was min of meer analfabeet. Ik las hem voor en schreef regelmatig zijn brieven en zo leerde ik hem beter kennen. Hij had moeite met de Duitse taal en je had toch iemand nodig in het kamp om af en toe een praatje mee te maken.

Op een dag vroeg hij me hem te vergezellen naar de werkplaats van een meubelmaker ten noordoosten van het Queen Mary-gebouw. Daarbinnen bevond zich een grote werkbank en lagen overal gereedschappen en spaanders. Er waren alleen een paar Griekse Joden aan het werk.

Ze spraken een paar woorden Duits en Frank dacht dat ik beter met hen zou kunnen communiceren. De Grieken in het kamp, degenen die het hadden overleefd tenminste, kwamen voornamelijk uit Thessaloniki, werd beweerd. Het waren gewiekste handelaren, hard en berekenend.

Die twee moesten voorwerpen maken voor het bouwterrein en ze hadden dat baantje te danken aan de vakbekwaamheid die ze zich thuis eigen hadden gemaakt. Voor alle pyjama's was dat een ware zegen. Zij hadden het getroffen en waren er beter aan toe dan de meesten.

Frank had hun voedsel gegeven zodra hij daar kans toe zag, maar nu verkeerden zij in de veronderstelling dat ik zijn baas was – waarom was mij een raadsel – en ze waren onmiddellijk in mij geïnteresseerd. Ze glimlachten toen ik binnenkwam. Tijdens een van die ontmoetingen kwam de SS binnen.

Ik voorzag problemen, maar zij knipperden niet eens met hun ogen toen ze die daar zagen. Er werden geen vragen gesteld. Ik vermoedde dat de Grieken iets voor hen persoonlijk aan het maken waren. Ze moesten bescherming zien te vinden op alle mogelijke manieren; hun vaardigheden aanwenden om aan een extra korst brood te komen. Dat complexe web van relaties maakte het lastig om erachter te komen wie je op het bouwterrein kon vertrouwen. Daarom liet ik namen altijd achterwege. Ik wist nooit wie met wie in contact stond. Overal konden spionnen zitten. Informatie was ook een ruilmiddel waar je je voordeel mee kon doen.

Op een dag hadden de schrijnwerkers een klein houten kistje voor me gemaakt en stonden erop dat ik het zou aannemen. Het was met de hand gemaakt, met piepkleine laden erin en zwaluwstaartverbindingen. Het was zo'n kistje dat ik zou kunnen gebruiken om toiletartikelen in op te bergen; alleen bezat ik die niet. Het was een bizar geschenk om te ontvangen in een concentratiekamp, vooral omdat de meeste gevangenen naar knopen en sigarettenpeuken zochten om te ruilen. Ik was verbijsterd.

Frank had het eerste contact met hen gelegd, maar in de loop van de maanden waren ze mijn vrienden geworden. Nu wilden ze mij dat kistje cadeau doen en het zat mij niet lekker. De Grieken hadden de reputatie van geduchte handelaren en het sloeg nergens op. Ze zagen het waarschijnlijk als een investering, in de hoop op mijn hulp in de toekomst, maar daar lieten ze nooit iets van blijken.

Ik moest toegeven dat het voor hen niet eenvoudig was om zoiets te verhandelen. De gevangenen hadden er niets aan. Sigaretten waren een geschikter ruilmiddel, die kon je overal met je meedragen en gingen gemakkelijk van hand tot hand.

Het kistje kon alleen worden geruild met een burgerarbeider of op de een of andere manier met iemand van buiten. Ik denk dat een krijgsgevangene daar ook voor in aanmerking kwam. Ze hebben nooit gezegd wat ze in ruil ervoor verlangden; wellicht was het voldoende dat ik bij hen in het krijt stond. Vanaf dat moment probeerde ik hun af en toe zo mogelijk wat voedsel toe te stoppen, dus je zou kunnen zeggen dat het werkte

Het kostte bij die gelegenheid weinig moeite om het kistje het bouwterrein af te smokkelen. Soms werd je gefouilleerd en waren er Postens die moesten worden omgekocht. Het was een soort gatenkaas en de bewakers konden gemakkelijk worden overgehaald om even een oogje toe te knijpen als er werd gesmokkeld en zij er hun voordeel mee konden doen. Bij die gelegenheid was er geen centje pijn, ik keerde terug naar E-715 en stopte het in mijn rugzak in de barak. Het was een zeldzaam mooi voorwerp, vervaardigd in een oerlelijk oord.

In december 1944 kwam er een einde aan de aanvoer van pakjes door het Rode Kruis. Dat hadden de geallieerde bombardementen bewerkstelligd. We moesten nu zien te overleven op de schrale rantsoenen die de Duitsers ons verstrekten. We hadden niets meer dat we aan de Joodse gevangenen konden doorgeven.

Ik weet niet meer wanneer ik Hans of Ernst voor het laatst heb gezien. Ik dacht vaak aan ze, maar in januari 1945 wisten we dat de Russen naderbij kwamen. In de verte hoorden wij geweer- en artillerievuur. De dagen van het kamp waren geteld. Ik wist niet of dat zou leiden tot bevrijding of tot meer ellende.

Op 18 januari 1945 werden de Joden voor de laatste maal uit Auschwitz III-Monowitz afgemarcheerd. Het kamp, op enkele honderden meters afstand van E-715, werd verlaten, met uitzondering van een paar ernstig zieken die daar bleven. De arme stumpers werden onder bedreiging afgemarcheerd in hartje winter door sneeuw en ijs. Duizenden werden gedwongen te vertrekken. De dodenmars was begonnen.

Die ochtend betraden we zoals gebruikelijk het IG Farbenterrein in de veronderstelling dat ons een werkdag wachtte en troffen het verlaten aan. De gestalten in hun streepjesplunje die overal over het terrein rondbanjerden en die je werkelijk overal tegen het lijf liep waren verdwenen. Het was er stil en spookachtig.

Wilde geruchten deden de ronde. Ik dacht dat wij werden vastgehouden om als gijzelaars te dienen als de Russen voor de poort stonden. Die nacht was er een hevige Russische luchtaanval. Zoals gewoonlijk renden wij het kamp uit om dekking te zoeken en lieten al onze bezittingen daarbij achter in de barak. Ik zocht dekking in een kleine kuil in het veld achter de barakken, terwijl een regen van bommen op ons neerdaalde. Er kwam geen einde aan.

Ik bracht de nacht door in die kuil in de grond en kan me niet herinneren een oog dicht te hebben gedaan. Ik was er dichtbij maar ik heb geen afzonderlijke treffers gezien. Ik lag met mijn hoofd omlaag en bedekt. Toen het voorbij was, kwam ik tevoorschijn uit mijn kuil en trof het kamp nagenoeg met de grond gelijkgemaakt aan. Ik ging kijken wat er over was van mijn barak en kroop door het puin om te zien of er nog iets te redden viel. Ik vond mijn horloge, dat aan een spijker aan de wand had gehangen en een rugzak met een paar spulletjes erin, waaronder ook het gelakte kistje dat ik van de Grieken cadeau had gekregen. Ik pakte ze en kroop naar buiten. Sommige anderen deden hetzelfde, maar veel tijd hadden we niet.

Het was nog donker en koud en ik had geen overjas – ik kan me niet herinneren er ooit een te hebben gehad. Dat was iets van levensbelang wat ik moest ontberen. De Russische kanonnen waren nu duidelijk hoorbaar, misschien op een kilometer of zeven afstand en werden steeds luider. Daaruit putten wij moed, maar we zagen evenzeer de toekomst met angst en beven tegemoet.

De Duitsers joegen ons in het eerste ochtendlicht op een hoop en gaven het bevel ons in twee rijen op te stellen. Sommigen zeiden later dat Mieser, de Duitse onderofficier, de mannen de keuze had gelaten om op eigen houtje oostwaarts de Russische frontlinie tegemoet te lopen of westwaarts met de colonne mee te gaan. Zo herinner ik het me niet. We werden nog steeds met vuurwapens in bedwang gehouden. In vreemde uniformen de Russen tegemoet lopen zou trouwens je reinste zelfmoord zijn geweest. Jaren later hoorde ik dat twee mannen het risico hadden genomen en door het Rode Leger waren vermoord.

Onze colonne vertrok als laatste. We werden afgemarcheerd door de poort met de gebogen prikkeldraadhekken en verlieten voor de laatste keer wat er over was van E-715.

Hoofdstuk 16

IN DE BITTERE KOU MOESTEN we een kort stuk langs het hek van het IG Farben-terrein lopen en ik spuugde bij wijze van afscheid naar de duivelse wachttorens en schoorstenen, de stalen stellages, de gashouders en de kilometers buizen. Vervolgens keerden we die de rug toe en liepen, om de stad Auschwitz te mijden, in zuidwestelijke richting en lieten de heuvels van bevroren aarde en ellende achter ons om nooit meer terug te keren.

Niemand vertelde ons waar we naartoe gingen. Ik kan me niet herinneren door de gemeenschap waarin zoveel van het burgerpersoneel woonde te zijn getrokken. Ik dacht aan de Joodse gevangenen die ik had gekend, aan Ernst, wiens zus in Engeland misschien nog hoop had gehad dat hij het zou overleven, en aan Hans, van wie ik nog steeds heel weinig wist. Er waren nog heel veel anderen, maar dat waren gezichten zonder namen.

We waren nog niet ver toen ik een hoopje vodden op de weg voor ons ondergesneeuwd zag raken. Toen we dichterbij kwamen, herkende ik in de vormeloze hoop de streepjesplunje, die nu met witte vlokken bedekt en door de vorst verhard was. Toen zag ik er nog een en nog een. Het was duidelijk wat het waren. We liepen om de verstijfde lijken heen en vervolgden onze weg.

Sommigen waren in hun gezicht geschoten en in greppels gedumpt, anderen lagen op de weg waar ze waren neergevallen en vermoord. Het kleine beetje dat ze nog hadden was lang geleden al uit hun broze lichamen geweken. De kogelgaten vertelden maar de helft van het verhaal.

Ik had moeten beseffen dat het niet zo snel voorbij zou zijn, dat ik nog meer zou moeten meemaken. Nu wist ik niet meer wie het zou overleven om tegenover de wereld getuigenis af te leggen. Wekenlang had ik geprobeerd te gissen hoe het zou aflopen. Nu wist ik het. De Duitsers hadden hun Joodse gevangenen afgemarcheerd, met de gedachte dat ze nog wat werk uit hen konden persen. Maar als hun slaven wankelden, dan had hun laatste uur geslagen. Het zag er niet naar uit dat velen het hadden gehaald.

Hun lijken waren achtergelaten waar ze waren neergevallen, om in de kou te bevriezen. Ze waren uitgehongerd en uitgeput aan de mars begonnen en velen waren al snel bezweken van vermoeidheid en kou. Sommigen waren gewoon gevallen en nooit meer opgestaan.

'De dood begint met de schoenen,' schreef Primo Levi later over zijn tijd in Auschwitz III-Monowitz. Dat gold in ieder geval voor de concentratiekampen, waar het geschuur van ruwe houten klompen maakte dat voeten opzwollen en etterden, mensen het lopen onmogelijk maakten en de oorzaak waren van aftakeling, afranselingen en dood. Hetzelfde overkwam ook de mensen hier in de sneeuw.

Later hoorde ik dat hij een van degenen was die te ziek waren om Auschwitz III-Monowitz te verlaten en zodoende aan de dodenmars waren ontsnapt en het hadden overleefd. Dagenlang liepen we over bevroren lijken. Toen wist ik dat er maar weinig overlevenden zouden zijn. Het aantal lijken was te groot. Ernst, Hans en de anderen moesten wel dood zijn. Ik had nog overwogen, als ik eenmaal terug zou zijn in Engeland, om zijn zus Susanne op te zoeken, om haar te vertellen wat ik had gezien, maar dat leek nu nog weinig zin te hebben. Op dat moment zette ik hen uit mijn hoofd, zij waren dood, zo was dat nu eenmaal. Nu moest ik zelf zien te overleven. Zoals ik al eerder zei, als je niet eerst aan jezelf dacht, was je reddeloos verloren.

Onze bewakers maakten deel uit van de Wehrmacht en niet van de SS, maar we wisten nog steeds niet wat ze met ons van plan waren. Ik herinner me nog één soldaat in het bijzonder, een veteraan van het oostfront. Hij had de Russen in actie gezien en een leren kunsthand om dat te bewijzen. Hij had alle redenen om westwaarts te trekken. Ik kon het niet nalaten hem te bespotten. Na kilometers over lijken te zijn gestrompeld ging ik naast hem lopen en ik zei hem in mijn beste Duits recht in zijn gezicht: '*Ihre Zeit kommt noch.*' Hij verstijfde. Hij wist wat ik bedoelde.

Hij snauwde terug: 'Eerst zal ik jou nog neerschieten!' Hij zou het waarschijnlijk nog hebben gedaan ook. De angst was groot en men leefde met de vinger aan de trekker. Na een tijdje zag ik geen lijken meer op de weg liggen. Ik wist dat dat niet was omdat het moorden was opgehouden. We hadden domweg een andere route genomen.

Voedsel was heel schaars en het meeste van wat wij aten werd van de velden gestolen. Soms sliepen we onder bewaking in schuren, andere keren zat er niets anders op dan buiten in de sneeuw te overnachten. Ik was uitgeput, maar zonder overjas om me warm te houden, zou ik sterven zodra ik in slaap viel, dus deed ik mijn uiterste best om bij bewustzijn te blijven.

Na een paar dagen zag ik bergen voor me en de weg begon te stijgen. Terwijl we omhoogliepen ging de temperatuur verder omlaag. Wij hoorden dat het tegen de dertig graden vroor. De sneeuw striemde mijn gezicht en ijs vormde korsten rond mijn oren. Het was een lange, ellendige klim. Ik begon het gevoel in mijn voeten kwijt te raken; ze begonnen te bevriezen. Ik hoorde dat er mannen waren bij wie als ze hun laarzen uit trokken delen van hun tenen loslieten en in de laarzen achterbleven.

Steeds hoger klommen we totdat de weg vervlakte en vervolgens aan een lange kronkelige afdaling begon. Het hield op met sneeuwen en de windvlagen om ons heen bedaarden. Bosjes groen werden zichtbaar en naarmate we verder strompelden werd de sneeuwlaag dunner en begon te verdwijnen.

Na vele uren kregen we bevel te stoppen om uit te rusten in een veld aan een gezwollen rivier. Toen brak de zon door de wolken heen en het water werd onmiddellijk gestimuleerd en reflecteerde het zonlicht als duizenden diamanten. Het was helder, zuiver en uitnodigend en ik dacht dat het al het vuil, de ontberingen en het zielenleed in één klap van me zou afspoelen. Het was bruisend smeltwater van de besneeuwde bergtoppen en gevaarlijk koud maar de schoonheid ervan ontwapende me. Ik wist dat al mijn beproevingen voorbij zouden zijn als ik erin sprong. Het was een ogenblik van destructieve sereniteit en het kostte me grote moeite om niet aan die verleiding toe te geven.

We liepen elke dag ongeveer dertig kilometer en al snel werd het weer kouder. Doorgaans liepen we over open terrein, maar we werden voortdurend vergezeld door gewapende bewakers en ontsnappen was onmogelijk. Waar gingen we heen? Wat voor voedsel was er te vinden in dit winterse landschap?

De voedselsituatie was al hachelijk. Op zeker moment stond een bewaker me toe tijdens een rustpauze mijn horloge met een burger te ruilen tegen wat brood. Er zat niets anders op, maar ik had de pest in dat de bewaker ook een deel opeiste.

Toen we stilstonden zag ik dat de soldaten hun machinegeweren in stelling brachten. Dat maakte me altijd zenuwachtig. We wisten niet wat ze met ons van plan waren. Per slot van rekening hadden wij Auschwitz gezien. Na een poosje zagen we dat de machinegeweren de andere kant op werden gericht en we haalden verlicht adem. We bevonden ons in partizanengebied en ze verwachtten een aanval.

De bewakers hadden een voertuig om hun plunjezakken, een

deel van hun wapens en het schaarse voedsel dat ze voor ons hadden mee te vervoeren. Toen dat defect raakte lieten ze het achter, vorderden een paard-en-wagen en laadden alles daarin. Het dier was al bekaf toen het aan de reis begon. Algauw sloegen ze er genadeloos op in. Na al die moorden die ik in Auschwitz had gezien en al die lijken waar ik overheen was gestapt tijdens de mars, stuitte het vreselijke lot van het paard me toch nog tegen de borst. Als ze doorgingen met het dier zo af te tuigen zou het niet lang meer leven. Volgens mij bestaat er geen lager wezen dan hij die een weerloos dier aftuigt. Mensen kunnen in verzet komen, dieren kunnen dat niet.

Mijn tijd op de boerderij had me heel wat over dieren geleerd. Ik kon er beter mee omgaan, maar eerst moest ik de bewakers zien te overtuigen. Als die oude knol stierf, zei ik tegen hen, dan zouden ze al hun spullen zelf moeten dragen. Als ze mij het paard zouden laten leiden, dan kon ik het in leven houden. Ze gaven toe.

Ik nam de leidsels over en terwijl de sneeuw mijn gezicht striemde sprak ik op zachte toon in het oor van het paard. Gedomesticeerde dieren hebben geen woede in zich. Als je hun vertrouwen wint, zullen ze daarop reageren. Als je een dier goed behandelt zal het je alleen maar tot steun zijn. Ik kreeg het weer aan het lopen en voor mij liep het nog vijfenzeventig kilometer door de sneeuwjacht. Toen schoten de bewakers het door het hoofd en hingen het karkas op in een schuur. Dat was inmiddels niet meer dan juist. Het dier was uit zijn lijden verlost.

Ik pakte een mes, sneed een reep vlees van de romp en at dat rauw op. De bewakers namen de rest mee en ik heb nooit gezien wat ze ermee hebben gedaan. Waarschijnlijk hebben ze het gebraden. Ik kon niets mee terugnemen voor de jongens.

We bleven daar een paar dagen, wat ons de gelegenheid gaf wat uit te rusten. En toen sjokten we weer verder. Eén keer brachten we de nacht door in een burgergevangenis met ijzeren tralies en alles erop en eraan. Het gebouw bood beschutting en was beter dan een tochtige schuur. Een andere keer sliepen we in een mouterij.

Er was een groepje jongens die tijdens de mars om mij heen bleven hangen. Ik denk dat ik een beetje de baas over ze speelde. Bill Hedges was een van hen en natuurlijk was Jimmy Fleet er ook bij. Het is vreemd om te zeggen, maar ik denk dat Jimmy van mening was dat ik moreel sterker was dan de anderen. Hij had het erg zwaar tijdens de mars en ik kon hem steun geven. Ik stond nog steeds bij hen allebei in het krijt vanwege hun hulp bij de persoonsverwisselingen met Hans, maar dat lag al weer lang achter ons. Nu hadden we onze eigen problemen en ik vermeed de complicaties die hechte vriendschappen met zich meebrachten; dat had de woestijn me geleerd. Het was heel goed mogelijk dat ik morgen sneeuw of aarde op hun lijken moest scheppen, dus waarom zou ik het erger maken? Ik bleef op een afstand, maar Jimmy en Bill hadden me rugdekking gegeven en dus bekommerde ik me nu ook om hen.

We opereerden als een eenheid en ontwikkelden een eigen systeem – een modus operandi. Aan het einde van een lange, uitputtende mars werd ons een plek gewezen waar we konden pitten. Militaire rangen en standen betekenden niets in gevangenschap, en op deze tocht nog minder. Mensen voelden zich aangetrokken tot degenen die wisten wat ze deden. Als er sprake was van respect, dan was dat verdiend. Ik had de neiging de lakens uit te delen en we verspreidden ons snel om naar voedsel te zoeken, voederbieten als we geluk hadden. De anderen gingen op verkenning uit om te zien waar de beste plekken waren om te slapen. Ik ging na waar de bewakers zich bevonden en hoe zij te werk gingen, zodat wij wisten hoeveel bewegingsvrijheid we hadden. Dat systeem heeft ons gered.

Ik herinner me nog dat we een schuur hebben doorzocht maar daar niets te eten aantroffen. Ik plofte neer, vastbesloten te genieten van het enige wat hier in ruime mate aanwezig was, de hopen heerlijk vers stro om in te slapen.

Ik lag boven op de lichtgele halmen die ooit graan hadden gedragen. Ik werd geobsedeerd door de gedachte aan het brood dat ervan was gemaakt. Tijdens de mars dachten we aan niets anders dan aan voedsel en als we sliepen dan droomden we ervan.

Nu kon ik toch nog niet slapen of mijn draai vinden. Er lag iets hards onder het stro. Ik tastte ernaar en merkte dat ik op een voorraadje aardappelen lag. We waren op een schat gestuit. Iemand probeerde ons te helpen, daar was ik van overtuigd. Ik riep de jongens erbij. Alles bij elkaar was het zo'n drie kilo piepers. We stookten een vuurtje, kookten ze en aten zoveel we konden, Het was een waar feestmaal, geweldig. Toen we vertrokken namen we wat er over was met ons mee. Zo'n vondst hebben we daarna nooit meer gedaan.

We waren door Ratibor in Silezië gelopen en toen door naar Tsjecho-Slowakije. De dagen werden weken en we trokken steeds dieper Bohemen binnen, passeerden Pardubice aan de Elbe en gingen vervolgens door de buitenwijken van Praag naar Pilsen. In delen van Sudetenland, waar je zou kunnen zeggen dat deze hele doffe ellende was begonnen met de Duitse bezetting bij de aanvang van de oorlog, gooide de plaatselijke bevolking – eerder Tsjechen dan etnische Duitsers – brood naar ons toen we voorbijkwamen. De bewakers bemoeiden zich ermee en probeerden het hun te beletten, maar we kregen er toch wat van te pakken. We waren er bijzonder blij mee.

Honger doet pijn. Het was een zware dag geweest. De jongens hadden zich allemaal al in de kleine schuur neergevlijd om te slapen toen ik merkte dat de tussenwand pal onder de dakspanten ophield. Hij was tweeënhalve meter hoog en na een paar pogingen, slaagde ik erin me eraan op te trekken, mijn benen er overheen te gooien en me aan de andere kant van het krakkemikkige aanbouwtje te laten vallen.

Ik keek goed om me heen en vond een kom gestold, ranzig vet, mogelijk voor de dieren. Ik overwoog er iets van te eten, maar moest kokhalzen. Ik zette de kom neer, klauterde terug over de tussenwand en ging slapen. De hele nacht dacht ik eraan. Toen we de volgende ochtend het bevel kregen om te vertrekken, klauterde ik in een opwelling opnieuw over de wand en pakte de kom met vet. Ik at hem helemaal leeg en slaagde erin de boel binnen te houden.

De geest overwint alles. Ik slokte de weerzinwekkendste troep naar binnen tijdens die mars en elke keer overtuigde ik mezelf ervan dat het een kerstdiner was. Zo heb ik het overleefd.

Het had er de schijn van dat we na Pilsen in de richting van de Oostenrijkse grens trokken. Ik was inmiddels wanhopig. We kregen niets meer te eten. Ik verdomde het om als gevangene van de honger te sterven. Dan kon ik net zo goed op de vlucht slaan en proberen het in mijn eentje te rooien.

Ik besloot alleen te gaan en sprak er met niemand over, zelfs niet met Bill en Jimmy. Als ik er iets over zou hebben gezegd, zouden ze zich misschien genoopt voelen met me mee te gaan. Als ik zou sterven, zouden zij ook sterven. Die verantwoordelijkheid wilde ik niet. Ik opereerde beter in mijn eentje.

Ergens ten zuiden van Pilsen hielden we halt om te overnachten in een grote schuur vol met stro. De bewakers liepen hun patrouilles, maar ze werden slordig, ze deden het niet met overgave. Ik observeerde hen en wachtte. Ik merkte de hiaten in hun nachtelijke routine op en zodra de gelegenheid zich voordeed ging ik ervandoor.

Ik rende over velden en door struikgewas en verwachtte elk moment zo'n beetje alarmkreten en geschreeuw of, erger nog, kogels. Ik bleef doorlopen tot ik op veilige afstand was. Toen ging ik in een greppel liggen en sliep tot de ochtend aanbrak.

Tijd om te ontspannen was er niet. Ik had opnieuw mijn lot in eigen hand genomen en riskeerde gevangengenomen en neergeschoten te worden. Een vlucht naar huis vereiste een vluchtplan. Dat had ik niet. Ik dacht dat dat er minder toe deed, nu de oorlog zijn einde naderde en de geallieerden oprukten. Ik had één landkaart en daar moest ik het mee doen.

Maar eten moest ik nog steeds. Ik kwam bij een huis, hield het een tijdje in de gaten, liep er toen naartoe en merkte dat de voordeur niet op slot zat. Angst vervaagt als je honger hebt. Als iemand mij daar zou betrappen, kon ik het wel schudden. Maar dat gebeurde niet. Ik kwam weg met een rond brood met een doorsnede van ongeveer dertig centimeter. Ik vond een veilig plekje, verstopte me en at het helemaal op.

Ik vervolgde mijn weg in zuidwestelijke richting en navigeerde grofweg op de sterren en de stand van de zon. Ik liep vooral 's nachts en hield me overdag schuil. Ik droeg nog steeds mijn uniformjas en een overjas zou wel prettig zijn geweest om dat te camoufleren, maar die heb ik nergens kunnen vinden. Ik bleef ver uit de buurt van dorpen en snelwegen en stak via woest open terrein de grens met Duitsland over.

Ik stal voedsel waar ik kon en at alles in het veld wat eetbaar kon zijn. Het was niet erger dan tijdens de mars. Ik trok steeds dieper Duitsland in en na een eindeloos aantal nachten lopen bereikte ik Regensburg.

Ik strompelde over een uitgestrekt rangeerterrein en bestudeerde de borden op de wagons in de hoop er eentje te vinden die naar het noorden ging. Ik was van plan te proberen de Britse linies te bereiken.

Toen hoorde ik het gedreun van grote vliegtuigen boven me en de bommen begonnen te vallen. Ik wist dat een rangeerterrein, als er veel goederen en troepentransporten plaatsvonden, een strategisch doelwit was. Ik begon te rennen en slaagde erin weg te komen via een kerkhof en bleef doorrennen tot ik niet meer kon. Ik hoorde het luchtafweergeschut en het gefluit van de bommen die omlaag vielen. Een bom trof het kerkhof, vlak nadat ik dat was overgestoken.

Ik rende langs een haag en kwam bij een goed gecamoufleerde luchtafweerstelling. Die wist ik te omzeilen en ik bereikte weer open land. Ik dacht dat ik veilig was. Dat was niet zo.

Opnieuw hoorde ik vliegtuigen boven mijn hoofd en ik liet

me plat op de grond vallen. Ik rolde op mijn rug en zag een van de Amerikaanse Vliegende Forten in vlammen en met een afgeschoten vleugel neerstorten. Er klonk een suizend geluid in de lucht, gevolgd door een doffe dreun. Ik dacht dat het een bom was, maar hoorde geen explosie. Iets uit die bommenwerper was op korte afstand van mij tegen de grond gesmakt. Toen het bombardement voorbij was zag ik een honkbalknuppel die uit de grond omhoogstak. Ik nam aan dat een van de bemanningsleden van de bommenwerper die bij zich had gehad, wellicht als talisman. Het had niet geholpen. Voor zover ik had kunnen zien waren er geen parachutes. Ik trok hem los uit de grond. Dit was een souvenir dat ik beslist mee naar huis wilde nemen.

Ik besloot niet terug te keren naar het rangeerterrein en vertrok in plaats daarvan maar te voet in noordelijke richting. Ik nam wel vaker de weg van de meeste weerstand. Zo zat ik nu eenmaal in elkaar. Ik bereikte de buitenwijken van een stad en hoopte dat het Neurenberg was. Ik dacht dat ik nog maar eens bij de treinen mijn geluk moest beproeven en ging op verkenning uit in de stad, maar de bommenwerpers waren me voor geweest. De stad was verwoest. In sommige wijken lag er nauwelijks nog één steen op de andere. Ik keerde op mijn schreden terug en liep met een wijde boog om de stad heen om daarna mijn weg naar het noorden te vervolgen.

Ik meende dat ik steeds dichter bij de geallieerde linies kwam, maar ik had nog bijna geen Duitse troepentransporten gezien, dus misschien had ik het mis.

Ik was al bijna bij Bamberg toen ik opeens met mijn neus in de boter viel. Ik kwam uit een bosje tevoorschijn en zag plotseling een complete tankeenheid in slagorde opgesteld en in hoogste staat van paraatheid, met minstens honderd meter afstand tussen de voertuigen. Het waren Amerikanen. Ik kwam voorzichtig dichterbij en vertrouwde erop dat ze goede verrekijkers hadden en me konden zien aankomen.

Ze zouden geen tankgranaat verspillen aan één enkele persoon en waarom zouden ze een eenzame soldaat neerknallen die op hen af kwam lopen? Als ik een vijand was, hadden ze er een gevangene bij.

Ik kwam dichtbij genoeg om te roepen dat ik een Britse krijgsgevangene was en iemand stak zijn hoofd boven de dichtstbijzijnde tank uit en verwelkomde me. Het hoofd verdween weer in de tank en ik vermoedde dat hij de veldradio bediende. Toen sprong hij eruit en zei dat ik hem moest volgen. We liepen door het veld en na zo'n tweehonderd meter bereikten we een andere tank, waar de tankcommandant mij stond op te wachten.

Hij was een imposante kerel. Hij had een stel pistolen omgegord en een mes met een riem rond zijn kuiten bevestigd. Hij kwam direct ter zake. 'Waar zitten die moffen?'

Ik moest hem het antwoord schuldig blijven. Ikzelf had juist mijn uiterste best gedaan zo ver mogelijk bij hen uit de buurt te blijven. Ik kwam uit de buurt van Neurenberg, vertelde ik hem en ik had niet veel gezien. Hij keek me nog eens goed aan, wendde zich toen tot een van zijn soldaten en zei: 'Geef deze man eten en water.' Ik was bevrijd.

Ik verorberde de rantsoenen dadelijk. Ik heb geen idee wat het was, maar het smaakte heerlijk. De tanks kwamen al snel weer in beweging en ik werd wat verder achter de frontlinie gebracht. Uiteindelijk zetten ze me in een voertuig en brachten ze me een paar kilometer terug in de richting van Neurenberg, naar een kleine landingsbaan midden in het open veld. Ze vertelden me dat een aantal voormalige krijgsgevangenen daar werd verzameld en dat er over enkele dagen vliegtuigen zouden komen om ons naar huis te brengen.

Ik klom uit het voertuig en zwaaide ten afscheid naar de Amerikanen toen die terugkeerden naar hun eenheden aan het oprukkende front. Het was een kort intermezzo geweest. Ik had van hun rantsoenen genoten en nu was ik weer alleen. Was ik werkelijk bevrijd? De plek maakte een verlaten indruk. Er waren geen andere krijgsgevangenen. Het was alleen maar een veld. Ik was weer volkomen op mezelf aangewezen.

Ik ging in de onmiddellijke omgeving op verkenning uit, vond een verlaten huis aan de grens van het gebied en slaagde erin binnen te komen. Het was tenminste een onderkomen, maar bedden waren er niet. Ik maakte me klein onder een deken op de grond. Ik had vele honderden kilometers door Centraal-Europa te voet afgelegd en alles afgestroopt op voedsel. Zelfs in mijn wanhopigste ogenblikken had ik gehoopt op een feestelijkere bevrijding dan dit. Ik speurde het huis af op zoek naar iets eetbaars, maar kon niet veel vinden. Van vliegtuigen geen spoor. Ik zat vast.

Terwijl ik wachtte, vroeg ik me af of mijn Engelse makkers van de mars in een ander kamp waren ondergebracht of dat ze nog steeds onder bedreiging van een vuurwapen het land door struinden. Pas jaren later kwam ik te weten dat de bewakers hen hadden laten marcheren tot ook zij op Amerikanen stuitten. Een van de jongens had een geweer van zijn bevrijders gegrepen – zo luidt het verhaal – en Mieser, de Duitse onderofficier, ter plekke doodgeschoten. Hij was niet de grootste schoft van het stel, maar ik had er begrip voor. Ik vermoed dat die leerklauw er gewoon tussenuit is geglipt. Wat de Joodse gevangenen betreft, de mannen die ik had gekend – Ernst onder anderen – moesten wel dood zijn. Ik had te veel lijken gezien. Ik zette hen uit mijn hoofd.

Ik zat op een muurtje aan het einde van de verwaarloosde tuin en speurde de hemel af op zoek naar vliegtuigen. Ik wachtte en wachtte, maar er kwam niks. Misschien hadden ze me in de steek gelaten. Na een tijdje kwam er een groepje Duitse meisjes voorbij. Ik waagde het erop en riep hen aan. Tot mijn verbazing kwamen ze naar me toe om een praatje te maken. Het meisje dat het woord voerde was blond, een jaar of tweeëntwintig en beeldschoon. Ze hadden meteen in de gaten dat ik een buitenlander was en wilden weten waar ik vandaan kwam.

Ik legde uit dat ik een Engelsman en een voormalige krijgsgevangene was en wachtte op een vlucht naar huis. Ik vertelde hun niet waar ik gevangen had gezeten. Het voelde al aan alsof Auschwitz deel uitmaakte van een ander universum. Die ervaring kon niet worden meegenomen naar een normaal leven. Zelfs in Duitsland was er voor mijn ervaring geen plaats.

We praatten een poosje zo goed en zo kwaad als dat ging en ik vroeg hun of ze iets te eten hadden. Ze haalden een soort broodje tevoorschijn, dat ik dankbaar aannam en meteen oppeuzelde. Achteraf denk ik dat het waarschijnlijk hun middageten was.

We bevonden ons in geallieerd gebied, maar er waren geen troepen in de omgeving. De oorlog was nog niet voorbij en dat ze aardig tegen mij waren was voor hen niet zonder gevaar. Ze waren nieuwsgierig en na een tijdje te hebben gepraat kwamen ze binnen om het huis te bekijken dat mijn tijdelijke onderkomen was. Het meisje dat het woord voerde gaf me haar adres in Neurenberg en vertelde dat ze Gerdi Herberich heette. Ik beloofde dat ik haar, zodra ik thuis was, zou schrijven om haar te bedanken en dat ik haar een voedselpakket zou sturen. Tot mijn spijt moet ik bekennen dat ik dat nooit heb gedaan. Ik had toen inmiddels andere dingen aan mijn hoofd en mijn wereld raakte volledig vervormd.

De ongedwongen stemming in mijn onderkomen werd spoedig tenietgedaan door de komst van een groep Amerikanen onder wie ook een paar voormalige krijgsgevangenen. De meisjes vertrokken haastig en ik heb nooit meer iets van hen gezien of gehoord. Het was een kleinigheid- een *Brötchen*, zoals de Duitsers het noemden – maar een menselijk gebaar tegenover een vijandelijke soldaat en niet zonder risico. Ze hebben nooit iets teruggevraagd.

De sfeer werd rumoeriger, maar de nieuw aangekomenen vertelden me dat ik me op de juiste plek bevond. Ik had uit een ander huis vier blikken voedsel gestolen, hield er een voor mezelf en gaf de overige drie aan de Amerikanen. Er zaten geen etiketten op, dus toen de Yanks hun blikken openden en daar vlees in bleek te zitten, verwachtte ik in het mijne hetzelfde aan te treffen. Toen ik mijn blik open had gewrikt zat er een waterig soort groente in. Mijn teleurstelling kon niet groter zijn, maar het hield me staande. We lagen daar met zijn negenen of tienen te pitten en het enige wat we konden doen was wachten.

Hoofdstuk 17

HET DUURDE NOG TWEE DAGEN voordat het geronk van grote propellermotoren dat troosteloze huis op zijn grondvesten deed schudden en ik naar buiten rende en een Dakota van de RAF laag over het veld zag komen aanvliegen en een hobbelige landing maken. Hij was nauwelijks naar de zijkant van de groene landingsbaan getaxied toen een tweede vliegtuig landde en een paar keer op zijn landingsgestel danste voordat ook het staartwiel de grond raakte en het rustig uitreed over het gras.

Niemand had de leiding, een verkeerstoren was er niet en voor zover ik kon zien was er ook geen grondpersoneel te bekennen. Ik sprintte weer naar binnen, graaide wat spullen bij elkaar, rende het veld in en probeerde in te schatten waar het vliegtuig ongeveer tot stilstand zou komen. De Dakota was gestroomlijnd voor die tijd, maar niettemin een werkpaard. Het eerste vliegtuig taxiede langzaam, keerde en kwam tot stilstand met zijn neus omhooggestoken en nog draaiende propellers.

Uit alle hoeken van het veld doken meer mannen op en renden erop af. Aan de zijkant van de romp ging een luik open en een man in een dik leren jack leunde eruit en riep iets. Ik kon hem door het geraas van de motoren niet verstaan, maar uit zijn gebaren maakte ik op dat ze daar niet lang zouden blijven staan. Ik was een van de eersten die instapten. Het kon me nauwelijks schelen waar we naartoe zouden vliegen. Ik ging in elk geval mee. Een man of twaalf stapten in voordat het luik werd gesloten en ik nam plaats op een van smalle stoeltjes tegen de golfplaten binnenkant van het vliegtuig. Ik keek achter me over mijn schouder en zag door het piepkleine raampje dat de rest van de mannen op het tweede vliegtuig afstormden in de hoop daarin een plekje te bemachtigen.

Maar toen taxieden we al naar het einde van het veld en troffen voorbereidingen om op te stijgen. Aanstekelijke glimlachen verbreedden zich op de gezichten van de inzittenden en ik wist dat ik niet de enige soldaat was die na een gewelddadige oorlog terugkeerde naar huis. Later hoorde ik dat een derde vliegtuig, dat op weg was gegaan om ons te komen ophalen, motorproblemen had gekregen en op weg naar ons toe brandend was neergestort. Inmiddels stegen we al op door de wolkenmassa's en zetten koers in de richting van Brussel. Ik ging onderuitzitten, speelde wat met de honkbalknuppel die ik sinds Regensburg met me mee had gedragen en durfde te hopen dat ik nu toch eindelijk op weg was naar huis. Godzijdank. Het was voorbij. Ik had nog steeds honger.

Ik stond op en ijsbeerde tijdens de vlucht door het vliegtuig en keek door de kleine raampjes aan weerskanten naar buiten. De oorlog was nog niet helemaal voorbij, maar iedereen was ervan overtuigd dat het einde niet lang meer op zich zou laten wachten. Ik keek omlaag naar de vele kilometers bevrijde Europese velden onder me en vroeg me af wat de naoorlogse jaren ons zouden brengen.

We landden op een militair vliegveld in de buurt van Brussel. Ik werd naar een kazerne in de buurt gebracht en kreeg voor het eerst in weken fatsoenlijk te eten. Ik kon me wassen, maar een douche of een badkuip was er niet. Ik bleef daar slechts één nacht en sprak met niemand over mijn reis of mijn tijd in gevangenschap. We hadden allemaal vreselijke dingen meegemaakt; daar wilden we niet op ingaan en niemand vroeg ernaar.

De volgende dag werd ik teruggebracht naar het vliegveld en zag daar een grote viermotorige bommenwerper met een glazen koepel voor de bommenrichter voor op de neus onder de cockpit en een kleinere halverwege de vliegtuigromp als een pukkel op zijn rug. Daar stak een machinegeweer uit.

Ik wist dat dit een Lancaster-bommenwerper was, hoewel ik er nog nooit een had gezien. Ik was gevangengenomen voordat ze massaal in gebruik werden genomen, maar hij was precies zoals ik uit de verhalen van medegevangenen had opgemaakt.

Het toestel werd klaargemaakt voor vertrek en ik klauterde erin met de andere mannen. Er waren geen zitplaatsen en het was er behoorlijk benauwd. Ik wist meteen waar ik tijdens de vlucht wilde zijn, maar de gezagvoerder vertelde me dat de plek van de bommenrichter – dat vliegende glazen huisje voorin – voor mij verboden terrein was. Ik weigerde het op te geven; met maaiende armen smeekte ik hem mijn verzoek in te willigen en uiteindelijk stemde hij toe.

Ik lag plat op mijn buik in die kwetsbare doorzichtige neus en voelde de heftige vibratie van de propellers toen de grond onder me door schoot en we opnieuw het luchtruim kozen.

We draaiden een rondje boven het veld, zetten koers naar huis en na een poosje maakte het land onder ons plaats voor zeewater.

Ik had gezien wat vliegtuigen als deze in Neurenberg hadden aangericht en ik vroeg me bezorgd af hoe de toestand in Engeland zou zijn. Toen we laag over het Kanaal vlogen was wat ik onder me zag weinig veelbelovend. Er waren scheepswrakken en wrakstukken overal langs de kust en olievlekken zo ver als ik kon zien. Daarna werd het water helderder en in de verte zag ik de witte krijtrotsen van Engeland door de mist opdoemen en ik wist dat ze onmogelijk alles kapot konden hebben gemaakt. Ik zou thuiskomen.

Korte tijd later zag ik de groene weilanden, doorkruist door plattelandswegen en hagen die alle kanten uit schoten. Ik lag daar plat voor in dat vliegtuig en uiteindelijk kwam er een landingsbaan in zicht. We daalden steeds meer totdat het gras een waas van langs flitsend groen werd dat vlak voor mijn neus opdoemde toen we met een klap op de grond terechtkwamen.

We kwamen tot stilstand, de deur werd geopend en voordat we konden weglopen stond de gezagvoerder erop dat we met een pen onze handtekening op de romp van het vliegtuig zetten. Hij moest talloze gevechtsmissies hebben gevlogen, maar het feit dat hij de jongens naar huis had mogen brengen betekende iets voor hem.

Mijn oren gonsden nog van het lawaai toen ik een merkwaardig vertrouwd geluid opving dat ik een jaar lang niet had gehoord. Het waren de vreemde stemmen van Engelse vrouwen, die het avondeten opdienden.

Ik werd naar een kazerne gebracht en kon eindelijk weer eens onder de douche. Ze gaven me sokken, ondergoed en een schoon tweedehands uniform plus een paar zware zwarte leren laarzen met spijkerzolen en metalen plaatjes op de hakken. Ik heb ze nog steeds in mijn bezit. Ik bleef daar niet lang. Ik had het al heel lang zonder militaire discipline moeten stellen en wachtte niet tot ik toestemming kreeg om te vertrekken. In de kazerne liet ik een briefje achter, wandelde het terrein af en stapte in een trein naar Londen.

Ik kwam aan op station Liverpool Street, stapte over op een andere trein en reisde door naar Essex zonder een cent te betalen en zonder te zien hoeveel schade er aan de stad was toegebracht. Ik wilde terug naar de mensen van wie ik hield. Het was een dag of twee voor Victory in Europe Day (8 mei) en ik was bijna vijf jaar van huis geweest.

Op station North Weald stapte ik uit en keek over de muur naar de kolenopslag en zag een man met een kar zakken steenkool verplaatsen. Ik herkende hem onmiddellijk. Hij was mijn oom Fred, de kolenhandelaar die ooit gevoetbald had bij Fulham.

Ik sprong over de muur en de woorden die aan zijn mond ontsnapten toen hij me levend voor zich zag staan zijn niet voor herhaling vatbaar. Hij hield op met laden en zei dat hij me de anderhalve kilometer van het station naar huis zou brengen en onderweg praatte hij aan één stuk door. Na al die jaren kwam ik terug op de boerderij als passagier op een kolenkar, die hij bij de poort keerde en waarmee hij meteen wegreed, zodat ik alleen naar binnen moest.

Ik passeerde de gele ligusterheg en begon aan de wandeling van dertig meter tussen de bloembedden naar het huis met de dubbele gevel waarin ik was opgegroeid. Die plek had op de een of andere manier voortgeleefd in mijn gedachten, hoewel gedachten aan thuis in de woestijn en in de kampen een last waren. Toen kon ik daar toch niet naar terug, dus waarom zou ik mezelf kwellen met de herinneringen en de pijnlijke gevoelens die die herinneringen opriepen? Maar nu kon ik me daar geheel aan overgeven.

Ik had niemand gewaarschuwd dat ik in aantocht was. Ik klopte op de grote eikenhouten deur. Het bleef even stil en toen werd de deur geopend door een vrouw die, hoewel ze me bekend voorkwam, er vermoeid en afgetobd uitzag. Haar adem stokte in haar keel toen ze me zag en ik zei tegen haar: 'Moeder, wat ben je oud geworden.'

Wat heb ik in de jaren die daarop volgden vaak gewenst dat ik die woorden zou kunnen terugnemen. Ze omhelsde me voor de deur alsof ze me nooit meer wilde loslaten. Ik was thuis, maar wat moet ik er beroerd hebben uitgezien. Toen ik in dienst ging woog ik zo'n tachtig kilo. Toen ik naar huis terugkeerde woog ik nog vijftig kilo.

Mijn moeder had het al die tijd in haar eentje moeten zien te rooien. Mijn vader was ook gevangengenomen. Ze hadden haar verteld dat ik in Afrika gewond was geraakt. In mijn brieven schreef ik dat het goed met me ging, maar ze had in de veronderstelling verkeerd dat ik de schijn ophield. Op een gegeven moment kwam er helemaal geen post meer uit E-715. De dodenmarsen en mijn lange wandeltocht door Centraal-Europa waren begonnen. Ze had geen flauw idee of ik nog in leven was en had het ergste gevreesd. Bovendien had ze zelf te maken met een tanende gezondheid.

In de paar jaar die zij nog te leven had, stelde ze me nooit vragen over mijn oorlog, mijn gevangenschap of die lange mars. Men vond het toen beter om er in alle talen over te zwijgen. Soldaten en hun familie werden aangemoedigd alles zo snel mogelijk te vergeten.

Ik weet niet precies meer wanneer mijn vader thuiskwam. Hij had gelogen over zijn leeftijd om dienst te kunnen nemen en dat had hij deels gedaan om mij in de gaten te kunnen houden. Hij was gewond geraakt en gevangengenomen toen de Duitse paratroepers op Kreta landdden. Hij werd naar Oostenrijk getransporteerd en, ondanks zijn aanvallen van longontsteking, gedwongen spoorlijnen door de bergen aan te leggen.

Ik hoorde dat hij misschien spoedig naar huis zou komen, maar dat kon van alles inhouden. Op een dag was ik bezig in een van de kamertjes aan de achterkant van het huis toen ik buiten een schuifelend geluid hoorde. Iemand deed vergeefse pogingen om door de achterdeur binnen te komen. Ik deed open en daar stond hij, worstelend met zijn plunjezak. Hij liet hem vallen toen hij me zag en omhelsde me voor het eerst sinds mijn kinderjaren. Hij zag er behoorlijk verfomfaaid uit. Ik betrapte me erop dat ik huilde en zag dat ook bij hem de tranen over zijn wangen liepen.

Ik kan me een tijd herinneren toen ik nog heel klein was en op zijn schoot zat en hij voor me zong: 'There will come a time one day when I am far away/ There will be no father to guide you from day to day.'

Als kind vond ik de gedachte dat hij ooit zou sterven onverdraaglijk en dan hamerde ik op zijn borst tot hij ophield met zingen.

Ik had hem nooit beschouwd als een emotioneel mens, maar

ik hoorde dat hij toen zijn moeder was overleden, helemaal in zijn eentje midden in een veld was gaan staan en zijn hart uit zijn lijf had gezongen. Zijn thuiskomst maakte me duidelijk dat we allebei waren veranderd, hoewel zijn omhelzing toch van korte duur was.

Ik was er niet bij toen hij mijn moeder voor de eerste keer terugzag. Ik kan alleen maar raden hoe dat moet zijn geweest. Ze waren alleen en zo hoorde het ook.

Ik weet zeker dat hij het vreselijk vond haar achter te laten om ten strijde te trekken terwijl hij daar niet toe verplicht was. Ik geloof niet dat hij na de oorlog zijn leven op de oude voet heeft kunnen hervatten, maar als hij leed onder zijn verleden, dan liet hij daar nooit iets van merken.

Hij leefde tot 1960, maar we spraken nooit over de oorlog en ook over onze tijd in gevangenschap wisselden we nooit van gedachten. Geen enkele keer. Ik geloof niet dat hij ooit heeft geweten dat ik in een kamp vlak bij Auschwitz had gezeten.

Niet lang na mijn terugkeer begonnen de trauma's. Overdag bevond ik me in het lieflijke dorpje in Essex dat ik zo goed kende en 's nachts, in mijn slaap, werd ik teruggeworpen in de obsceniteit van Auschwitz. De nachtmerries begonnen; de jongen die op zijn hoofd werd geslagen terwijl hij in de houding stond en het bloed over zijn gezicht stroomde. Talloze keren zag ik die baby weer voor me die door de SS-bewaker werd doodgeslagen. Badend in het zweet werd ik wakker, ervan overtuigd dat ik mezelf het Joodse concentratiekamp in had laten smokkelen en op het punt stond te worden ontmaskerd.

Tijdens de tijd in de woestijn, de jaren in gevangenschap en Auschwitz had ik mezelf voorgehouden: 'Je moet niet denken, je moet doen.' Dat was een principe dat uit intuïtie was geboren en dankzij die instelling had ik het er levend afgebracht. Nu dreigde er geen gevaar meer en had ik te veel tijd om na te denken. De dromen begonnen me te beheersen. Ik beleefde opnieuw de machteloosheid bij het zien van al die verschrikkingen zonder iets te kunnen uitrichten en dat overkwam me elke nacht weer.

Toentertijd bestond er geen hulp voor getraumatiseerde soldaten. Daar werd niet eens over geprakkiseerd. Nu weet ik dat ik geestelijk een wrak was, één zielig hoopje ellende. Dat gold voor velen van ons.

Hoewel mijn moeder geen vragen stelde over de oorlog, werd ik door de mensen uit het dorp overladen met vragen. Ze wilden het natuurlijk niet echt weten, ze wilden alleen een paar heldhaftige anekdotes horen. Ze wisten toen niets van concentratiekampen en als ik er al iets over opmerkte, hadden ze daar geen oren naar. Het kwam niet overeen met wat zij wisten of zelfs willen weten. Mensen vonden het gewoon niet prettig om daar iets over te horen en hun reactie was steevast een wezenloze blik. Ik noemde dat het glazigeogensyndroom.

Niemand aan het thuisfront begreep wat wij soldaten hadden doorgemaakt. Sommigen sloegen klinkklare onzin uit. De vraag die mij het meest tegen de borst stuitte was: 'Hoeveel Duitsers heb je gedood?' We waren gedwongen de dingen te doen die we hadden gedaan en wie er zo over sprak ridiculiseerde het. Ze nodigden ons uit om ons te verlustigen in de dingen die we wilden vergeten. De vijandelijke soldaten die we hadden gedood hadden de prijs betaald en daarover uitweiden gaf blijk van gebrek aan respect.

Eén vent – een slager uit Epping die nooit één dag in dienst was geweest – vertelde me stoutmoedig dat hij zijn vrouw aan het mes zou hebben geregen om te voorkomen dat ze in handen van de Duitsers zou vallen als die Engeland zouden hebben veroverd. Die mededeling was duidelijk niet voor haar oren bestemd. Hij kromp ineen toen ik hen korte tijd later samen in de trein tegen het lijf liep. Ik hoefde niets meer te zeggen.

Auschwitz was al een verre planeet, maar in mijn dromen keerden sommige gezichten terug. Ik kon niets beginnen om erachter te komen wat er van Hans was geworden, maar met Ernst lag dat anders. Er waren een paar dingen die ik mezelf zou dwingen te doen, of ik nou opgewassen was tegen die taak of niet. Ik moest Susanne in Birmingham opsporen en haar vertellen wat ik wist. Ik had inmiddels wat officieel verlof los weten te peuteren en ik had een aantal weken vrij tot mijn beschikking. De hele onderneming was dwaasheid en ik had er helemaal niet goed over nagedacht.

Ik weet nu niet meer hoe ik contact heb opgenomen, of ik heb geschreven, een telefoonnummer heb opgescharreld of eenvoudigweg daar opeens op de stoep stond. Ik wist dat ze Susanne heette en ik was erachter gekomen dat haar achternaam Cottrell was. Misschien had Ernst me dat in het begin al verteld. Ik neem aan dat zij was geadopteerd door de familie die haar in huis had opgenomen voordat de oorlog uitbrak en voor mij is ze altijd Susanne Cottrell gebleven. Het verhaal van de sigaretten was een van de weinige dingen waarover mijn moeder me wel het een en ander heeft verteld. Ze was blij dat ik een deel ervan had ontvangen en dat we er ons voordeel mee hadden kunnen doen. Over de kampen hoefde ze niets te weten en ik drong daar ook verder niet op aan.

Voor zover ik me herinner heb ik Susanne in Birmingham ontmoet, maar zeker ben ik daar niet van. Eigenlijk was ik niet opgewassen tegen zo'n confrontatie en ik had niet van tevoren bedacht wat ik zou zeggen. Door de oorlog en mijn jaren in gevangenschap beschikte ik niet over de tact om slecht nieuws op gepaste wijze te brengen. Ik wist eigenlijk niet goed waarom ik überhaupt bij haar op bezoek ging. Ik neem aan dat ze op mijn lijstje stond, samen met de familie van Les Jackson en anderen die ik later heb opgespoord.

Ik denk dat ik haar thuis heb opgezocht, maar het is nu allemaal heel vaag. Als ik het me goed herinner hebben we een wandeling gemaakt; ik weet nog dat we buiten waren. Zij was ongeveer tweeëntwintig – aantrekkelijk maar verlegen en klein van postuur. Ze sprak nog met een accent.

Het was een pijnlijke ontmoeting. Ik wilde haar laten weten dat de sigaretten hun bestemming hadden bereikt, dat Ernst er dolblij mee was geweest en dat die hem wellicht wat hulp en bescherming hadden geboden. Dat kon ik haar allemaal vertellen, dat kon ik haar voor ogen houden, maar waar zou het verhaal op uitdraaien? Er was geen sprake van een goede afloop.

Ik had visioenen van de dodenmars en van die bevroren lijken. We hadden vele kilometers lang over hun lijken gelopen. Ik wist dat de kans groot was dat Ernst samen met de anderen was omgebracht. Als hij de mars had overleefd, was hij waarschijnlijk in een ander kamp ondergebracht en daar later alsnog weggekwijnd. Ik kon Susanne geen hoop geven, maar ik kon haar evenmin iets zeggen over de dood van Ernst; ik was er geen getuige van geweest en had zijn lijk nooit gezien.

Plotseling bevond ik me naast een jong meisje dat alles kwijt was, maar nu de kans had haar leven weer op te bouwen. Waarom zou ik haar opzadelen met de beestachtigheden van Auschwitz? Ik was trouwens toch niet in staat daarover te praten. Er vielen veel stiltes. Ik dacht nog steeds deels in het Duits. Na zozeer te zijn vermagerd moet ik er vreselijk hebben uitgezien.

Het was een traumatische ontmoeting en ik vroeg me af of ik er niet meer kwaad dan goed mee had gedaan. De barbaarsheid van Auschwitz was tot in al mijn poriën doorgedrongen. De herinnering had bezit van me genomen, maar ik kon die niet van me afzetten. Wie moest ik het vertellen? Achteraf bekeken was ik er beroerd aan toe. Posttraumatisch stresssyndroom, noemen ze dat tegenwoordig. Het heeft jaren geduurd voordat ik weer redelijk kon denken. Ik was echt behoorlijk gestoord.

Enige tijd later deed ik opnieuw een halfslachtige poging om met Susanne in contact te komen. Het lukte me niet en ik gaf het verder maar op. Ik had al genoeg schade aangericht; ik moest verder met mijn leven.

Op 3 juni 1945 kreeg ik een nieuw adressenboekje van een oude vriendin die Jane heette en concertpianiste was. Het was klein en had een bruinleren omslag en ik schreef daarin de gegevens op van het meisje dat, voor zover ik wist, nog steeds Susanne Cottrell heette: Tixall Road 7, Birmingham. Er staat ook nog het adres in van Gerdi Herberich in Neurenberg – dat moet een verdomd lekker broodje zijn geweest.

Het adres van de ouders van Les Jackson staat er ook in. Zijn familie stond als volgende op mijn lijstje van personen die ik een bezoek wilde brengen, maar mijn ervaring met Susanne had me geschokt. Het duurde maanden voor ik naar Aspen Grove in Liverpool durfde gaan om hun onder ogen te komen.

Uiteindelijk maakte ik een afspraak met Les' vader. We gingen naar een café en dronken allebei te veel. Hij had zijn zoon verloren en ik wist precies hoe. Ik was daar om de hiaten op te vullen maar ik bespaarde hem de details. Hij hoefde niet te weten dat Les aan flarden was geschoten. Ik zei wat we in zulke omstandigheden allemaal zeggen: ik verklaarde dat ik bij hem was geweest toen hij stierf en dat het heel snel was gegaan. Ik hoopte dat hij daar enige troost uit kon putten. Meneer Jackson reageerde beheerst, dat was te danken aan de alcohol. Die goeie ouwe Les, hij ligt daar nog steeds ergens onder het zand.

We waren behoorlijk uit het lood geslagen toen we naar zijn huis terugkeerden. Opeens kwam toen Marjorie, het zusje van Les, binnen. Ze was mooier dan ooit. Ik had met haar gedanst voordat we ons inscheepten en ik had haar foto aan de wand boven mijn bed geprikt. Ze was samen met een gozer die Evans heette en ik besefte dat ze getrouwd was. Om haar gêne jegens haar echtgenoot te verlichten, en ook om mezelf te beschermen, deed ik alsof ik haar niet kende en stelde me aan haar voor alsof ik haar voor het eerst ontmoette. Marjorie had een bijzondere indruk op me gemaakt, zo gracieus als ze door de danszaal bewoog, maar ik was lange tijd weggeweest. Het leven was doorgegaan en weer was er een deur dichtgesmeten. Ik bleef daar logeren en vertrok de volgende ochtend vroeg.

Les' verhaal is nog niet helemaal af. Hij had een vrouw die in

Southampton woonde en toen ik terug was in de kazerne in Winchester, ging ik onaangekondigd bij haar op bezoek. Ik had beter moeten weten. Ik had ze toen niet allemaal op een rijtje. Toen ze opendeed stelde ik me aan haar voor en ze raakte meteen in verwarring en vroeg me voor de deur te wachten. Na enkele ogenblikken kwam ze terug met haar jas aan en stelde voor naar het café te gaan om te praten.

Ik vermoedde meteen dat ze een nieuwe man had. Daar was niets op tegen, Les was inmiddels al een paar jaar dood. Toch kwam het vreemd op me over. Ik was gekomen om wat troost te bieden en wat bijzonderheden die zich daar naar mijn mening toe leenden aan haar te vertellen, maar ze was niet erg geïnteresseerd. Ik weet niet wat ik anders had verwacht. Ik dacht dat ze wel zou willen weten wat er was gebeurd, wat wilde horen over de streken die we hadden uitgehaald. Ze had weinig tijd en ze maakte een afwezige en gespannen indruk. Ik vertelde haar wat ik kon vertellen en voor de deur van het café namen we afscheid. Ik ben niet mee teruggegaan naar haar huis.

Het zat me niet lekker, dat gesprek. De soldaten waren eropuit gestuurd om te vechten en velen hadden het met hun leven moeten bekopen. De oorlog was nog maar net voorbij en nu waren ze al verdwenen en vergeten; het water had zich boven hun hoofden gesloten. Het droeg allemaal bij tot mijn groeiende geestelijke nood.

Ik was nog niet zo lang terug toen ik thuis in Essex een raadselachtig telefoontje kreeg. Het was van een man die vertelde dat hij een Joodse gevangene was geweest in Auschwitz III-Monowitz. Hij was niet iemand die ik erg goed had gekend in het kamp. Hij had nooit mijn hulp ingeroepen en voor zover ik wist had ik hem ook nooit enige hulp geboden. We kenden hem bij zijn bijnaam 'Mops'. Op de een of andere manier had hij mijn ware naam achterhaald en contact met me opgenomen via het Rode Kruis. Dat verbaasde me, ik was zo behoedzaam geweest. Ik had nooit iets met hem te maken gehad en nu belde hij me op uit Parijs in een tijd dat internationaal telefoonverkeer nog iets uitzonderlijks was.

Hij vertelde me van de Joodse dodenmars. Hij zei dat hij elke dag dat ze liepen honderden schoten had gehoord en dat velen van hen waren afgeslacht. Hij had het er op miraculeuze wijze levend afgebracht. Het bevestigde wat ik had gezien, maar het was de eerste indicatie dat er mensen waren die het hadden weten te overleven. Ik noteerde zijn naam in mijn boekje als 'Merge' met een adres in Parijs. Ik heb nooit meer iets van hem gehoord, maar een week of twee, drie later stonden er plotseling vier Joodse jongens bij ons thuis voor de deur. 'Mops' had ze gestuurd. De oudste was achttien, de overige drie waren veertien. Het waren goed opgevoede jongens die uit Ilford afkomstig waren. Zij waren geen overlevenden uit het kamp maar hadden tijdens de oorlogsjaren in Engeland gewoond. Misschien hadden zij net als Susanne weten te ontsnappen op een *Kindertransport*. Ze vroegen nooit ergens om en ik kon ze eigenlijk niet helpen. We maakten een babbeltje, mijn moeder zette hun een maal voor en ze vertrokken weer, ons verbaasd achterlatend.

Hoofdstuk 18

TERUG IN DE KAZERNE in Winchester riepen de officieren me bij zich om me te vragen of ik iets te rapporteren had over mijn tijd als krijgsgevangene. En of ik dat had, maar waar moest ik beginnen? Ik deed mijn uiterste best om ze over Auschwitz te vertellen, maar voelde meteen al met mijn klompen aan dat ze het niet konden bevatten. Ze wisten in 1945 zo weinig van de concentratiekampen en voor mij was die deur dichtgeslagen. En ik kon hem niet meer open wrikken.

Ik vertelde hun wat ik kon over de slavernij, de afranselingen en willekeurige moorden, de gaskamers en de crematoria, maar nu ik terug was in Engeland klonk het allemaal zo onwaarschijnlijk en kwam ik woorden tekort. Als ze al af wisten van de werkkampen, dan wisten ze beslist niet dat geallieerde soldaten daar tewerkgesteld waren. Hun lichaamstaal toonde aan dat ze dat liever niet hoorden. Net als de mensen in mijn dorp keken ze me alleen maar glazig aan.

Veel voormalige gevangenen kregen het gevoel aangepraat dat ze onze kant hadden teleurgesteld door zich gevangen te laten nemen. Niemand zei het ooit hardop. Maar we voelden de argwaan jegens ons. In plaats van te worden gezien als slachtoffers van de dwangarbeidprogramma's van de nazi's, werd ons eerder kwalijk genomen dat we ongewild hadden bijgedragen tot de Duitse oorlogsinspanningen. We werden in elk geval niet behandeld als helden die naar huis waren teruggekeerd. Ik gaf het op en liep de deur uit.

Daarna heb ik tientallen jaren lang officieel niets over Auschwitz gezegd. Ik geloof dat ze de mannen later formulieren in de hand hebben gedrukt met de vraag of ze daarop hun ervaringen als gevangenen wilden noteren. Dat bespaarde de officieren waarschijnlijk het gevoel van onbehagen als ze die verhalen moesten aanhoren. Ik had het inmiddels achter me gelaten. We hadden gedaan wat we konden om het werk voor IG Farben zoveel mogelijk te saboteren en we hadden net zoveel geleden als wie dan ook in actieve dienst. We waren ook getuige geweest van de zwartste bladzijde uit de geschiedenis van de mensheid en hadden toen we thuiskwamen niets waarover we konden praten. Niets waar iemand iets van begreep, in ieder geval.

Ik loste één belofte aan mezelf in en schreef alles op wat ik me kon herinneren van mijn tijd in Auschwitz III-Monowitz. Ik schreef de paar namen op die in mijn geheugen waren blijven steken en noteerde de details over de omstandigheden in het kamp voor zover ik daar zelf getuige van was geweest, en vervolgens stopte ik mijn aantekeningen in een oud leren koffertje en probeerde ze te vergeten. Ik probeerde mezelf wijs te maken dat daarmee de kous af was.

Maar dat was niet zo. Er gebeurden dingen die ik niet volledig kon verklaren. Ik zag Jane nog steeds af en toe. Haar man was in de oorlog gesneuveld en ze werkte nu als assistente van een Amerikaanse admiraal die op de Amerikaanse ambassade in Londen was gestationeerd. Maar het pianospelen had ze nooit opgegeven. We hadden altijd een onstuimige vriendschap gehad, Jane en ik. Zelfs voor de oorlog zaten we elkaar al vaak in de haren, maar dat heeft onze vriendschap nooit in gevaar gebracht. Ik werd samen met haar en een grote groep vrienden uitgenodigd voor een dinertje in Londen. Het was een aangename avond, waarna het gezelschap zich verplaatste naar haar flat aan Beaufort Street, in Chelsea, waar het feest werd voortgezet, dat neem ik tenminste aan. Ik weet niet precies wat er gebeurd is.

Enige tijd later wandelde ik een politiebureau ver weg in East End, aan de andere kant van Londen, binnen. Ik was versuft, verward en doodsbang. Later bleek dat ik drie dagen van mijn leven kwijt was. Ze zeiden dat ik niet dronken was en voor zover ik wist was ik niet buiten bewustzijn geweest, maar evengoed had ik geen idee waar ik al die tijd was geweest.

Tot overmaat van ramp was ik in het bezit van een stafauto van het Amerikaanse leger. Ik weet niet hoe ik daaraan ben gekomen, maar ik neem aan dat hij toebehoorde aan een van Janes gasten. De auto was niet beschadigd, dus dat was tenminste iets. Ik maakte me zorgen, zorgen om mezelf en zorgen om anderen. Sinds ik was thuisgekomen was ik zo gespannen geweest. Als iemand me ongemerkt benaderde of me op mijn rug klopte, draaide ik me geschrokken om in de verwachting dat ik me moest verdedigen. Ik werd heel snel kwaad. Ik had zo lang zonder regels geleefd dat alles mogelijk was. Als ik in moeilijkheden verkeerde of iemand kwaad had gedaan in die drie dagen die ik kwijt was, dan kon ik me daar niets van herinneren. Dat geheugenverlies joeg me schrik aan.

Ik meldde me op het politiebureau en vertelde daar wat ik dacht dat er was gebeurd. Eigenlijk was het allemaal maar een rare toestand. Ze wisten niet wat ze met me aan moesten. Ze controleerden of iemand die aan mijn signalement beantwoordde ergens voor werd gezocht. Ik kan me voorstellen dat ze in die tijd heel wat te stellen hadden met buitenissig gedrag van teruggekeerde soldaten. Ik liet de stafauto achter voor het politiebureau en keerde in mijn eentje, geslagen en onthutst door wat me was overkomen, terug naar de kazerne.

In het begin van 1946 werd ik gedemobiliseerd. Ik keerde terug naar mijn geboortedorp en werd ook daar voortdurend lastiggevallen door mensen die stomme vragen stelden over de oorlog. Ik kon ze niet geven wat ze verlangden. De mensen waren gefascineerd door de vreemdste dingen, zoals de honkbalknuppel die uit de hemel was komen vallen. Ik had die in Leytonstone op de achterbank van mijn open auto laten liggen toen ik wat etenswaren ging inslaan. Toen ik terugkwam was hij verdwenen. Ik had altijd gehoopt dat ik zou achterhalen wie de vroegere bezitter ervan was geweest en hem zou kunnen terugbezorgen aan die familie. Ik zag het allemaal niet scherp meer. De knuppel had het overleefd, maar de eigenaar was vast en zeker gesneuveld. Daar zouden zijn dierbaren weinig troost uit putten.

Na de oorlog waren maar heel weinig van mijn vrienden teruggekeerd naar het dorp en op zo'n vertrouwde plek drukte de eenzaamheid zwaarder op me dan ooit. De argeloosheid en de blijdschap van het leven daar waren vervlogen. Voor ik vertrok zaten er nooit genoeg uren in een etmaal. Toen had het leven veerkracht. Nu was het leeg. Ik was rusteloos en voelde me steeds zwakker. Ik kreeg last van maagkrampen. Er was iets mis met me, maar ik wist niet goed wat. Ik kwam op het idee om naar Manchester te gaan en Bill Hedges op te sporen. Ik overwoog zelfs in het noorden te blijven en daar een baan te zoeken.

Uiteindelijk slaagde ik erin Bill te vinden en het was goed hem terug te zien. Hij was getrouwd en als hij met soortgelijke trauma's kampte als ik, dan zei hij daar in ieder geval niets over. We konden het niet opbrengen om tot in de details over Auschwitz te praten. Het paste niet meer in ons leven. Hij had de lange mars overleefd en was naar huis teruggekeerd, dat was iets om dankbaar voor te zijn, en we wilden allebei door met ons leven, opnieuw een plaatsje verwerven in een wereld die niets van ons begreep.

Mijn aanvallen van maagpijn werden met de dag heviger. Als ze toesloegen, werd ik op mijn knieën gedwongen, crepeerde ik van de pijn en ik kreeg er ook nog barstende hoofdpijnen bij. Ik was chronisch moe en had het gevoel dat ik elk moment in kon storten. Mijn tong was koolzwart. Ik had dringend een dokter nodig.

Die aarzelde geen moment. Ik werd met spoed naar het Koninklijk Ziekenhuis van Manchester vervoerd, waar de artsen al evenzeer met de handen in het haar stonden. Ik had malaria en pappatacikoorts gehad in de woestijn, dysenterie en schurft in Italië en God weet wat ik in Auschwitz had opgelopen. Er was daar sprake geweest van tyfus, maar dat was beslist niet de enige ziekte die in de kampen rondwaarde.

Ze controleerden mijn longen en al mijn andere organen voordat een van de professoren doordrong tot de kern van de zaak en systemische tuberculose constateerde. Hij zei dat de ziekte was uitgezaaid naar mijn keel, mijn longen, mijn maag en mijn ingewanden. Ik wist dat het ernstig was, maar het was nauwelijks verbazingwekkend na zo lang zij aan zij met de slavenarbeiders te hebben gewerkt. De chirurg vertelde me dat het een omvangrijke operatie zou zijn en dat ik maanden, mogelijk zelfs jaren, het bed zou moeten houden. Ik stond erop dat de gehele procedure me uit de doeken werd gedaan voordat ik toestemming gaf voor de operatie, dus verzamelden de artsen zich rond mijn bed en werd alles me tot in de puntjes uitgelegd.

Zolang ze mechanische termen gebruikten kon ik het gemakkelijker begrijpen. Ze zouden een flink deel van mijn ingewanden verwijderen en de overgebleven uiteinden weer aan elkaar lassen. Het was een gigantische loodgietersklus.

Toen ik na de operatie ontwaakte had ik een litteken van vijftien centimeter dwars over mijn onderbuik. Ik had verwacht dat het groot zou zijn, maar toch schrok ik ervan. Ze hadden me dichtgenaaid, maar korte tijd later was de wond weer opengegaan. Ze naaiden me steeds opnieuw dicht, maar het vlees weigerde zich te hechten en soms was het wel een jaap van vijf centimeter breed. Mijn lichaam was uitgeput. Het duurde een halfjaar voordat de wond echt goed dicht was.

Bill kwam geen enkele keer bij me op bezoek. Mijn vader is er één keer in geslaagd die tocht te maken. Ik was naar Manchester gegaan om een nieuwe start te maken, maar voornamelijk om te ontkomen aan die mensen met hun afschuwelijke vraag: 'Waar was jij in de oorlog?' Nu vocht ik voor mijn leven en was ik blij dat ik het had gehaald. Ik had me niet gerealiseerd dat het zo lang zou duren voor ik weer op de been was. In het ziekenhuis kreeg ik in elk geval de afzondering waar ik zo naar smachtte.

De gedachten aan Auschwitz verdwenen steeds verder naar de achtergrond. Ik had geen belangstelling voor de eerste golf strafprocessen wegens oorlogsmisdaden in Neurenberg van mensen als rijksmaarschalk Göring, andere militaire bevelhebbers als Alfred Jodl en Wilhelm Keitel en de overigen.

Heinrich Himmler, het hoofd van de SS, had berechting al omzeild. Kort na in mei 1945 door de Britten te zijn gevangengenomen, slechts enkele weken nadat ik naar huis was teruggekeerd, pleegde hij zelfmoord. Hij was als eerste verantwoordelijk voor de misdaden die ik had gezien, de dodenkampen en de slavenarbeid. Zijn dood ging, net als alles wat er toen gebeurde, volkomen aan me voorbij.

Het proces tegen de directeuren van IG Farben, wegens hun aandeel in de slavenarbeidprogramma's, werd nog voorbereid toen ik bezig was mij teweer te stellen tegen de tuberculose. Tegen de tijd dat ik voldoende was hersteld was dat proces al in volle gang.

Een aantal geallieerde overlevenden van E-715 hadden in 1947 beëdigde verklaringen afgelegd die door de aanklager werden ingebracht. Het was niemand gelukt mij op te sporen. Ik was nog steeds ernstig ziek, lag ver van huis in een ziekenhuis en was totaal niet op de hoogte van wat er in de wereld gebeurde. Ik was zowel geestelijk als lichamelijk niet in staat om als getuige te worden gehoord.

Na een groot aantal weken in het ziekenhuis van Manchester werd ik overgebracht naar het Baguley Sanatorium om te herstellen en te revalideren. Tb-ziekenhuizen waren destijds kwieke oorden waar frisse lucht de remedie was. Ik had een kamer voor mezelf met deuren aan weerszijden, net zoals wij in de stallen hadden, waar het bovenste en het onderste deel van de deur afzonderlijk konden worden geopend en gesloten. De bovenste helft stond altijd open en hetzelfde gold voor de ramen, ongeacht het weer of het seizoen. 's Avonds werden ze iets meer gesloten, maar het maakte weinig verschil. Er lag een rubberen dekzeil over de dekens als bescherming tegen de regen en in de winter veegden ze met een stoffer en blik regelmatig sneeuw van mijn bed. Eigenlijk was de kamer niet veel meer dan een dak zonder echte muren, zodat de wind en de sneeuw er vrij spel hadden. De dekens waren bedoeld om me warm te houden, maar zelfs onder de dekens was het uitgesproken kil.

Dat ik daar moest verblijven was nog tot daaraan toe. Waar ik pas echt de pest aan had waren die twee injecties in de spieren van mijn achterste die ik dagelijks kreeg. Toen dat achter de rug was kreeg ik orale medicatie die je zou kunnen gebruiken om verf van de muren te stropen. Misschien was dat de reden dat er helemaal geen muren waren.

Aan het einde van 1947 was ik eindelijk voldoende hersteld om te worden ontslagen. Ik had meer dan achttien maanden in het ziekenhuis gelegen. Korte tijd later, op 8 december, nam mijn vader contact met me op om te zeggen dat mijn moeder ernstig ziek was en dat ik maar beter onmiddellijk naar huis kon komen. Ik ging rechtstreeks naar het station van Manchester en raakte overstuur omdat ik hoorde dat er pas over zes uur een trein naar Londen ging. Toen die eindelijk vertrok, was het nog een lange trage reis. Vervolgens moest ik in Londen overstappen op een andere trein naar het dorp. Uitgeput en laat op de avond kwam ik aan. Mijn moeder was al gestorven.

Toen ik van de oorlog naar huis terugkeerde had ik al voorvoeld dat het niet goed met haar ging. Haar goudblonde haar, dat haar deed lijken op een vrouw uit een schilderij van Titiaan, was grijs geworden. Ze had de tol voor onze oorlog betaald.

Mijn vader had haar meegenomen naar Epping om boodschappen te doen. Ze was gaan zitten om andere schoenen aan te doen en was van de kruk gevallen. Hij bracht haar meteen naar het ziekenhuis, maar ze konden weinig meer uitrichten. Een paar uur later was ze overleden. Ze had een hersenbloeding gehad. Ze was een geweldige, liefdevolle vrouw en pas negenenvijftig toen ze stierf.

Na de begrafenis besefte ik dat er eigenlijk niets meer was dat me aan North Weald bond en ik vertrok voorgoed uit het dorp van mijn jeugd om terug te keren naar het noordelijker gelegen Manchester, vastbesloten te proberen daar een toekomst voor mezelf op te bouwen.

Het duurde nog een tijdje voor ik een baan had gevonden. Veel bedrijven zeiden dat ik te hoog geschoold was en door mijn zuidelijke accent viel ik natuurlijk uit de toon. Er waren toentertijd in het noorden behoorlijk wat vooroordelen tegen jongens uit het zuiden en vice versa.

Ik was altijd een praktisch mens geweest. Ik had de pantserwagen aan de gang gehouden in de woestijn en ik was voor de oorlog gewend aan auto's en motorfietsen te sleutelen, dus kocht ik wat gereedschap en kreeg een baan als onderhoudsmonteur bij een bedrijf met een merkwaardige naam. Het heette de Winterbottom Book Cloth Company en was gevestigd in Weaste, Manchester. Het was een beginnetje. Ze fabriceerden – zoals de naam al doet vermoeden – boekbinderslinnen en een vreemd stijf materiaal dat bekendstond als imperiaal tekenlinnen en dat werd gebruikt om technische tekeningen op te maken.

Korte tijd later ontmoette ik een meisje dat Irene heette. Ze was een echt feestbeest, uitgelaten en licht ontvlambaar. We trouwden heel snel en trokken in bij mijn schoonmoeder in Burnage, Manchester-Zuid, totdat we een woning voor onszelf hadden gevonden.

Acht maanden later had ik een mazzeltje op mijn werk en de kans om me in gunstige zin te onderscheiden. De stoommachines die bijna alles in de Winterbottom-fabriek draaiende hielden waren kapotgegaan en de toekomst van het bedrijf was in gevaar.

De bedrijfsleider, die in die dagen almachtig was, belde de stoommachinemonteurs van Bolton, maar het zou dagen of zelfs weken duren voordat zij konden komen.

Ik zei dat ik ze kon repareren als ik de kans kreeg. Ze mochten me graag maar vonden me wel een beetje vreemd. Dat kon best kloppen, want ik was in die tijd nog steeds niet helemaal mezelf. De bedrijfsleider zei dat het belachelijk was om te denken dat ik zo'n ingewikkeld stuk machinerie kon repareren. Wat ze niet wisten, was dat ik voor de oorlog Sir Oliver Lyle had geassisteerd bij zijn experimenten om de efficiëntie van stoommachines te verhogen toen ik werkzaam was bij de suikerfabriek Tate & Lyle. Daar had ik het een en ander opgepikt.

Ik had een goede reden om het erop te wagen, maar het bleef een gok. Ze wisten dat ik goed met gereedschap overweg kon en uiteindelijk besloten ze dat ze niets te verliezen hadden. Ik wist dat het een geweldige klus was. Ik moest een vijftigtonskrukas op een hydraulische stellage omhoog krijgen, de lagers eruit halen, die provisorisch omvormen en vervolgens op een draaibank bijwerken. Ik bracht ze terug in positie en schuurde ze glad. Na zesendertig uur onafgebroken doorwerken kreeg ik de motor weer aan de gang. Ze sprongen een gat in de lucht; ik was opgelucht.

Ik had ze tienduizenden ponden bespaard. Mijn succes viel op bij de directie en ik kreeg promotie en een nieuwe baan bij een bedrijf dat deel uitmaakte van dezelfde houdermaatschappij.

Het bedrijf heette UMP en ik zou daar hoofdmonteur worden. Eindelijk zat het me mee; eindelijk kon ik mijn vaardigheden inzetten en werd ik gecompenseerd voor de opleiding die ik door de oorlog had misgelopen. De succesvolle naoorlogse jaren waren begonnen.

Thuis was ik minder gelukkig. Irenes uitbundige temperament zou misschien voor de oorlog nog bij me hebben gepast, maar ik merkte al snel dat ik veranderd was. We pasten niet goed bij elkaar. Overdag werkte ik en boekte ik steeds meer succes en 's nachts had ik het nog steeds vreselijk zwaar. In die problematische jaren daalden de nachtmerries die in de uren van duisternis boven mijn hoofd hadden gehangen als een dikke en verderfelijke wolk op me neer.

Ik kon er met haar noch met iemand anders over praten. Ze kon het niet begrijpen; in die dagen begreep niemand het. Zodra mijn hoofd het kussen raakte keerden de demonen terug. Ik werd bang om te gaan slapen. De jongen die werd doodgeslagen was niet de enige die terugkeerde in mijn nachtmerries. Zo waren er ook de gezichten van andere gemartelde Joodse gevangenen – onsamenhangende beelden die opdoken en voor mijn ogen versmolten. Talloze keren tijdens de nacht kwam ik bij bewustzijn als een duiker uit een onderwaterspelonk, verward en snakkend naar adem. Mijn hart ging als een razende tekeer en ik baadde in het zweet.

Ik kon nergens naartoe om hulp te vragen en in die tijd zou ik mezelf trouwens toch niet hebben toegegeven dat ik hulp nodig had. Dat gold voor ons allemaal. Mijn arme vrouw kon het niet begrijpen, niemand had haar op iets dergelijks voorbereid, en het vergde veel van haar.

De herinnering aan de dood van Les achtervolgde me nooit en dat gold al evenmin voor de talloze moorden waarvan ik getuige was geweest. Ik droomde niet over de man die ik met eigen handen had gedood in de woestijn, maar het gevoel van al die momenten droeg ik altijd wel ergens met me mee. In plaats daarvan droomde ik voortdurend over de Joodse gevangenen. Die herinneringen verdrongen al het andere.

Nog erger was dat ik droomde van de uren in Auschwitz III. De weerzinwekkende geuren overspoelden me in de slaapkamer, ik hoorde dat voortdurende onsamenhangende gebrabbel in de nacht, voelde opnieuw hoe het was om op die brits te liggen. Ik lag verstopt in dat duistere en verschrikkelijke oord waaruit ontsnappen onmogelijk was. Ik wist dat het minste gerucht me zou verraden. Ik kon geen adem halen en me niet bewegen, ik moest muisstil blijven; mijn leven hing ervan af.

Ik had die droom al vaker gehad, maar ditmaal was het angstwekkender. Ik stond op het punt om te worden ontdekt en alleen stilte, absolute stilte, kon een ramp voorkomen. Toen de droom zijn afgrijselijke apotheose naderde, begon Irene, die naast mij lag te dromen, in haar slaap te roepen.

Ik moest dat geluid stoppen, anders zou ik worden gepakt en gedood. Nog steeds in mijn slaap sprong ik boven op haar, in een wanhopige poging het lawaai te smoren. Het duurde nog seconden voor ik wakker werd en besefte waar ik mee bezig was: ik had mijn handen om haar keel. Ik zat daar op de rand van het bed, terwijl het zweet van mijn gezicht droop en ik wist dat ik haar pijn had gedaan. Ze kon nauwelijks een woord uitbrengen en ze had nog dagenlang rode striemen in haar nek. Het was een verschrikkelijk, afschuwelijk moment. Ik had de bodem bereikt. Er moest iets gebeuren.

De volgende dag ging ik naar de dokter en naar de politie om te vertellen wat er was gebeurd. Ik was me rot geschrokken en er zat niets anders op. Ik wist dat ik, nadat ik in Londen aan geheugenverlies had geleden, een ongeleid projectiel was en toen was ik ook naar de politie gegaan. Dit was erger, veel erger.

Ik dacht dat ik gevaarlijk begon te worden en ik had het niet erg gevonden als ze me hadden opgesloten. Deels wilde ik dat zelfs. Dat zou voorkomen dat er nog ergere dingen konden gebeuren. Ze hoorden me aan maar reageerden heel afwijzend. Ze namen me geen moment serieus.

Aan de dokter had ik ook weinig; die stuurde me naar huis met een handvol pillen. Ik weet niet wat het waren. Lang voordat iemand het had over het posttraumatische stresssyndroom leefde ik in de ban ervan. Ik voelde me er volkomen verlaten mee. Ik had geen idee dat talloze anderen met dezelfde aandoening kampten. Ik had mezelf nooit de slachtofferrol toegestaan, dus dat ik nu het slachtoffer was van mijn eigen geest was onvoorstelbaar.

Ik wist dat ik de pijn en de wanhoop op de een of andere manier moest zien in te perken. Ik moest mezelf genezen. Geestkracht had me door de oorlog, de kampen en de lange mars geholpen. Ik had mezelf voorgehouden dat ze mijn geest nooit konden vangen, maar nu had mijn geest me in zijn greep en ik werd erdoor verteerd. Ik moest mezelf zien te herpakken.

Ik ging op judo omdat die tak van sport me fascineerde. Het vormde een brug van de krijgshaftige tradities waarmee ik was opgegroeid, het boksen en het militaire leven, naar iets boeienders. Boksen had zeker te maken met strategie en behendigheid, maar nu leerde ik hoe ik de kracht en de woede van een tegenstander tegen hem kon gebruiken. Ik hoefde niet weg te duiken en te stoten, ik hoefde alleen maar zijn draaipunt zien te vinden en hij zou neergaan. Ik trainde tot ik de zwarte band had behaald en de filosofie stond me aan. Ik vond het een prettig idee dat je je pijngrens kon verleggen. De geest is een wonderbaarlijk instrument. Hij had het me mogelijk gemaakt de dingen te doen die ik had gedaan, maar kon ik mezelf ook genezen?

Ik zou dolgraag het boeddhisme en oosterse religies hebben bestudeerd, maar destijds deden we dat soort dingen niet. Mijn dagtaak was behoorlijk veeleisend en waarschijnlijk zou het toch niets voor mij zijn geweest. De reis terug naar een betere gezondheid nam jaren, tientallen jaren zelfs, in beslag. En het was beslist geen praattherapie waar ik me op verliet, integendeel zelfs. Ik hulde me in nog dieper stilzwijgen over de oorlog en alles wat ik had gedaan en gezien. Het was voorbij en begraven en het had geen plaats meer in mijn leven. Ik moest verder.

Onze ervaringen als krijgsgevangenen pasten slecht bij de algemene stemming. De mensen wilden verhalen horen over stoutmoedige ontsnappingspogingen, niet over dwangarbeid. Dus legden de films over de krijgsgevangenkampen de nadruk op de officieren die niet verplicht waren te werken. De ervaringen van de meerderheid van gewone gevangenen werden genegeerd en onder het tapijt geveegd. Ze wilden helden en gewonnen veldslagen, geen nederlagen of smadelijke gevangenneming. Ze wilden momenten van glorie, geen langdradige verhalen over beproevingen, hoe hels die ook waren. Wij hadden onze rol gespeeld en waren vervolgens, in die eerste naoorlogse jaren, onzichtbaar geworden.

Geleidelijk aan kreeg ik de ergste nachtmerries op de een of andere manier onder controle. Helemaal weg lukte me niet, maar ze beheersten in ieder geval niet langer mijn leven. Ik had altijd een voorliefde gehad voor snelle auto's en dus begon ik aan autoracen, op zoek naar die levensbevestigende adrenalinestoot. Ik sloot me aan bij een club die bijeenkwam in Oulton Park en we raceten regelmatig met onze eigen opgevoerde Jaguars. Het leven begon weer contouren te krijgen. Ik reed altijd met grote snelheid, zelfs op de openbare weg en ongeacht de weersomstandigheden, moet ik toegeven. Het dagelijks leven was traag en saai. Ik had die adrenaline nodig, die hielp me bij het onderdrukken van mijn herinneringen.

Toen de jaren verstreken en buitenlandse reizen meer in zwang raakten ging ik naar Spanje. Vier keer heb ik tijdens het San Fermín Festival met de stieren door de straten van Pamplona gerend. Ik kreeg de smaak te pakken en hulde me voor die gebeurtenis in een wit overhemd en een witte broek, gecompleteerd door de traditionele rode halsdoek en ceintuur. Ik was altijd al een ontzettende uitslover geweest, en het gaf een geweldige kick. Ik ging al scubaduiken in de Rode Zee lang voordat dat populair werd.

Niet al mijn activiteiten waren zo riskant. Ik ging weer paardrijden, kocht vier paarden en werd een vaste deelnemer aan een drie dagen durend evenement, waarin ik meedeed op de nummers dressuur, springen en crosscountry. Ik slaagde erin deel te nemen aan een aantal safari's te paard in Afrika. Dus ja, na de oorlog had ik een goed leven. Meer had ik er niet uit kunnen halen. Toentertijd had ik geen moment het gevoel dat ik ergens voor op de vlucht was. Ik dacht dat Auschwitz was verwerkt en vergeten, dat ik eroverheen was, maar al die tijd droeg ik het nog steeds met me mee.

Ik kon nooit met mijn rug naar een deur zitten; dat kan ik nog steeds niet. Ik ben altijd waakzaam en paraat. Ik vind het vreselijk om het koud te hebben of voedsel te verspillen. Dat stamt allemaal uit die jaren. De nachtmerries waren inmiddels niet zo extreem of frequent meer, maar weg waren ze niet.

Voor de buitenwereld ging alles geweldig. Ik had een groot huis in Bramhall, Cheshire, een grote tuin met een tennisbaan en duizend rozen in de bloembedden, maar echt gelukkig was ik thuis niet. Irene en ik hadden heel weinig gemeen. Ik respecteerde haar, maar we pasten totaal niet bij elkaar. We ontwikkelden ieder een grote eigen kennissenkring en groeiden steeds verder uit elkaar, wat uiteindelijk uitmondde in een scheiding.

Mijn vader overleed in 1960. Zijn dierbaarste en trotse bezit was een enorme bibliotheek van prachtige in leer gebonden boeken over van alles en nog wat die hij in de loop der decennia had verzameld. Ik kon ze niet naar huis brengen in Manchester, dat was een hele reis in die tijd, en ik had er trouwens toch geen plaats voor. Ongeveer een week later bezocht een aantal kooplieden uit Londen het huis in Essex. Ze wilden een bod doen op de boedel.

Ze scharrelden rond, deden er lacherig over en noemden toen een bespottelijk laag bedrag voor de boekenverzameling. Dat was de limit. Ik zette ze het huis uit. Ik stapelde de boeken op in de tuin op een veilige afstand van het huis en verbrandde de hele zooi, samen met zijn prachtige mahoniehouten bureau. De boeken waren van hem en hoorden daar thuis, waar ze altijd al waren geweest. Ze behoorden niemand anders toe. Het vuur brandde drie dagen en drie nachten. Ik trok op het laatste moment één boek uit de vlammen, gooide dat achter in de auto en reed naar huis.

Rond die tijd werd er bij me thuis ingebroken. Er werden een heleboel waardevolle spullen ontvreemd, klokken, horloges, zilveren schalen, en ook het oude leren koffertje met mijn opgekrabbelde aantekeningen over Auschwitz. Ik had er jaren niet aan gedacht en sinds ik ze had opgeschreven, had ik ze nooit meer gelezen. Het was een zwaar koffertje en het zat altijd op slot, dus het zag er belangrijk uit maar had geen enkele waarde behalve voor mij. Destijds was ik te zeer bekommerd om mijn dure spullen die waren verdwenen om me druk te maken over de versleten koffer en mijn met de hand geschreven aantekeningen.

Als hoofdmonteur was ik uitgegroeid tot een tamelijk hoge piet binnen het bedrijf, zodat de nieuwe bazen bij Venesta, toen dat in 1961 werd overgenomen, me wilden lozen. Ik sloeg een aanbod voor een baan in Londen af en werd in plaats daarvan afdelingsmonteur bij de Cheshire Sterilised Milk Company. Ik was hard bezig de verloren jaren in te halen. Ik had weer een manier gevonden om de zaak onder controle te houden, ongeacht wat zich in mijn innerlijk afspeelde.

Alles veranderde toen ik Audrey ontmoette. Toen wist ik wat ik al die tijd had gemist. Ze vulde een leemte in mijn leven en heeft dat sindsdien altijd gedaan. Op mijn werk nam ik verantwoordelijkheid, nam beslissingen, zat anderen achter hun vodden en hield de teugels tamelijk strak. Als ik naar foto's uit die tijd kijk, zie ik een zelfverzekerde man van middelbare leeftijd, met alle attributen die op een succesvolle loopbaan duiden: snelle auto's, een ruime woning, paarden en grote honden..

De man die Audrey ontmoette was volgens haar heel iemand anders. Ze zei dat ik voortdurend een verloren indruk maakte, alsof ik naar iets op zoek was. Ze bespeurde een droefenis die ik mezelf niet had toegegeven en waarvan ik hoopte dat niemand die in de gaten had. In haar herinnering had ik een mager gezicht en waren mijn ogen altijd op de grond gericht. Ze wist dat er iets aan de hand was. Ze had gelijk, zoals meestal. Ik was niet helemaal normaal. Ze had zo'n vermoeden dat het iets met Auschwitz te maken had, maar meer ook niet. Ik was verbaasd dat ze zoveel doorzag. Audrey heeft me geholpen mijn geestelijke gezondheid terug te vinden. Sindsdien is ze altijd mijn reddingsboei geweest.

Er was nog iets wat ik aan de oorlog had overgehouden. Met mijn gewonde oog ging het steeds slechter. Ik had ermee te kampen gehad sinds ik de klap in mijn gezicht had gehad na die SS'er te hebben uitgedaagd. Mijn gezichtsvermogen veranderde dan zonder voorafgaande waarschuwing. Grote voorwerpen verschrompelden tot er niets van over was voor mijn ogen of het waren er opeens twee. Ik moest cricket en tennis opgeven. Ik kon niet meer beoordelen waar de bal was en, wat nog erger was, ik kon de bouwtekeningen tijdens vergaderingen niet meer lezen. Het werd steeds ernstiger en behandeling was geboden.

Audrey en ik waren toen nog niet helemaal samen, maar het was zaterdag en ik had afgesproken dat ik boodschappen met haar zou gaan doen nadat ik een bezoek had gebracht aan de oogarts. Maar dat mocht niet zo zijn.

De specialist deed een paar onderzoekjes, scheen met felle lampjes in mijn oog en bekeek het door een aantal optische instrumenten. Toen hij klaar was vertelde hij wat me scheelde. Het was geen goed nieuws.

In de verwonding aan mijn oog was een kankergezwel ontstaan en dat bedreigde meer dan mijn gezichtsvermogen. Als ze niet binnen twee dagen opereerden zou de kanker zich naar mijn hersenen uitbreiden en was ik ten dode opgeschreven. Om één uur belde ik Audrey om haar het slechte nieuws te vertellen. Ik mocht het ziekenhuis niet meer uit en ze bereidden me voor op een operatie die op maandagochtend zou worden uitgevoerd.

Mijn oog moest worden verwijderd en vervangen door een glazen oog. Toen ik die schok eenmaal had verwerkt, vroeg de chirurg of ik wilde deelnemen aan een experiment dat hun inzicht in de werking van het oog en de daarmee verbonden zenuwen zou kunnen verdiepen. De chirurg vertelde me dat hij een collega had gevraagd uit Stockholm over te komen om er getuige van te zijn. Ze zouden de zenuwen van mijn oog doorsnijden onder plaatselijke in plaats van onder algehele verdoving. Ik moest hun tijdens de operatie vertellen wat ik ervoer.

De dag van de operatie brak aan. Ik sloot mijn goede oog en keek voor de laatste maal met mijn aangetaste oog op de klok.

Het was precies elf uur in de ochtend toen ze me, geheel bij bewustzijn maar een beetje versuft, de operatiezaal in reden.

Ik werd op een tafel gelegd met felle lampen erboven en het experiment begon. Ik kan me niet herinneren echt pijn te hebben gehad, maar ik weet nog wel dat de chirurg steeds dieper met zijn scalpel in mijn oog sneed. 'Kun je iets zien als ik dit doe?' vroeg hij.

'Nee, geen verschil,' zei ik.

Hij sneed wat dieper. 'En nu?' vroeg hij en zo ging het door.

Er waren andere subtiele bewegingen van zijn hand, die even zorgvuldig bewoog als die van een horlogemaker, en toen werd alles zwart voor mijn rechteroog. Het was net alsof er een zware munt bovenop was gelegd. Het zicht was voorgoed uit mijn rechteroog verdwenen en ik had vormelijk commentaar gegeven terwijl dat plaatsvond. Wat er daarna gebeurde weet ik eigenlijk niet meer; ik werd waarschijnlijk volledig verdoofd zodat ze het oog helemaal konden verwijderen.

Ik kwam bij en was opgelucht dat ik kon zien met mijn goede oog. Ik was inmiddels zover hersteld dat ik me niet herinner daar bijzonder morbide gevoelens over te hebben gehad, hoewel Audrey het er erg moeilijk mee had.

Als beloning voor mijn medewerking bij de operatie mocht ik mijn voordeel doen met een andere experimentele procedure. Ik zou de drager worden van het eerste beweegbare glazen oog. De spieren zouden worden bevestigd aan een ringetje achter in de oogkas en dat zou op zijn beurt worden bevestigd aan het kunstoog, waardoor mijn oog deels meebewoog met het goede oog.

Toen was dat iets heel futuristisch. Wat er daarna kwam niet. Ze propten mijn oogkas vol met plasticine om een mal te maken en gaven me een tijdelijk glazen oog, dat niet leek op mijn andere oog. Een poosje later werd ik naar het kleine atelier van een kunstenaar gestuurd. Een jonge vrouw deed open, we wisselden wat beleefdheden uit en toen liet ze me plaatsnemen alsof ze van plan was mijn portret te schilderen. Ze keek me langdurig en doordringend aan en haalde toen een blank glazen oog, een paar kleine potjes verf en flinterdunne penselen tevoorschijn. Als een kunstschilder die werkt aan een camee, mengde ze de kleuren om elk vlekje en elke kleurschakering vast te leggen. Ze deed het geweldig en het paste beter dan de vele ogen die later met veel geavanceerdere technieken werden vervaardigd.

De meeste mensen weten niet dat ik een glazen oog heb, totdat ik er met een theelepeltje tegenaan tik om het te bewijzen. Zo af en toe haal ik het er nog wel eens uit en een enkele keer laat ik het per ongeluk naast mijn gehoorapparaat op de toilettafel liggen. Audrey zegt dat daar 's avonds soms zoveel losse onderdelen van mij bij elkaar liggen dat ze maar beter daar kan gaan slapen. Gewoonlijk doet ze er ook nog een denkbeeldig houten been bij om het extra hilarisch te maken.

Toen ontving ik in juni 1966 een brief met een cheque ter compensatie van wat op het bijgevoegde briefje 'nazivervolging' werd genoemd. De cheque was uitgeschreven voor een bedrag van in totaal 204 pond en was getekend door de Algemene Betaalmeester. Ik was ontzet en verontwaardigd. We hadden nooit het gevoel gehad dat de overheid ons juist had behandeld en dit bevestigde dat.

Het duurde een flinke tijd voor de jaren van onbesuisd leven voorbij waren en dat gebeurde met een schok. Ik had een revolutionair nieuw compact persprocedé ontwikkeld om op efficiëntere wijze aluminium tandpastatubes en voedselverpakkingen te vervaardigen. Het was mijn eigen project en ik had al mijn geld erin gestoken. De uitdaging vond ik fascinerend, maar ik besteedde te weinig aandacht aan de contracten en de kleine lettertjes. Het ging mis en ik verloor alles. Rond diezelfde tijd raakte mijn aandelenpakket in een vrije val en was er een einde gekomen aan de vette jaren. Ik kon totaal niet met geld overweg.

Ik had nog steeds één groot project op mijn lijstje staan. Associated Dairies, dat was uitgegroeid tot de gigantische detailhandelsketen ASDA, vroeg me een fabriek te bouwen in de buurt van

Newcastle om lang houdbare en gesteriliseerde melk te produceren. Daar ging ik op in. Ik kocht het land, onderhandelde met de plaatselijke autoriteiten en ontwierp en bouwde wat de eerste volautomatische fabriek van dit type in Engeland zou worden. Hij werd geopend door prins Charles en het was een passend en ook nog goed gedijend einde van mijn loopbaan, waar ik trots op was.

Ik was begonnen me op mijn pensionering voor te bereiden. Audrey en ik wilden niemand geld schuldig zijn, dus verkochten we wat we hadden en trokken weg uit Cheshire. We kochten een kleiner huis aan de rand van het dorpje Bradwell in Derbyshire, dat omringd wordt door velden. Het is een plaatsje waar oude uit opgestapelde stenen opgetrokken muurtjes de groene heuvels en valleien doorschieten. Zij flankeren het pad achter het huis, dat zich stijgend en dalend langs een gapende grot slingert tot het de hoofdweg buiten het dorp bereikt. Het is een plek waar wij de seizoenen eerder ondergaan dan voorbij zien trekken. Het is beurtelings uitbundig groen en kleurloos grauw. Het is het beste en het gelukkigste thuis dat ik ooit heb gekend.

Hoofdstuk 19

DE STILTE DUURDE VOORT. Audrey wist niets van de feiten uit mijn tijd in E-715, van mijn heimelijke uitstapje naar Auschwitz of zelfs van Ernst. Als mij ernaar werd gevraagd, weigerde ik erover te praten. Het hoorde niet thuis in ons naoorlogse leven. Het bleef achter slot en grendel.

Er was niemand die het hoefde te weten en er was maar weinig gelegenheid om erover te praten. Als mensen ernaar vroegen kon ik geen antwoord geven. Ik was geen echte overlevende van de Holocaust. Ik was getuige geweest van enkele van de grootste misdaden tegen de mensheid, maar ik was er niet aan blootgesteld. Dus wat konden wij daarover zeggen? Waar pasten wij in? Ernst was inmiddels een van de vele uitgemergelde gezichten in mijn geheugen geworden, een van de mannen wiens dood wellicht nooit door iemand zou worden herinnerd.

Toch broeide er iets. Niet in mij, toen nog niet, maar in de buitenwereld. De mensen waren inmiddels goed op de hoogte van de Holocaust, de gaskamers en de crematoria. Die verschrikkelijke beelden van de concentratiekampen begonnen al jaren eerder te verschijnen in documentaires. Kijkers waren gewend geraakt aan die beelden en waren opgehouden de slachtoffers te zien als individuen, als mensen.

Nu was dat anders. De aandacht verschoof van de gaskamers naar de slavenarbeidprogramma's van de nazi's zelf. Ik wist dat de slachtoffers die ik had gezien veel minder dan slaven waren. Een slaaf had een zekere waarde voor zijn meester, terwijl het werk dat die mensen waren gedwongen te doen op plaatsen als IG Farbens Buna-Werke voornamelijk deel uitmaakte van een moordsysteem. Radio- en televisieverslaggevers begonnen zich te concentreren op hun ervaringen.

In september 1999 las ik een artikel in *The Times* over een Joodse overlevende van de Buna-fabriek in Auschwitz, die nu Rudy Kennedy heette, maar was geboren als Karmeinski. Hij was diverse keren op de radio en op televisie geweest en voerde actie voor compensatie voor de slachtoffers van de slavenkampen van de nazi's. Hoe vreemd het ook mag klinken, ik raakte in de ban van de gedachte dat ik hem misschien had gekend en dat we wellicht zij aan zij voor IG Farben hadden gewerkt. Ik probeerde via de krant met hem in contact te komen, maar hoorde verder niets.

Enkele overlevenden gaven nu als nimmer tevoren uiting aan hun woede. Dat begon effect te sorteren. In augustus 2000, na jarenlang touwtrekken, riepen de Duitse overheid en de belangrijkste maatschappijen de Stiftung Erinnering, Verantwortung und Zukunft in het leven, met tien miljard D-mark om de slaven en dwangarbeiders en andere slachtoffers van de nazi's schadeloos te stellen.

Wij werden overgehaald een aanvraag in te dienen en ik leverde mijn formulier op tijd in bij de Internationale Organisatie voor Migratie, een van de groeperingen die de uitkeringen regelden. Ze hadden bijna twee jaar nodig om mijn aanvraag en die van alle geallieerde gevangenen uit E-715 af te wijzen. Het geld kon me niet schelen, het was het gebrek aan erkenning van het gebeurde dat me ergerde. Opnieuw werden onze oorlogservaringen niet erkend. Ik schreef een vlammend bezwaarschrift en moedigde de andere betrokkenen aan hetzelfde te doen.

Er volgde een periode van intense activiteiten en bozebrievenschrijverij. Ik overspoelde parlementsleden, de minister van Defensie en zelfs premier Tony Blair met brieven. Ik was vastbesloten de wereld te laten weten dat geallieerde krijgsgevangenen gedwongen waren geweest, soms onder verschrikkelijke omstandigheden, dwangarbeid te verrichten. Het was geen kwestie van de oorlog uitzitten en wachten tot we zouden worden bevrijd. Ook wij waren dwangarbeiders geweest.

Ik wilde vooral dat de Engelse overheid het een en ander te weten kwam over E-715, een kamp dat zo dicht bij Auschwitz lag dat we hetzelfde werk hadden moeten verrichten. Ik vond dat wij op zijn minst recht hadden op een vergoeding gelijkwaardig aan die welke de gevangenen uit het Verre Oosten ontvingen die in de jappenkampen hadden gezeten. Enige tijd later lag er een cheque bij me op de mat afkomstig van het IOM, ten bedrage van vijfduizend pond. Ik was blij dat mijn bezwaarschrift bij de Duitse uitkeringsinstantie resultaat had gehad, maar veel van de mannen waren opnieuw afgewezen. Dat vond ik onrechtvaardig.

Voor het eerst sinds 1945 hield ik me echt met de oorlog bezig, maar mijn geheugen had ik nog steeds niet geraadpleegd waar het mijn eigen belevenissen betrof. Het Imperial War Museum stuurde iemand naar me toe om met me te praten. Ik weet niet hoe deze vrouw het heeft geflikt, maar ze deed het geweldig. Op de een of andere manier kreeg ze me aan het praten. Dat kan niet gemakkelijk zijn geweest. Ik kletste haar de oren van het hoofd. Voor het eerst deed ik mijn best om het terug te halen uit mijn geheugen. Er waren dingen waarover ik nooit eerder met iemand had gesproken en ik weet zeker dat ik af en toe wat feiten door elkaar gooide, maar de eerste stap had ik gezet. Eindelijk sprak ik erover. Toen de vrouw die mij had geïnterviewd weg was, drong tot me door dat ze nog niet eens de helft had gehoord. Dit was nog maar het begin.

Op een dag stond er een vreemde bij ons voor de deur. Het was mooi weer, wat in Derbyshire betekent dat het niet regende, en ik scharrelde wat rond in huis. Er werd aangebeld en toen ik opendeed stond daar een man die zei dat hij officier in het leger was, hoewel hij in burger was. Hij kwam binnen en nam plaats op de bank. Hij vertelde dat hij voor de veteranenorganisatie Combat Stress werkte, vervolgens gooide hij het kopje thee om dat Audrey voor hem had ingeschonken, wat een reusachtige vlek op de nieuwe vloerbedekking veroorzaakte. Ik stelde hem op zijn gemak en hij legde uit dat zijn organisatie voormalige soldaten hielp met het verwerken van hun oorlogstrauma's. Hij vroeg of ik hulp nodig had. Mijn antwoord was kort: 'Je komt zestig jaar te laat, maat,' zei ik.

Ik keek naar de rang op zijn visitekaartje en vervolgens gaf ik hem nog een uitbrander. Voor zover ik kon nagaan had hij nooit een oorlog meegemaakt, dus wat wist hij ervan? Ik wond er bepaald geen doekjes om. Ik hoop dat ik niet al te grof was. Wij soldaten waren gedemobiliseerd met een goedkoop kloffie en nog niet eens een bedankje. Ik had de jaren van nachtmerries en geestelijke nood in mijn eentje doorstaan en nu, nu ik in de tachtig was, kwam er iemand hulp aanbieden. De meesten van mijn wapenbroeders waren al dood.

Noch de overheid noch het leger had zich na de oorlog om iemand bekommerd. Zo ging dat toen. De familie kon de scherven oprapen of niet. Ik kon de nachtmerries niet volledig tegenhouden, maar in ieder geval beheersten ze mijn leven niet meer. De man van Combat Stress vertegenwoordigde noch de overheid noch het leger en hij probeerde te helpen, de arme kerel. Later had ik medelijden met hem. Ze doen uitstekend werk.

In 2003 kwam er echt verandering in, toen mij werd gevraagd als gast op te treden in een lokaal radioprogramma om over de oorlogspensioenen te praten. Ik zat daar in de studio en werd geïnstrueerd om over de War Pensions Welfare Service te spreken. Het rode lampje dat aangaf dat we live in de lucht waren brandde.

Het programma werd rechtstreeks uitgezonden. Behalve ik waren er twee andere gasten, mijn microfoon stond aan en ik wist wat ik moest zeggen. Toen stelde de presentator plotseling een geheel andere vraag. Hij vroeg me naar mijn ervaringen in dienst.

Zoals ik gewend ben, begon ik bij het begin. Opeens sprak ik voor het eerst in heel persoonlijke termen over de oorlog. Ik begon langzaam, maar toen het allemaal terugkeerde in mijn geheugen schoten me vreemde Duitse termen te binnen. Op zeker moment vroeg de presentator me een Duitse uitdrukking die ik had gebezigd te vertalen zodat de luisteraars zouden begrijpen wat ik bedoelde.

Al snel had ik mijn herinneringen op een rijtje en veranderde ik in een spraakwaterval. Ik zou me nooit meer de mond laten snoeren.

Ik vertelde het verhaal ongeveer net zoals ik het hier heb neergeschreven, totdat ik toekwam aan de beschrijving van Auschwitz en hoe ik van de vroege ochtend tot de late avond zij aan zijn met de Joodse gevangenen had geploeterd. Dat was iets anders. Mijn stem begon te breken, de gevoelens welden in me op en ik kon mijn relaas onmogelijk vervolgen. Er viel een lange stilte. Ik was daar weer terug en moest zoeken naar woorden. Ik wist me te herstellen, ging verder met een minder beladen deel van mijn verhaal en wachtte even tot ik was gekalmeerd. Toen vervolgde ik mijn relaas van de beproevingen. Ik beschreef de weerzinwekkende stank uit de schoorstenen van de crematoria. Ik kon die geur proeven terwijl ik sprak. Opnieuw kreeg ik het te kwaad. De andere gasten zwegen, de presentator hoefde nauwelijks vragen te stellen. Ik vertelde hem dat ik eraan gewend raakte om elke dag te zien hoe mannen dood werden getrapt. Ditmaal was er echt iets in me losgeraakt. Ik was in staat erover te praten zoals nooit tevoren; dit was nieuw voor me. Die uitzending was het begin van vele andere vraaggesprekken. Oude herinneringen kwamen steeds meer terug, nu viel er niets meer te verdringen. Ik was ontketend.

Ik schreef een brief aan Les Allen, de honorair secretaris van de Nationale Bond van Ex-krijgsgevangenen en bracht hem op de hoogte. Korte tijd later stuurde Les Rob Broomby, een verslaggever van de BBC, naar me toe. Hij had onderzoek gedaan naar het verhaal over de Britse gevangenen die vlak bij Auschwitz in een kamp hadden gezeten. Hij had ook gewerkt aan heel wat van die vroege verslagen over de Joodse slavenarbeiders en de Duitse firma's. Hij was kort tevoren teruggekeerd uit Berlijn, waar hij correspondent voor de BBC was geweest. Ik had waardering voor zijn aanpak. Hij was realistisch en respectvol. Hij begreep het.

Rob zou in meerdere opzichten deel gaan uitmaken van dit verhaal. Hij bestudeerde de zaak in verband met mogelijke compensaties voor Britse krijgsgevangenen die gedwongen waren geweest voor de Duitsers te werken. Ik vertelde hem van de Joodse gevangene die Ernst heette en die een zus had in Engeland, die ik had proberen te helpen door sigaretten naar binnen te smokkelen. Ik vertelde hem van de persoonsverwisseling met Hans en beschreef de nachten die ik had doorgebracht in Auschwitz III.

Ik keek niet vreemd op toen ik ontdekte dat het verhaal over die persoonsverwisseling niet helemaal klopte toen het werd uitgezonden. Ik hoorde later dat hij geprobeerd had iets anders te doen met dat stuk van het interview, maar dat was niet gelukt en hij had dat idee laten varen.

Er gingen enkele jaren voorbij voordat Rob, die inmiddels samenwerkte met een BBC-producent die Patrick Howse heette, opnieuw contact met me opnam. Het was in de herfst van 2009 en ze wilden een interview met me opnemen voor radio en televisie. Ditmaal moest de nadruk liggen op de persoonsverwisseling in Auschwitz en mijn pogingen om Ernst te helpen.

In de weken die volgden belde Rob me een aantal keren op om meer vragen te stellen. Hij had het wilde plan opgevat om te proberen Susanne, de zus van Ernst, op te sporen. Als ze nog in leven was, zei hij, dan konden ze erachter komen hoe Ernst om het leven was gekomen. Ik had haar niet meer gesproken sinds 1945 en ik had geen flauw idee welk levenspad zij sindsdien had bewandeld. Als ze werkelijk nog in leven was, dan moest ze inmiddels aardig op leeftijd zijn. Dat waren we immers allemaal.

Ik raadpleegde mijn kleine bruinleren adressenboekje uit 1945 om te zien wat ik daaruit nog kon opdiepen. Het was oud en verschoten, maar nog duidelijk leesbaar. Ik had haar naam genoteerd als Susanne Cottrell, Tixall Road 7, Birmingham. Ik vermoedde dat het een aangenomen naam was.

Rob hield me op de hoogte van de vorderingen van de nasperingen naar haar, maar ik begreep wel dat er weinig vorderingen werden gemaakt. Weken gingen voorbij en ik hoorde niets meer.

De Bond van Joodse Vluchtelingen had hem gezegd dat Cottrell totaal niet klonk als een Joodse naam en hun specialist op het gebied van de Kindertransports kon niemand traceren op grond van enkel een voornaam. Zijn pogingen de archieven van de Birmingham Council of Refugees uit te spitten leverden evenmin iets op.

De eerste doorbraak kwam toen hij het verkiezingsregister uit 1945 bestudeerde, waarin drie kiezers waren vermeld die woonden op het genoemde adres aan Tixall Road. Het goede nieuws was dat ze alle drie de achternaam Cottrell hadden, het slechte nieuws was dat geen van drieën Susanne heette. Er stonden drie vrouwen vermeld, Ida, Sarah en Amy. Hij vroeg me of een van hen Susanne zou kunnen zijn die zich onder een andere naam had ingeschreven. Ik had geen flauw idee.

Het was hopeloos. Ik wist dat Rob zich bij de BBC ook bezighield met de dagelijkse actualiteiten en dat de uren die hij aan het onderzoek besteedde zijn andere werkzaamheden in de weg zaten. Ik vond dat hij het nog een paar weken moest proberen en als hij dan nog niets had, de handdoek maar in de ring moest gooien. Zo gaat dat doorgaans. In dat stadium zou het slechts een televisie-interview van vier minuten worden en een iets langer vraaggesprek op de BBC-radio. Dat kon je nu niet bepaald een diepgravende documentaire noemen.

Toen belde hij me op om te zeggen dat er toch enig schot in de zaak leek te zitten. Hij had contact weten op te nemen met de mensen die tegenwoordig aan Tixall Road 7 woonden. In een land waar mensen regelmatig verhuizen, trof hij daar tot zijn verbazing een ouder echtpaar aan dat het huis in de jaren zestig had gekocht van een dame die Cottrell heette.

Zij herinnerden zich het verhaal te hebben gehoord over het Duits-Joodse meisje dat de Cottrells tijdens de oorlog in huis hadden genomen. Rob was opgetogen, maar natuurlijk bevestigde het alleen maar wat ik al wist. Hij had geen nieuwe feiten aan het licht gebracht. Even had Rob daardoor nieuwe moed gevat, maar het betekende niet dat ze nu nog in leven was. Het spoor liep dood. Ik pijnigde mijn hersenen af op zoek naar meer gegevens over die traumatische ontmoeting om hem te helpen, maar kon niets vinden. Die periode stond me nog maar vaag bij.

Ik wist niet zeker of zij officieel was geadopteerd en zelfs als dat zo was, zouden die dossiers niet openbaar zijn. Het verkiezingsregister, de belastingaangifte en zelfs het telefoonboek leverden een aantal Cottrells verspreid over het land op, maar al de uren die hij aan de telefoon had gezeten hadden tot niets geleid. Zijn collega's begonnen zich af te vragen of hij niet bezig was zijn tijd te verspillen. Er waren meer dan genoeg andere verhalen om een programma over te maken.

Er was nog maar één ding dat hij kon doen. Uit wanhoop begon hij mensen op te bellen die hij al eerder had gesproken.

Hij belde nogmaals de mensen op die nu aan Tixall Road woonden. Sinds zijn eerste onderzoekingen hadden ze enige tijd gehad om het te laten bezinken. Ze hadden erover gesproken met hun zoon Andrew die in de buurt van Solihull woonde. Hij herinnerde zich niet alleen het verhaal over het Duitse meisje dat aan het begin van de Tweede Wereldoorlog als jeugdige vluchteling naar Engeland was gekomen, maar hij was er tamelijk zeker van dat zij nog steeds in de regio Birmingham woonde. Hij dacht dat ze was getrouwd en nu de achternaam James droeg en dat ze een zoon had die Peter heette. Dat begon ergens op te lijken. Hij was er zeker van dat hij haar een jaar of twee geleden nog in een plaatselijk eetcafé had gezien toen ze daar samen met haar zoon dineerde.

Het was geweldig nieuws. Rob ging op zoek naar een Susanne James die een zoon had die Peter heette en die, als hij zich niet vergiste, naar de Verenigde Staten was geëmigreerd en een succesvolle accountant leek te zijn. Nu strekte het onderzoek zich over beide continenten uit, hoewel James een veelvoorkomende naam was.

Maar Andrew had nog een andere aanwijzing verstrekt. Hij was ervan overtuigd dat Susanne tot voor kort had gewoond aan Warwick Road in de wijk Acocks Green in Birmingham.

Het was een heel lange straat. Hij was zo lang dat er meer dan één persoon is met de naam James als recente bewoner van die straat geregistreerd stond. Een van de adressen die het natrekken waard leken bleek een afhaalrestaurant, maar daar waren ze meer geïnteresseerd in bestellingen dan in het opsporen van vermiste personen.

Maar er was nog een adres dat veelbelovend was. Volgens het verkiezingsregister van 2001 woonde er toen ene Susanne E. James aan Warwick Road. Het vreemde was dat er nog twee andere namen op hetzelfde adres geregistreerd stonden, van welke er één Oost-Europees aandeed. De vrouw die de telefoon opnam was overduidelijk te jong om Susanne te kunnen zijn en werd in verwarring gebracht door het telefoontje. Geen wonder, ze had een volslagen vreemde aan de lijn die rare vragen stelde over een oudere dame die hij duidelijk zelf niet kende. Uiteindelijk herinnerde ze zich dat ze, toen ze als potentiële koper het huis kwam bezichtigen, werd rondgeleid door een oude dame met grijs haar. Dat was veelbelovend, maar ze kon zich haar naam niet herinneren.

Meer frustraties. Rob belde me om te zeggen dat hij op het

punt stond het op te geven. Hij had inmiddels wekenlang onderzoek verricht en weinig boven water gekregen, dus spraken Rob en Patrick een datum af waarop de uitzendingen met mij op radio en tv onveranderd zouden worden uitgezonden.

Hij vertelde dat ze nog één dag tijd hadden gereserveerd om in Birmingham bij mensen aan te kloppen, maar dat het daarna welletjes was en er van verder graven zou worden afgezien. De druk van de actualiteit was te groot. Toen ik dat hoorde, was ik ervan overtuigd dat ze de vrouw die ik vierenzestig jaar geleden als jong meisje had ontmoet nooit zouden vinden. Haar broer Ernst was gewoon een van de miljoenen slachtoffers. Ik kon wel raden wat er met hem was gebeurd, dat hoefden ze mij niet meer te vertellen. Het was een hopeloze speurtocht maar een goed plan zolang als het duurde. Ze moesten het voor hun uitzending maar met mijn verhaal doen.

De televisieploeg kwam uiteindelijk langs. Ik herinnerde me Rob van de vorige keer en werd voorgesteld aan Patrick. Hij had door de telefoon een goede indruk gemaakt en hij was, zoals ik me al had voorgesteld, zorgzaam en meelevend. Tot mijn genoegen droegen ze allebei een klaproos, een eerbetoon aan de soldaten uit de Eerste Wereldoorlog.

Ze verschoven het meubilair en plaatsten de camera's zodanig dat ze door het grote raam achter me ook een glimp konden laten zien van Hope Valley. Ze hadden twee camera's meegebracht en hoewel de ene aanmerkelijk kleiner was dan de andere, veranderde de zitkamer daarmee in een ministudio. Ik liet hun de buks zien die mijn vader me als jongetje had gegeven en de foto's van mij uit de tijd dat ik paardreed. Audrey bracht kopjes thee en zorgde dat iedereen zich op zijn gemak voelde.

Ik ging in de leunstoel zitten met Rob tegenover me, die de vragen stelde. Hij begon met vragen over mijn tijd in de Westelijke Woestijn. We behandelden snel de strijd, mijn gevangenneming en de ontsnapping uit het getorpedeerde schip. Toen stapten we over op het Italiaanse krijgsgevangenkamp en mijn transport, eerst naar Duitsland en uiteindelijk naar E-715, waar ik aan het werk werd gezet naast de slavenarbeiders uit Auschwitz.

Hij ondervroeg me diepgaand over mijn persoonsverwisseling met Hans, mijn nachten in Auschwitz III en toen begon ik het verhaal te vertellen over Ernst en de gesmokkelde sigaretten. Vergeleken met die eerdere, moeizame pogingen om er überhaupt over te praten, ging het me al gemakkelijker af. Ik voltooide mijn verhaal over Ernst en de sigaretten en ze pauzeerden om de band te verwisselen.

Ik bleef zitten waar ik zat, met het microfoontje bevestigd op mijn revers en keek uit het raam en over het dal naar Bradwell Edge. Ik had vroeger talloze malen op mijn paard Ryedale daarlangs gereden en kende het terrein als mijn broekzak. Ryedale was een prachtige hengst; een kruising tussen een hannoveraan en een arabier, één meter vijfenzeventig schofthoogte en het intelligentste paard dat ik ooit heb gezien. Ik heb zelfs een kleine shetlandpony gekocht die Copper heette, om hem gezelschap te houden. Hij was klein genoeg om onder Ryedale door te lopen als die stilstond. Toen ze stierven heb ik een diepe kuil gegraven en eerst de een en later de ander op het stukje land onder het raam begraven. Toen ik ouder werd heb ik het paardrijden eraan gegeven. Nu is de heuvel waar ik ooit reed niet meer dan een uitzicht, maar het grootste deel van het jaar een indrukwekkend uitzicht.

Die dag, terwijl de televisieploeg daar zo in de weer was, leek het alsof alle kleur uit het landschap waarop mijn raam uitkeek was weggetrokken. De bomen en struiken maakten een vale en vermoeide indruk. Het najaar moest de grote loofbomen dieper in het dal nog in vuur en vlam zetten.

De opnamelampen gingen weer aan en we waren klaar om het interview te hervatten. Ik moest snel mijn gedachten op een rijtje zetten. Rob informeerde opnieuw naar Ernst en vroeg wat ik dacht dat er met hem zou zijn gebeurd.

In gedachten keerde ik terug naar de bevroren witte lijken op de dodenmars, de levenloze lichamen in de streepjespyjama's waar we vierenzestig jaar geleden overheen hadden gestapt. Ik voelde opnieuw de snijdende kou. Ik twijfelde er geen moment aan dat Ernst was gestorven zoals vele anderen. Ik wilde net beginnen aan mijn relaas over die mars en wat ik daar had gezien toen ik in de rede werd gevallen.

'We hebben wat naspeuringen gedaan, Denis,' zei Rob. Hij ging voorover zitten op zijn stoel en overhandigde me iets. 'Ernst is niet gestorven.'

Mijn mond viel open van verbazing en ik deed mijn uiterste best om zijn woorden tot me te laten doordringen. Rob beweerde dat Ernst de dodenmars had overleefd. Ik kreeg foto's in mijn hand gedrukt. Ik graaide naar de monocle die aan een rood koord om mijn nek hing. Het gezicht van een jongeman tekende zich voor me af. Dat waren de gelaatstrekken die ik had gekend. Zijn haar was weer aangegroeid en hij was niet zo slank meer als ik me hem herinnerde, maar hij was het wel degelijk. De jongen die ik al die jaren geleden had gekend keek me glimlachend aan.

'Godallemachtig,' was het enige wat ik kon uitbrengen.

Tegen alle verwachtingen in had Ernst het overleefd. Rob vertelde me dat hij er op de een of andere manier in was geslaagd overeind te blijven waar zo vele anderen waren omgekomen. Hij was naar Amerika geëmigreerd en had een gelukkig en succesvol leven opgebouwd. Hij had een gezin gehad en was zevenenzeventig geworden. Rob strekte zijn hand uit en gaf me een beknopt overzicht van het leven van Ernst.

'Godallemachtig,' zei ik nogmaals, 'maar dat is geweldig nieuws.'

Er waren foto's van hem als kind, samen met een klein meisje. Dat moest Susanne zijn. Er waren foto's van hem in latere jaren, waarop hij de schalkse indruk maakte die alleen een man van in de zeventig kan maken als hij volop plezier in zijn leven heeft. Op één foto was hij te zien met een aantrekkelijke vrouw met stijlvol grijs haar en een sympathiek gezicht. Ik wist niet hoe ik het had.

Ik voelde tegelijkertijd grote blijdschap en opperste verwarring. Hij was nog maar zeven jaar tevoren overleden. Ik voelde me op dat moment zo met hem verbonden en besefte ook dat we elkaar nooit zouden ontmoeten. Maar in mijn hoofd vormde zich al de vraag: hoe had hij de dodenmars weten te overleven?

Hoofdstuk 20

De televisieploeg wilde ook buiten opnamen van me maken, dus trok ik een warme trui aan. Diverse keren liep ik door het beeld, deed hekjes open en weer dicht en herhaalde die bewegingen een aantal malen zodat die vanuit verschillende hoeken konden worden gefilmd. Ik gaf een pepermuntje aan de twee shetlandpony's, Oscar en Timmy, die we hadden gekocht om te voorkomen dat ze naar Frankrijk zouden worden gebracht om te worden geslacht. Ik kan er niet tegen een dier te zien lijden. Er kwam maar geen einde aan die filmopnames. Ik kon het nog steeds niet goed geloven. Ernst had de dodenmars overleefd, maar hoe hadden ze dat verhaal boven water gekregen?

Vierentwintig uur eerder was er van een doorbraak nog geen sprake. Rob en Patrick waren op een regenachtige en troosteloze dag in Solihull gearriveerd en hadden de auto geparkeerd voor een comfortabele, provinciaalse woning. Ze waren daarnaartoe gegaan om te praten met Andrew Warwick, wiens ouders nog steeds aan Tixall Road woonden. Ze werden in de keuken ontvangen en, tegen het aanrecht geleund herhaalde hij het verhaal van zijn toevallige ontmoeting met een vrouw die volgens hem vast en zeker de Susanne was naar wie zij op zoek waren. Om hun tijd te besparen reed hij ze er meteen naartoe.

De Plume of Feathers was een groot, gezellig eetcafé met een afzonderlijke eetkamer. Het was een drukbezocht stadsetablissement, niet het soort tent waar het personeel de meeste gasten bij naam en toenaam kende. Eén vrouw die achter de bar stond herinnerde zich vaag een oudere dame die aan het signalement beantwoordde en die wel eens kwam lunchen met een vriend. Gewoonlijk ging ze aan een tafeltje bij het raam zitten, maar ze hadden haar daar al een hele tijd niet gezien.

Het was geen erg hoopgevende aanwijzing. De lunchtijd naderde, de rij keurig geklede ouderen die stonden te wachten om hun lunch te bestellen strekte zich uit tot aan de deur. De meeste vrouwen in de rij beantwoordden aan het signalement van Susanne.

Rob en Patrick gingen naar hen toe met een hopeloze vraag. 'Had iemand ooit gehoord van een oudere dame die Susanne heette en die voor de oorlog als kind uit Duitsland was weggevlucht?' vroegen ze. Het begon absurd te worden. Ze lieten hun telefoonnummer achter bij de bar en liepen met een gevoel van vertwijfeling het uitgestorven parkeerterrein op. Patrick stelde voor een openbare bibliotheek te zoeken en nog één keer het verkiezingsregister te raadplegen. Maar in plaats daarvan reden ze naar Tixall Road om de heer en mevrouw Warwick te bedanken en het huis te filmen. Ze zagen het niet meer zitten. Het enige aanknopingspunt dat ze nog hadden was de vermelding van een zekere Susanne James die acht jaar tevoren aan Tixall Road had gewoond.

Ze gingen opnieuw op weg. Rob had moeite met kaartlezen zonder bril en hield die met gestrekte armen voor zich. Patrick parkeerde langs de kant van een brede, door bomen geflankeerde weg. 'Dit wordt belachelijk,' zei hij, terwijl hij zich over de kaart boog. 'Ik denk dat we ongeveer hiernaartoe moeten.' Zijn vinger dwaalde over de kaart en wees ongeveer de helft van Birmingham aan. Hij mompelde iets over naalden in een hooiberg, keerde de auto en na een paar kilometer begon hij weer straatnamen te herkennen. Ze waren weer op het goede spoor.

Zelfs als het Susanne was die op Tixall Road ingeschreven stond, dan waren er nog talloze redenen waarom ze daar nu niet meer zou zijn. Misschien was ze gestorven of verhuisd naar een bejaardenhuis. Als ze een zoon in de Verenigde Staten had, dan was ze misschien wel daarheen geëmigreerd.

Ze parkeerden de auto om de hoek van Tixall Road en liepen naar het opgegeven adres. Voordat het verkeer er zijn verpletterende spoor doorheen had getrokken, was het een gemoedelijke woonstraat geweest. Nu was het een verkeersader, de A41, die de verbinding vormde tussen Birmingham en Solihull. De gestage stroom auto's had als een gapende kloof de buurt in tweeën gedeeld. De bewoners aan de ene kant van de weg hadden waarschijnlijk maar heel weinig contact met de bewoners aan de overkant. Het was bepaald geen verbetering. Het stof en de uitlaatgassen vormden een grauwe laag op de huizen en zelfs op de bladeren van de struiken. Sommige huizen hadden kleine voortuinen, waar niemand wat aan had, vanwege het verkeer.

Ze keken nog een laatste keer of ze het juiste adres hadden gevonden, liepen naar de voordeur en klopten aan. Er kwam geen reactie. Ze probeerden het nog een keer – nog steeds niets. Ze liepen door naar het naastgelegen huis en deden hetzelfde. Er was niemand thuis; het was midden op de dag. Ze gingen alle huizen in de rij langs zonder ergens iemand thuis te treffen. Het was het soort huis-aan-huisjournalistiek waar niemand meer aan deed en nu werd duidelijk waarom.

Er was nog één deur waar ze nog niet hadden aangeklopt en ditmaal was er zowaar een reactie. Ze hoorden hoe verschillende grendels werden weggeschoven en sleutels omgedraaid. De deur ging op een kiertje open en een man van middelbare leeftijd keek voorzichtig om het hoekje. Het was niet het soort buurt waar mensen onaangekondigd bij elkaar langsgingen.

Ze glimlachten en begonnen uit te leggen waarvoor ze kwamen. Ze waren journalisten en ze waren op zoek naar een oudere dame die Susanne heette, mogelijk Susanne James, die voor de oorlog uit Duitsland was gevlucht. Aanvankelijk zei de man weinig, maar aan zijn lichaamstaal viel af te lezen dat hij enigszins gerustgesteld was en hij deed de deur wijder open.

Ze toonden hem hun legitimatiebewijzen en praatten door. De man had belangstelling gekregen voor de onverwachte bezoekers. Hij zei dat hij zich een buurvrouw herinnerde die Susanne James heette, maar dat ze een paar jaar geleden was verhuisd.

'Denkt u dat ze nog in leven is?' hadden ze gevraagd.

'Ja, voor zover ik weet wel,' zei hij. De twee mannen op de drempel hielden hun adem in. 'Waar hebben jullie haar voor nodig?' vroeg hij.

Ze zetten het verhaal in het kort uiteen en verzekerden hem dat ze het prettig zou vinden als ze zou worden opgespoord. Het had iets te maken met haar broer en de oorlog. Er viel een stilte, hij overwoog wat hij moest doen.

'U kunt maar beter even binnenkomen,' zei hij. Ze betraden een smal gangetje. Op de grond stond een computer die nog moest worden uitgepakt en er lagen overal snoeren en draden. Ze kwamen duidelijk niet gelegen. De trap ging schuil achter boekenplanken. De man heette Michael en hij begon Rob en Patrick wel sympathiek te vinden. Hij had een wrange glimlach om zijn mond alsof hij met een stel ondeugende schooljongens te maken had en niet goed wist of hij ze hun zin moest geven of de deur uit zetten. Ze bleven praten om een ontspannen sfeer te creëren. Toen besloot hij open kaart te spelen.

'Om eerlijk te zijn,' zei hij, 'ken ik de familie van Susanne James tamelijk goed. Onze families hebben vele jaren naast elkaar gewoond.'

Patrick produceerde bijna een glimlach. Opnieuw viel er een stilte. Michael keek naar het tapijt en beet even op zijn lip. Hij scheen niet goed te weten hoe het nu verder moest. Rob drong voorzichtig aan. ‘Hoe kunnen we met haar in contact komen?’ vroeg hij. Er viel weer een stilte en toen nam hij een besluit.

‘Ik zou haar kunnen opbellen,’ zei Michael.

Dat behoefde geen reactie. Michael zocht het nummer op en toetste het in. Iemand aan de andere kant nam op en hij begon de situatie uit te leggen. Hij kwam al snel niet goed meer uit zijn woorden dus wendde hij zich tot Rob en vroeg: ‘Waarom praat u zelf niet met haar? Hier is ze.’

Hij gaf de telefoon aan Rob. Aan de andere kant van de lijn hoorde Rob de frêle, vriendelijke stem van een oudere vrouw. Ze hadden het meisje gevonden dat ik vierenzestig jaar tevoren had ontmoet, toen mijn geestelijke gezondheid veel te wensen overliet. Ze was in juni 1939, op vijftienjarige leeftijd, uit Duitsland in Engeland aangekomen met het Kindertransport. Een onverwacht telefoontje op een regenachtige dag in Solihull had de sleutel tot de oplossing van het raadsel geboden.

Michael waarschuwde hen dat ze heel verlegen was, maar ze was die dag over haar schaduw heen gesprongen. Susanne gaf hun ter plekke haar adres en zei dat ze meteen langs konden komen. Rob stelde voor over een paar uur af te spreken zodat ze tijd had om erover na te denken. Hij wilde haar niet opjagen.

Ze reden een paar kilometer door om de tijd te doden en vonden een Arabisch koffiehuis met afgeschilferde formicatafeltjes. Ze bestelden falafel met salade en Rob dronk een mok sterke goedkope thee. Hij zat al breed te grijnzen en vond het moeilijk om stil te blijven zitten. Patrick, degelijk en betrouwbaar, dacht na over logistieke kwesties en deed net alsof het voor hem gewoon routine was. Op die manier wilde hij voorkomen dat hij zou worden teleurgesteld. Zou hij de ontmoeting filmen of zou dat de oude dame, die nog steeds niet wist wat ze verlangden, te zeer afschrikken? Geen van beiden durfde al in een goede uitkomst te geloven. Rob begon te kakelen: ‘Volgens mij zouden we wel eens beet kunnen hebben. Denk jij dat we beet hebben?’

Patrick, die tot voor kort als producent in Bagdad topprestaties had geleverd, stond argwanend tegenover voortijdige euforie. Hij heeft een warm Blackburns accent en kiest zijn woorden met zorg. 'Laten we eerst maar eens afwachten, oké?' zei hij.

Ze reden een stille woonwijk met verzorgde tuinen in. En daar stond ze. Een kleine oude dame met keurig wit haar en een openhartig gezicht kwam het pad van haar huis af lopen. Rob controleerde zijn opnameapparatuur in de hoop haar begroeting op te nemen, maar besloot op het laatste moment dat het ogenblik te waardevol was en stelde zich in plaats daarvan voor.

'Ik kan u niet zeggen hoe blij we zijn dat we u hebben gevonden,' zei hij zodra ze in de woonkamer bij haar op de sofa zaten.

Ik denk niet dat hij er echt in had geloofd dat ze haar zouden opsporen, maar hij had het niet opgegeven. Het telefoontje had haar verbaasd, maar ze accepteerde het als een gegeven zonder zich er erg druk over te maken. Er werd thee geserveerd, ze gingen er eens goed voor zitten en ze begon haar verhaal.

Susanne was in 1923 geboren in Breslau, een middeleeuwse stad, die toen nog deel uitmaakte van Duitsland. Haar oorspronkelijke naam luidde Susanne Lobethal en ze had gewoond aan de Goethestrasse 45-47.

Ze maakte deel uit van een vooraanstaande Joodse familie, maar haar vader had hen in de steek gelaten en ze hadden het heel zwaar gehad. Toen kreeg ze, vlak voordat de oorlog uitbrak, een plaatsje op het Kindertransport naar Engeland, maar Ernst viste achter het net. Hij bleef in Duitsland en werd in januari 1943 naar Auschwitz gedeporteerd.

Nu begonnen ze te begrijpen waarom het zoveel moeite had gekost om Susanne op te sporen. Ze had de naam Cottrell in Engeland nooit aangenomen. Ik had het bij het verkeerde eind gehad, hoewel Ida Cottrell, die haar onder haar hoede had genomen, wel een moederrol voor haar vervulde. Susanne was na de oorlog genaturaliseerd tot Brits staatsburger en had haar achternaam ingekort tot Susanne Bethal, een naam die bij ons onderzoek geen enkele keer was opgedoken. Er had een belangrijke schakel ontbroken. Zonder de tip van de familie Warwick, dat ze getrouwd was met een meneer James, zouden ze haar nooit hebben gevonden. Om de verwarring nog groter te maken was haar eerste man in 1994 overleden en was ze hertrouwd waardoor ze opnieuw van achternaam was veranderd. Haar nieuwe echtgenoot, Richard, zat in zijn leunstoel en keek onthutst naar al die bedrijvigheid, maar genoot van het gezelschap.

Ze liet zich niet overhalen tot een televisie-interview, daar was ze uiteindelijk toch te verlegen voor.

'O, ik zie er vreselijk uit op foto's,' zei ze tegen hen. Dat was niet waar. Ze zag eruit als het ideale omaatje.

Toen ze naast elkaar op de sofa zaten, bevestigde ze wat ze alleen maar hadden durven dromen. Tegen alle verwachtingen in had haar broer het overleefd. Hij had zowel Auschwitz als de dodenmars doorstaan. 'Ernie', zoals ze hem tegenwoordig noemde, had vreselijk geleden en had het overleefd en dat had iets te maken gehad met sigaretten. Ze hadden elkaar na de oorlog heel wat jaren niet gezien en daarna ook nog maar zelden. Hij had zich laten nationaliseren tot Amerikaan en had, evenals Susanne, zijn naam ingekort, maar waar zij er Bethal van had gemaakt, had hij gekozen voor Ernie Lobet.

Ze herinnerde zich de brief naar Auschwitz en de sigaretten die daar tijdens de oorlog op goed geluk naartoe waren gestuurd, maar de details stonden haar niet meer voor de geest.

Ze wist dat die hem hadden geholpen te overleven, maar niet precies hoe. Ze herinnerde zich dat ze in 1945 een lange Britse soldaat had ontmoet, een vreemde man die was teruggekeerd uit gevangenschap en haar opzocht om te zeggen dat de sigaretten hun bestemming hadden bereikt. Dat was ik geweest.

Ik had een zware oorlog, een gecompliceerde gevangenschap achter de rug en ik had de tocht dwars door Centraal-Europa overleefd om thuis te komen. Daarbij was ik sterk vermagerd en dreigde ik mijn verstand te verliezen. Ik weet nu zeker dat ik een vreselijke indruk moet hebben gemaakt en weinig had gedaan om haar op haar gemak te stellen. Vierenzestig jaar geleden was ik haar leven binnengewandeld en er weer uit verdwenen zonder een spoor achter te laten.

Na de filmopnames was het lange tijd stil. Ik hoorde nauwelijks meer iets van Rob of Patrick en begon me af te vragen wat er aan de hand was. Tezelfdertijd nam Peter, Susannes zoon die met zijn vrouw in de Verenigde Staten woont, een centrale rol in het verhaal in. Susanne had hun verteld dat Ernst zijn levensverhaal had laten opnemen voor Steven Spielbergs Shoah Foundation, waar videoverklaringen van Holocaust-overlevenden werden verzameld. In de loop der jaren was het uitgegroeid tot een gigantisch archief met de zwartste herinneringen van de afgelopen eeuw. Peter had een kopie van het interview dat Ernie – zoals ik hem voortaan zal noemen – in 1995 had gegeven.

Rob belde Peter in Amerika op en merkte dat Susanne hem voor was geweest en hem het nieuws van hun bezoek al opgewonden uit de doeken had gedaan. Rob vertelde Peter het verhaal voor zover hij dat op dat moment kende en vroeg hem of hij Ernies interview nog eens wilde bekijken om te zien of hij, als was het maar terloops, ergens melding maakte van een Britse krijgsgevangene die hem had geholpen toen hij in Auschwitz verbleef.

Ik had Rob verteld dat ik destijds nooit mijn echte naam had genoemd. Als ik al een naam had genoemd dan moest dat Ginger zijn geweest. Rob gaf dat door aan Peter, die met grote genegenheid terugdacht aan zijn oom. Hij beloofde het interview, dat heel wat uren duurde, nogmaals te bekijken.

Een paar dagen later was Rob, later dan gebruikelijk, via station Blackfriars in Londen op weg naar huis. Het was al donker, de winter kwam eraan en de wind was kil. Om de tijd te doden terwijl hij op zijn trein wachtte, liep hij naar het einde van het perron, dat uitkomt op de Theems, om van het uitzicht te genieten. Hij staarde peinzend uit over het zwartspiegelende water naar de koepel van St. Paul's Cathedral toen hij de ringtoon van zijn mobieltje hoorde.

Het was Peter, die hem via een gebrekkige trans-Atlantische verbinding belde. 'Ik heb de video bekeken en je gelooft je ogen niet,' zei hij. 'Rob, dit moet je echt zelf zien.'

Hoofdstuk 21

NA AL DIE JAREN POPELDE ik van ongeduld om eindelijk met Susanne te praten. Ik moest weten wat Ernie was overkomen en hoe hij had weten te overleven. Ik wilde ook een verklaring geven voor mijn vreemde gedrag al die jaren geleden.

Rob had gezegd dat hij het niet via de telefoon wilde vertellen. Hij zei dat hij bezig was een reünie op touw te zetten en ze wilden de eerste woorden die ik met haar wisselde filmen. Zij hadden al het werk verricht dat ons zover had gebracht dus ik stemde ermee in.

Toen belde Rob me op om te zeggen dat het voor een tijdje werd uitgesteld. Susanne wilde wachten tot haar zoon Peter en zijn vrouw Lynn voor een paar weken over waren uit Amerika, want dan konden ze met z'n drieën naar Derbyshire komen. Dat leek me een goed plan. Een paar dagen voor de geplande ontmoeting stelde Rob voor dat we na de opnames met z'n allen naar een eetcafé zouden gaan om te lunchen. Daar zag ik de noodzaak niet van in en ik wilde niet dat onze ontmoeting in een openbare ruimte zou plaatsvinden. Audrey zou wel iets te eten voor ons maken – beter kon het niet. Rob vertelde me later dat hij zich had afgevraagd of Susanne en ik elkaar na al die tijd nog veel te zeggen zouden hebben.

Ik begreep zijn bezorgdheid. Het was niet zo dat we sinds 1945 echt vrienden waren geweest. Ik was bij haar langsgegaan uit een soort plichtsgevoel en had me vervolgens gerealiseerd dat ik niets kon zeggen om haar te troosten. Na vierenzestig jaar zouden zelfs de allerbeste vrienden elkaar opnieuw moeten leren kennen, maar wij moesten helemaal van voren af aan beginnen.

De grote dag brak aan. Ik wilde mijn beste beentje voorzetten, dus ik deed een blauw met gouden stropdas om en een kleurrijk vest aan. Ik maakte me nooit erg druk over kleding, maar ze kwamen van ver om mij te zien en we werden er geen van allen jonger op.

Rob, Patrick en de cameraman waren er al vroeg. Audrey zette thee voor hen en we maakten staande een babbeltje. Ze waren nog zenuwachtiger dan ik. Robs mobieltje ging en hij liep naar buiten om een betere ontvangst te krijgen. Het had die nacht geregend en de lucht was vochtig. Hij kwam weer naar binnen om te zeggen dat de auto was aangekomen en liep meteen naar buiten om hen de weg te wijzen.

Ik wilde niet wachten tot er werd aangebeld, dus ging ik naar buiten en daar zag ik haar, in een grijze jas met een bontkraag en een rode sjaal. Zes decennia is een lange tijd, maar ze kwam kwiek over het tuinpad aanlopen, samen met haar zoon en diens vrouw Lynn. Ze maakte aanstalten het trapje naar de voordeur op te lopen, keek glimlachend op en zei: 'Hallo.' Ik pakte haar bij de hand toen ze bij de deur was aangekomen en had voor het eerst de kans haar eens goed te bekijken.

'Susanne,' zei ik, terwijl ik me naar voren boog om haar te kussen, eerst op de ene en toen op de andere wang, 'hoe gaat het met je, lieverd?'

'Wat heerlijk om je te zien,' zei ze. 'Echt geweldig.'

Ik hield haar beide handen in de mijne zodat we elkaar eens goed konden aankijken. 'Het is meer dan zestig jaar geleden,' zei ik, 'meer dan zestig jaar.' Ik ging ze voor naar binnen.

'Wat een verrukkelijk huis heb je,' zei ze terwijl ze het uitzicht door het raam bewonderde. 'Ik ben zo blij voor je...'

Ik was gewaarschuwd dat ze verlegen zou kunnen zijn, maar die indruk wekte ze niet. Later zei ze dat de zacht glooiende heuvels van het Peak District haar hadden opgebeurd toen ze naar mij toe reden.

'Toen ik je voor het eerst ontmoette was je langer,' zei ik vrijpostig.

'Ik ben heel wat gekrompen,' zei ze.

'Nou, dan ben je niet de enige.'

'Jij was heel lang,' voegde ze eraan toe. 'Dat is het enige wat ik me nog van je herinner.'

Goeie genade, na al die tijd was het geweldig haar te zien, maar mij moest nog iets van het hart. Ik had het gevoel dat die vreemde ontmoeting in 1945 nog steeds tussen ons in stond en daar wilde ik vanaf.

'Ik heb geprobeerd me te herinneren wat ik tegen je heb gezegd. Het moet vreselijk zijn geweest, want ik was volkomen doorgedraaid en totaal niet in staat mijn gedachten te formuleren of mijn gevoelens te tonen.'

Ze knikte.

We spraken over de brieven aan mijn moeder, de sigaretten die ze naar mij had gestuurd voor Ernie, over van alles en nog wat. 'Je hebt het geweldig gedaan,' zei ik tegen haar. 'Die sigaretten waren een goudmijn voor Ernst.' Ik noemde hem toen nog steeds bij zijn oorspronkelijke naam.

'Het was wel het minste wat ik kon doen in oorlogstijd,' zei ze. 'Mijn broer was een schat. Hij had een hart van goud, je moest hem wel aardig vinden.'

Ik vertelde haar van die keer dat hij bijna was betrapt in de Bude – het schuurtje op het terrein van IG Farben. Ik wist dat hij een intelligente kerel was. Hij wist zijn kalmte te bewaren.

'Ach, het is geweldig,' zei ze. 'En al die jaren heb je niet geweten dat Ernie het heeft overleefd?'

'Ik had er geen flauw vermoeden van dat hij het had overleefd,' zei ik.

'Al die tijd? Hemeltjelief!' Ze keek me aan en voegde eraan toe: 'Ik zou alleen willen dat hij vandaag bij ons had kunnen zijn.'

'O, ik ook,' zei ik.

Het duurde een paar seconden voor haar woorden helemaal tot me waren doorgedrongen. Hij was al die tijd in Amerika geweest, we hadden elkaar zo gemakkelijk kunnen weerzien. Ik was al halverwege mijn volgende zin, toen me opeens iets te binnen schoot. Ik ging rechtop zitten en zei: 'Ik zou graag een foto van hem hebben, en ik zou ook graag kennismaken met zijn gezin.'

'Ze zullen je maar al te graag ontmoeten,' zei ze, maar ik was niet in staat meer haar te horen. Het werd me opeens allemaal te veel: het nieuws over Ernie, die gruwelijke herinneringen en de emoties die ik al die tientallen jaren had onderdrukt. Ik kreeg een brok in mijn keel, ik sloeg mijn handen voor mijn gezicht. Ik zat ineengedoken, met mijn hoofd in mijn schoot tegenover een vrouw die ik nauwelijks kende en ik voelde tranen die ik eerder nooit had kunnen vergieten opwellen in mijn ogen.

'Neem me niet kwalijk,' zei ik en mijn stem sloeg over. Ik zat nog steeds voorovergebogen toen ik Susannes hand op mijn schouder voelde.

Lange tijd zei niemand iets. Toen verbrak iemand de stilte en zei dat we het even rustig moesten laten betijen. Iemand had het over thee. Dat gaf me iets te doen. Ik was weer de gastheer. Ik haalde een paar keer diep adem, vermande me, streek de kussens op de sofa glad en liet iedereen plaatsnemen.

Toen werd het gemakkelijker. Lynn begon vrijuit te praten. Ze zei dat ze van mijn bestaan had geweten vanaf het eerste moment, vele jaren geleden, dat ze Peter ontmoette. Ernie had hun verteld van de Engelse krijgsgevangene die Ginger heette.

'Ik heb altijd van je bestaan geweten,' zei Lynn, 'maar we wisten niet dat je Denis heette.' Ze vertelde dat ze het verhaal te horen had gekregen toen ze een weekend bij Ernie logeerden. 'Ik kan je niet zeggen hoeveel het voor hem betekende. Ik hoorde het verhaal pas veertig jaar nadat het zich had afgespeeld. Het was zo belangrijk voor hem dat Susanne wist dat hij nog in leven was,' vervolgde ze. 'Niemand genoot meer van het leven dan Ernie; hij was zo'n gezellige man, een echte verhalenverteller. Hij heeft nog een heerlijk leven gehad.'

Susanne had geduldig geprobeerd me iets te geven. Nu vatte ze de koe bij de horens en zei op heel formele toon, alsof ze het van tevoren had gerepeteerd: 'Het is mij een genoegen je deze opname te overhandigen die in 1995 van Ernie is gemaakt,' zei ze, en ze overhandigde me een dvd.

Peter legde uit dat het een fragment was van Ernies levensverhaal, zoals dat was vastgelegd door de Shoah Foundation. 'Denis, dit zul je zeker willen zien,' zei hij.

We liepen de trap op naar de tussenverdieping waar we met Kerstmis pakjes uitpakken en soms een glaasje drinken met familie en vrienden. Ik plofte naast Susanne neer op de sofa en ze deden de dvd in het apparaat.

Het duurde enkele ogenblikken voor er beeld was en daar was hij opeens, in een stilstaand beeld op het televisiescherm. Hij was toen een jaar of zeventig en maakte een fitte indruk. Zijn dikke grijze haar was achterovergekamd en hij droeg een modieus blauw overhemd met een open kraag. Ik herkende hetzelfde sympathieke gezicht dat ik op de foto's had gezien en ook de jongen die ik had gekend. Hij zat in een kamer met boekenkasten langs de wanden en recht achter hem stond een kleine leeslamp.

Ik giste dat hij midden in zijn verhaal over Auschwitz zat, want hij glimlachte niet. 'Och, daar heb je hem,' zei Susanne toen ze zijn gezicht zag. Het was ook voor haar de eerste keer dat ze het vraaggesprek zag en ik kon me voorstellen dat het niet gemakkelijk voor haar was. Dit was per slot van rekening haar broer, maar we sloegen ons er samen doorheen. Plotseling kwam het stilstaande beeld tot leven en sprak Ernie rechtstreeks tegen ons.

Hij vertelde een ander opmerkelijk kampverhaal over twee

Tsjechische Joden uit Praag die bevriend raakten met iemand van het burgerpersoneel die via hun vriendinnen buiten de poort voedsel voor hen naar binnen smokkelde. Het was een fascinerende inleiding.

Langzaam veranderde zijn relaas in iets wat mij bekender voorkwam en ik kreeg het gevoel dat ik wist waar dit naartoe ging. 'Ik heb nog meer mazzel gehad,' hoorde ik hem zeggen. Hij vertelde dat hij het Duitse burgerpersoneel soep had gebracht. Opeens vielen me de schellen van de ogen. Ik had al gedacht dat hij een soort boodschappenjongen was of zoiets. Dat was dus de reden dat hij zich vrijer dan de andere gevangenen over het terrein kon begeven.

Hij vertelde dat hij uitkeek naar de Engelse krijgsgevangenen. Hij wilde hun vertellen dat hij een zus had in Engeland. Hij zei dat hij één bepaalde gevangene in een kaki uniform al een tijdje in de gaten hield. Ik besefte dat hij het over mij had.

Hij zei dat hij dacht dat ik aan het lassen was en dat hij wachtte tot ik een sigarettenpeuk weg zou gooien. Het klopte allemaal precies. Terwijl hij aan het woord was, beleefde ik het opnieuw. Hij beschreef die eerste ongemakkelijke ontmoeting, een mensenleven geleden.

Ernst had zijn naam genoemd en toen de mijne gevraagd. Ik pakte Susannes hand. 'Ginger' luidde het antwoord.

'Gingy,' sprak ik hem na en het klonk precies zoals hij mijn naam destijds voor het eerst had uitgesproken.

Ernies gezicht klaarde op terwijl hij sprak. Hij had zijn blik op oneindig en hield zijn hoofd een beetje scheef toen hij een beschrijving gaf van mijn rode haar. Zijn mondhoeken gingen omhoog en er kwam een tedere glimlach op zijn lippen toen hij sprak over de jonge soldaat die ik was.

Sommige details herinnerde hij zich iets anders dan ik. Hij dacht dat ik het adres had opgeschreven. Ik weet zeker dat ik het in mijn geheugen had geprent, maar verder was het zo klaar als een klontje. Hij herinnerde zich mij en dat was het belangrijkste.

Hij vertelde het hele verhaal ongeveer precies zoals ik het hier eerder heb beschreven. Hij herinnerde zich nog dat ik hem zo nu en dan een sigaret toestopte als niemand keek en hoe ik hem, enkele maanden later, had geroepen. Hij begon langzamer te spreken toen het verhaal zijn apotheose naderde. 'Hij overhandigde me een brief,' zei hij terwijl hij zuchtte en slikte om zijn emoties te beheersen, 'en tien pakjes sigaretten en een reep chocola van mijn zus.' Hij had tranen in zijn ogen.

En zo zaten wij, Audrey, Susanne, Peter, zijn vrouw en ik in mijn huis in Derbyshire te luisteren naar Ernies verhaal van wat hem vijfenzestig jaar geleden was overkomen. Het leek net een boodschap uit het dodenrijk.

Hij zei dat hij niet zeker wist of hij de enige was die zoveel mazzel had gehad, want hij had het nooit aan iemand anders verteld. Hij wist heel goed dat hij daarmee mijn leven in gevaar zou brengen, dus had hij zijn mond gehouden. Ik was geroerd.

Wat ik had gedaan was zo onbeduidend vergeleken bij de misdaden die Ernie had moeten verduren, maar toen ik naar hem keek, wist ik dat het veel voor hem had betekend. 'Tien pakjes Engelse sigaretten,' zei hij, alsof hij het nog eens wilde onderstrepen, 'het was alsof ik het Rockefeller Centre cadeau kreeg.'

Hij was in 1944 in Auschwitz III geweest, op nog geen steenworp afstand van het vernietigingskamp, en ik had hem een brief van zijn zus in Engeland bezorgd. Toen hij het vijftig jaar later navertelde leek hij nog net zo verbaasd als op het moment dat ik hem die brief daadwerkelijk overhandigde.

Maar hoe had hij de dodenmars overleefd? Dat had hij nog steeds niet verteld. Ik verstelde mijn gehoorapparaat zodat ik geen woord zou missen toen hij begon uit te leggen wat hij met de sigaretten had gedaan.

Veel ervan had hij ingeruild voor wat hij 'toekomstige gunsten' noemde. Zelfs in Auschwitz had Ernie zijn gulhartigheid behouden. Hij had er ook wat aan een vriend gegeven die Makki heette en wat aan een man die met hetzelfde transport uit Breslau was gekomen, om diens leven wat te verlichten, en een paar aan zijn Kapo, ongetwijfeld om zich van diens bescherming te verzekeren. En toen begon hij over de mars.

'De zolen van mijn schoenen waren heel, heel dun geworden,' zei hij. 'Natuurlijk waren er ook schoenlappers in het kamp en voor twee pakjes Engelse Players-sigaretten heb ik nieuwe dikke zolen onder mijn schoenen laten zetten.' Het werd me steeds duidelijker. 'Dat,' zei hij, 'heeft tijdens de dodenmars in 1945 mijn leven gered.'

Daar had je het. Zo eenvoudig was het. Het waren de schoenen geweest. Hij was over al die lijken heen gestapt. Mensen die uitgleden werden doodgeschoten, mensen met bevroren tenen werden doodgeschoten, mensen wier houten klompen in hun voeten sneden zodat ze achteropraakten werden doodgeschoten. Ernie had de sigaretten aangewend om aan dat ene te komen dat het verschil tussen leven en dood bepaalde: stevig schoeisel.

Hij legde uit dat hij het, in vergelijking met vele anderen in het kamp, enorm had getroffen. Toen de Russen naderbij kwamen en de SS voorbereidingen trof om Auschwitz te evacueren was hij er beter aan toe dan menig ander. Hij sprak Duits, hij had wat brood bewaard, sigaretten om te verhandelen en schoenen die opgewassen waren tegen een zware mars. Toen de SS hen voor zich uit dreef, leek het hem het beste om voor in de rij te lopen. Hij wist dat de ruimte beperkt zou zijn, ongeacht waar ze naartoe zouden worden geleid. Degenen die achteraan liepen zouden uiteindelijk misschien wel in het ijs moeten slapen.

Hij beschreef de dikke sneeuwlaag en de snijdende koude, precies zoals ik me die herinnerde. Hij schatte dat er tienduizend mensen uit Auschwitz III werden afgemarcheerd en nog eens dertigduizend uit het hoofdkamp Auschwitz. Ze waren die verschrikkelijke dag onder bedreiging met geweren begonnen aan de zevenenvijftig kilometer lange mars naar Gleiwitz.

Hij zei dat het voor de overgrote meerderheid van de gevangenen, in dat jaargetijde, met hun kleding, hun gezondheidstoestand en de honger waaronder ze geleden hadden, ondoenlijk was geweest. 'Ze vielen neer als vliegen,' zei hij. 'Iedereen die viel werd ter plekke doodgeschoten.'

'Maakt hij geen diepbedroefde indruk?' zei Susanne toen het interview was afgelopen. 'Terwijl hij het vertelde heeft hij het allemaal opnieuw beleefd.'

Ze wilden dat ik direct reageerde, maar ik kon mijn gevoelens niet in woorden vatten. Ik was zo blij dat hij zich mij herinnerde en dat ik een rol had gespeeld bij zijn overleving.

'Ik had dat verhaal nog niet eerder gehoord,' zei Susanne. 'Het was geweldig.'

Toen besefte ik dat het ook voor haar een openbaring was. Zij had gedaan wat ze kon, maar ze had nooit echt geweten dat die binnengesmokkelde sigaretten zo'n belangrijke rol hadden gespeeld bij de overleving van haar broer.

'Tijdens de oorlog kon ik weinig doen,' zei ze tegen me, 'maar ik ben blij dat het heeft geholpen.'

Ze was even stil en wenste me toen een lang leven en veel geluk toe, wat op mijn leeftijd heel wat betekent.

Ik vertelde haar van mijn vruchteloze pogingen om haar terug te vinden en met mezelf in het reine te komen over onze eerste ontmoeting toen ik niet meer zo labiel was. 'Ik wou dat ik contact had gehouden,' zei ik.

'Ja,' antwoordde ze. 'Dat zou fijn zijn geweest, toen we jonger waren.'

Hoofdstuk 22

De eerste uitzendingen van mijn verhaal gingen bepaald niet onopgemerkt voorbij. Mensen van wie ik tientallen jaren niets had gehoord, namen contact met me op. Het telefoontje dat me het meest verblijdde kwam van Henry Kamm, de correspondent van de *New York Times* die de Pulitzerprijs had gewonnen en nu in een omgebouwde molen in het zuiden van Frankrijk woont. Hij zette zoals elke ochtend zijn computer aan, ging naar de site van de BBC-Wereldomroep en vond Robs stuk over een Engelse krijgsgevangene in Auschwitz. Hij spitste zijn oren toen hij hoorde spreken over een Joodse gevangene die Ernst heette en zich realiseerde dat het om zijn levenslange vriend Ernie Lobet ging. Ik was in de wolken toen ik van hem hoorde en dat hij zo vriendelijk sprak over de manier waarop ik Ernst had proberen te helpen gaf mij een geweldige opkikker. Korte tijd later arriveerde er een pakje uit Frankrijk en toen ik het openmaakte vond ik daarin een exemplaar van zijn boek. Ik bladerde het door en vond voorin een roerende, met de hand geschreven opdracht aan mij. Ik ga niet herhalen wat er stond, maar het is iets wat ik tot mijn laatste dagen zal koesteren.

Sindsdien stond de telefoon roodgloeiend. Ik werd twee keer

uitgenodigd op Downing Street 10, kreeg een lunch aangeboden in het Hogerhuis en ik heb toespraken gehouden voor zowel de Cambridge Union als voor de Oxford University Chabad Society voor Joodse studenten.

In de daaropvolgende maanden waren er talloze radio-, televisie- en kranteninterviews en dat had allemaal veel meer om het lijf dan ik had verwacht. Ik werd in het zonnetje gezet door de International Raoul Wallenberg Foundation, die contact met me opnam om te zeggen dat ze me een oorkonde wilden uitreiken als blijk van waardering voor wat ik had gedaan, en ze stuurden de kunstenaar Felix de la Concha naar me toe om een portret van me te schilderen. Audrey was er die keer als de kippen bij om te vragen wie de grondlaag zou aanbrengen.

Ik hield spreekbeurten op scholen en sprak tijdens het liefdadigheidsdiner van de Holocaust Educational Trust op een chique bijeenkomst in Londen, een week nadat een specialist me botweg, heel botweg zelfs, had gezegd dat ik het zicht in mijn goede oog ook zou verliezen. Dus op advies van de dokter betrad ik het podium in mijn blazer met stropdas met een fraaie zonnebril op om mijn overgebleven oog te beschermen tegen de schijnwerpers. Rob zei dat ik deed denken aan een oudere Jack Nicholson als hij een zware dag had. Hij zei dat mijn toespraak kort moest zijn omdat mijn spreektijd beperkt was en dat ik maar het beste direct ter zake kon komen. Toen ik opstond en begon te praten over de gebeurtenissen in Egypte, vreesde hij dat het wel eens een lange avond zou kunnen worden. Uiteindelijk heb ik maar tien minuten langer gesproken dan gepland was, wat voor mij geen slecht resultaat is. Nu ik vrijuit over alles kan praten, vind ik dat ik ook het hele verhaal moet vertellen.

Die zonnebril bleek naderhand totaal overbodig; een paar weken later raadpleegde ik een tweede arts en die vertelde dat mijn goede oog het nog wel een leven lang zou uithouden. Wat kun je meer verlangen op mijn leeftijd?

Het was een drukte vanjewelste. Rob had me inmiddels overgehaald aan dit boek te beginnen en hij nam me regelmatig flink onder handen en spitte in uithoeken van mijn geheugen die ik zelf liever ongemoeid had gelaten. Het was een ingrijpende ervaring, in gelijke mate louterend en pijnlijk, maar de duisternis verdwijnt langzamerhand en het kost me steeds minder moeite.

Toen Rob doorging met zijn onderzoek kwam er nog een aantal belangwekkende vragen met betrekking tot de werking van het geheugen ter sprake. Hij bleef maar vragen of ik er zeker van was dat ik het bord met ARBEIT MACHT FREI boven de poort van Auschwitz III-Monowitz had gezien. Daar was ik stellig van overtuigd, maar hij zei dat een aantal deskundigen dat betwijfelden en er is tegenwoordig niets meer over van die plek om daarover uitsluitsel te geven. Het bord dat iedereen tegenwoordig kent bevindt zich boven de poort van het hoofdkamp Auschwitz I. Na meer dan zestig jaar staat dat in ons aller collectieve geheugen gegrift, hoewel het boven de poorten van meerdere kampen was aangebracht. Rob zei dat het invloedrijkste verslag over het leven in het kamp – dat van de concentratiekampoverlevende schrijver Primo Levi – meerdere malen melding maakt van het bord boven de poort van Auschwitz III, maar dat het hoofd van de researchafdeling van het Auschwitz-archief niet overtuigd was. Dat was voor hem voldoende reden tot twijfel en dus om diverse malen bij me terug te komen en er verder navraag naar te doen. Uiteraard zijn er niet veel mensen meer over om het aan het vragen.

Toen gebeurde er iets vreemds. Ik ontmoette een andere overlevende uit hetzelfde kamp die in het Verenigd Koninkrijk woonde. Het was een buitengewoon aardige man die Freddie Knoller heette en ik moet samen met hem voor IG Farben hebben gewerkt zonder me daar ooit bewust van te zijn geweest. Rob maakte ook een praatje met hem en hij was absoluut zeker dat hij dat vreselijke bord ook had gezien. Ik had het maar een paar keer vluchtig gezien, maar hij was dag in, dag uit door diezelfde poort naar buiten en weer naar binnen gemarcheerd.

Van begin af aan wilde ik weten hoe het Ernie verder was vergaan. Ik wilde weten wat hem was overkomen na Auschwitz en wat hij in Amerika had meegemaakt. Rob had me een klein stukje laten zien van de lange filmopname voor de Shoah Foundation, alleen het stukje waarin Ernie het over mij, de sigaretten en het begin van de dodenmars had gehad. Hij zei dat hij eerst alle interviews wilde afronden voordat hij me Ernies volledige levensgeschiedenis liet zien. Ik moest nog even geduld hebben.

Het onderzoek werd voortgezet en op een dag in de zomer van 2010 kwam Rob naar Derbyshire met meer verbazingwekkend nieuws. Ditmaal betrof het niet Auschwitz, maar iets wat eerder in de oorlog was gebeurd: de torpedering van het schip waar ik in 1941 in de Middellandse Zee van af was gesprongen.

Hij zei dat uit de archieven bleek dat de Italianen in die maanden heel wat koopvaardijschepen in de Middellandse Zee hadden verloren, maar dat slechts één schip met mijn gegevens klopte. De andere schepen waren op die datum elders of de gegevens klopten niet met de omschrijving.

Rob was ervan overtuigd dat het schip waar ik op had gezeten de Sebastiano Venier was, die ook bekendstond als de Jason. Hij haalde de kaarten en de dossiers erbij, legde alles op de eettafel en controleerde het nogmaals. En ja hoor, dat schip moest het zijn geweest. Dat betekende veel voor mij.

Op 9 december 1941 was de Sebastiano Venier geraakt door een torpedo die was afgevuurd door een van onze onderzeeërs, de HMS Porpoise, onder commando van luitenant-ter-zee 1^{e} klasse Pizey. Honderden geallieerde soldaten, van wie velen uit Nieuw-Zeeland, waren gedood. Tegenwoordig noemen ze dat waarschijnlijk 'friendly fire' en zou het gelden als een van de vreselijkste voorbeelden daarvan in de geschiedenis. Toen was de redenering veel simpeler: oorlogen werden niet gewonnen door gevangenen, en vijandelijke schepen hielpen bij de bevoorrading van Rommel. Het deed er niet toe hoeveel gevangenen er stierven, de schepen moesten tot zinken worden gebracht om de levens van degenen die nog aan de strijd deelnamen te beschermen. Dat was het belangrijkste, ongeacht de prijs die ervoor moest worden betaald. En mannen als wij betaalden die prijs.

Dat was het slechte nieuws. De slachting aan boord, vooral in het ruim waar de torpedo was ingeslagen, was ontstellend, maar, had Rob ontdekt, niet alle gevangenen op het schip waren gesneuveld, het merendeel van hen had de aanval zelfs overleefd. Ik kon het niet geloven, dat was onbestaanbaar.

Ik was meteen na de inslag van de torpedo aan dek gegaan en was zonder er verder bij na te denken overboord gesprongen en had heel hard gezwommen om zo snel mogelijk weg te komen van het geraakte vaartuig. Ik had het schip langzaam kleiner zien worden in de verte en steeds meer water zien maken en toen had ik het geheel uit het oog verloren. Ik was ervan overtuigd dat de boot was gezonken met al die arme stakkers gevangen in het ruim.

Ik herinner me dat de zee daarna snel ruwer werd en dat ik niet veel anders kon zien dan golven. Toen was de Italiaanse onderzeebootjager gekomen die dwars tussen de enkele overlevenden heen voer en dieptebommen liet vallen. In gedachten zag ik nog steeds de naam van het schip. De Centurion of iets dergelijks. Rob sloeg de dossiers erop na en zei dat die jager bijna zeker de Centauro moest zijn, een Italiaanse boot uit de Spicaklasse – en aan boord was een Nieuw-Zeelandse generaal die de oorlog heeft overleefd.

Er was een klein aantal drenkelingen geweest, maar na een poosje waren die allemaal verdronken. Daarna was er voor zover ik kon zien niemand meer in het water geweest. Dus hoe was het mogelijk dat iemand die aanslag had overleefd? vroeg ik. Het was eenvoudig, antwoordde Rob. De Sebastiano Venier was niet gezonken en was zelfs beroemd geworden vanwege het feit dat het schip was blijven drijven. Eerst kon ik het niet bevatten. Ik was ervan overtuigd geweest dat het schip luttele minuten nadat ik eraf was gesprongen moest zijn vergaan. Dat was voor mij zo klaar als een klontje geweest. Nu hoorde ik van een nog opmerkelijker drama dat zich aan boord van het schip had afgespeeld terwijl ik in het water dobberde en door dieptebommen werd bestookt.

De heenreis van de Sebastiano Venier, die als bevoorradingsschip op Benghazi voer, was een ware beproeving voor de bemanning geweest en hun schip was het enige van de vijf dat zijn bestemming bereikte. Luchtaanvallen vanaf Malta en de artillerie van de Koninklijke Marine hadden de overige schepen tot zinken gebracht. Die ervaring had de zenuwen van de bemanning zwaar op de proef gesteld. Vooral de Italiaanse kapitein was nerveus en schichtig toen ze weer zee kozen en ze allemaal wisten wat hun op de terugreis te wachten stond, ook al wisten de gevangenen in het ruim dat niet. Ze waren aangekomen bij de zuidkust van Griekenland toen, volgens verklaringen van de gevangenen die het hadden overleefd, de kapitein de periscoop van een geallieerde onderzeeër door de golven zag klieven. Hij raakte in paniek en concludeerde overhaast dat het spel uit was. Hij vreesde dat op het moment dat de torpedo zou inslaan de ongeveer tweeduizend geallieerde gevangenen zich een weg naar boven zouden vechten en de paar reddingsboten die aan boord waren zouden inpikken. Hij gaf de bemanning bevel het schip te verlaten voordat de eerste torpedo doel trof, om zijn eigen hachje te redden. Dat besluit werd hem later niet in dank afgenomen, bracht schande over hem en bezegelde zijn lot.

De Sebastiano Venier bevond zich een kilometer of vijf ten westen van Methoni op het meest westelijke puntje van Griekenland toen de derde door de HMS Porpoise afgevuurde torpedo ruim 1, aan de voorkant van het schip, raakte en heel wat mannen die daar gevangenzaten op slag doodde.

Sommigen van degenen die ik had achtergelaten deden wat ik ook al had gedaan en waren in het water gedoken in de overtuiging dat het schip zou zinken; van hen waren verreweg de meesten verdronken. Het schip helde inmiddels over naar stuurboord en velen van degenen die in het water waren gesprongen werden meegesleurd door het kielwater toen het achterschip keerde en werden door de schroeven van het schip meegezogen en aan stukken gereten.

De man die het schip en de overgebleven gevangenen had gered was een mysterieuze Duitser die tot op de dag van vandaag niet is geïdentificeerd. Hij leek een vreemd soort beschermengel, met een Luger-pistool en een zware moersleutel. Hij maakte een einde aan de paniek en slaagde erin de paar onderhoudsmonteurs die door hun superieuren op het schip waren achtergelaten over te halen zich in het gelid op te stellen en met de hulp van een geallieerde onderofficier kalmeerde hij de gevangenen en overtuigde hen ervan dat ze het best aan boord konden blijven. Hij maakte hun duidelijk dat ze wellicht het schip konden redden als ze eendrachtig samenwerkten. De zee was op dat moment hun grootste vijand. Hij beval de mannen naar het achterschip te gaan omdat hun gezamenlijke gewicht de druk op de voorkant van het schip – zij het slechts in geringe mate – zou verminderen. Hij zei dat hun leven ervan afhing. Hij stelde eerstehulpposten in om de gewonden te behandelen en kreeg de motoren weer aan de praat, zij het op halve kracht. Ik geloofde mijn oren niet. Het was een fascinerend verhaal en ik wou dat ik erbij was geweest.

Ik moet toen ongeveer twintig minuten in het water hebben gelegen en was al een flink eind afgedreven. Terwijl de water makende boeg van het schip de voortgang belemmerde liet de mysterieuze Duitser de boot achteruitvaren en legde zo tergend langzaam de paar kilometer naar de kust af. Verscheidene uren later hoorde men aan boord het geluid van over rotsen schurend staal toen hij het schip liet stranden. De geallieerden juichten de Duitse zeeman toe die zijn vijandschap opzij had gezet om zoveel mogelijk mannen in veiligheid te brengen.

De reddingsboten met de kapitein en de bemanning erin hadden ook langzaam de wal bereikt en toen zij aan land waren gegaan zagen zij het schip met een gapend gat in de romp naar hen toe kruipen zonder te zinken. Als het schip was gezonken zouden weinigen aan zijn kant het de kapitein kwalijk hebben genomen dat hij de gevangenen had opgeofferd om zichzelf in veiligheid te brengen. Maar nu de boot tergend langzaam het land naderde, was hij de sigaar en dat moet hij hebben geweten. Naar verluidt werd hij gearresteerd, voor de krijgsraad gedaagd en geexecuteerd vanwege zijn besluit om het schip zo snel te verlaten.

De Duitser, die even snel verdween als hij was opgedoken, was een heel ander chapiter. Hij was waarschijnlijk een onderhoudsmonteur van de marine, maar zijn zorg om de gewonde gevangenen werd nooit vergeten en degenen die hem hadden ontmoet spraken van een man met grote moed en mededogen. Vijand of niet, hij had het leven van honderden geallieerden gered, hoewel er ook velen waren gestorven toen ze vanaf het gestrande schip aan land probeerden te komen.

Ik wist dat allemaal niet omdat ik enige tijd op de vlucht was voordat ik weer gevangen werd genomen en de andere gevangenen heb ik nooit ontmoet, hoewel later bleek dat sommigen van hen in hetzelfde dysenteriehospitaal hadden gelegen als ik.

Ik luisterde naar wat Rob me vertelde, maar ik worstelde nog steeds met mijn geheugen. Het was een fantastisch verhaal. Na zo'n lange tijd kon je nergens zeker van zijn, zei hij, maar het was zeer onwaarschijnlijk dat het een ander schip kon zijn geweest. Ik was verbijsterd. Het was een verschrikkelijke periode voor mij, maar zoals heel veel andere ervaringen viel die in het niet bij wat volgde. Het was een opluchting te horen dat zoveel gevangenen het hadden overleefd. Bijna zeventig jaar lang had ik in de veronderstelling verkeerd dat ik de enige overlevende was. En toen viel het kwartje.

'Ik had dus helemaal niet van boord hoeven springen.'

'Daar heeft het alle schijn van,' zei Rob.

'Wat ben ik toch een oen,' zei ik.

Hoofdstuk 23

15 november 2010

DE DAG BEGON VOCHTIG EN GRAUW, maar halverwege de ochtend zag ik dat de wolken wat waren opgetrokken en dat er onder Win Hill, de heuvel aan de overzijde van het dal, mist was ontstaan. Win Hill was, volgens de overlevering, zo genoemd door de winnende partij in een oude veldslag. Het verslagen leger had zich verschanst op een andere, nabijgelegen heuvel die bekendstaat als Lose Hill. Niet iedereen in het Peak District is zo gepolariseerd. Het is een gemoedelijk stukje van de wereld, nu ik me het dialect eigen heb gemaakt. Voeg daarbij een warm bed en drie fatsoenlijke maaltijden per dag en ik vind dat ik het eindelijk helemaal voor elkaar heb.

Rob kwam wat later en inmiddels had de zon op de wolken ingebrand en waren er stukjes blauwe lucht boven Hope Valley te zien. Hij had iets bij zich waarop ik twaalf maanden had gewacht om het te kunnen zien: het volledige levensverhaal van Ernie Lobet – Ernst zoals ik hem had gekend –, verteld tijdens een video-interview dat vierenhalf uur duurde. Ik liep de wenteltrap naar de tussenverdieping op om te horen wat er was gebeurd met de man die ik zoveel jaren geleden had gekend. We installeerden ons voor het televisiescherm, Rob drukte op 'play' en Ernie begon bij het begin en het begin was voor hem een ruim achtkamerappartement in wat, vóór de oorlog, de prachtige Duitse stad Breslau was. De Lobethals waren een vooraanstaande Joodse familie. Ernies vader was algemeen directeur bij een grote touwfabriek en het leven was goed. Ze hadden zelfs een Nobelprijswinnaar in de familie in de gedaante van zijn achteroom, Paul Ehrlich, die rond de eeuwwisseling een behandelmethode tegen syfilis had ontwikkeld.

Ernie beschreef een korte vakantie naar de Baltische Zee met hun kindermeisje toen hij vier jaar oud was, en hoe ze bij terugkeer ontdekten dat zijn vader ervandoor was. Ik kon aan hem zien dat het een pijnlijke herinnering voor hem was. Zijn vader had de bezittingen van de firma in contanten omgezet en was met een andere vrouw naar Zuid-Afrika vertrokken; een groot schandaal dat in alle kranten stond.

Zijn moeder Frieda en zijn grootmoeder Rosa moesten het verder maar alleen zien te rooien en hadden geen idee waar hij heen was. Ze betrokken een veel kleinere flat en uiteindelijk wist zijn moeder zijn vader op te sporen, sleepte hem voor de rechter en won het proces. Het was een pyrrusoverwinning, zei Ernie, want ze heeft nooit een cent gezien.

Toen werden ze overspoeld door problemen. Zijn moeder kreeg tuberculose en werd in het ziekenhuis opgenomen. De kinderen mochten toentertijd niet op bezoek komen, waardoor hij haar nog maar twee keer zag voor ze in 1932 aan de ziekte overleed. Ze stierf aan een gebroken hart, zei hij. Een familie die zoveel had gehad, werd van alles beroofd en dit was nog maar het begin.

'Het is een echte schat, hè?' zei Audrey, die het mededogen zag waarmee Ernst over zijn familie sprak. Zijn grootmoeder Rosa deed haar uiterste best om Ernie en Susanne in haar eentje zo goed mogelijk op te voeden. Ze was een opmerkelijke vrouw, maar ze was van rijke familie geweest en had haar hele leven bedienden om zich heen gehad. Nu was ze opeens op hoge leeftijd opgezadeld met twee kinderen, wat een taak was waarop ze totaal niet berekend was. 'Ze was vol van liefde en ze had alles over voor haar kleinkinderen,' zei hij, terwijl hij moeite had zich te beheersen, alsof die herinnering hem had overvallen.

Uiteindelijk gaf zijn grootmoeder toe aan de druk van de overige familieleden en plaatste de twee kinderen in een Joods weeshuis. 'Dat was een verschrikkelijk oord,' zei Ernie. Hij verafschuwde elke minuut dat hij daar verbleef en had, om in zijn eigen woorden te spreken, 'een heel negatieve invloed'. Omdat hij klein en mager was, werd hij gedwongen meer te eten dan de anderen en hij moest een manier vinden om dat voedsel te lozen. Hij deed stapels aardappelen met jus in een zakdoek en stopte die in zijn broekzak in de hoop die later weg te gooien. Hij glimlachte toen hij beschreef hoe de jus langs zijn benen droop terwijl hij er na het middagmaal als een haas vandoor ging om het weg te gooien.

Terwijl hij sprak gebeurde er iets vreemds. Ik kreeg voor het eerst het gevoel dat ik hem echt leerde kennen en wat ik zag beviel me zeer. Ik denk dat hij een gevoeliger man was dan ik, maar zelfs toen hij over die vreselijke kinderjaren sprak, lukte het hem om te glimlachen.

Hij was diverse malen uit het weeshuis weggelopen en werd uiteindelijk ondergebracht bij pleegouders. Hij zei dat de dag waarop hij uit het weeshuis vertrok de gelukkigste dag van zijn jonge leven was. Bij zijn nieuwe pleegouders kreeg hij de vrijheid om te komen en te gaan, maar het Duitsland dat hij had gekend nam om hem heen snel andere vormen aan. Hij was acht toen Hitler in 1933 aan de macht kwam en twee jaar later verboden de wetten van Neurenberg het huwelijk en de intieme omgang tussen Joodse en niet-Joodse Duitsers, waardoor ze steeds sneller de afgrond in gleden.

Hij herinnerde zich dat hij toen hij dertien was voor zijn bar mitswa van zijn grootmoeder een fiets kreeg, die ze bij elkaar had gespaard met het onvermoeibaar breien en verkopen van mutsen. Het verbod voor Joden om op universiteiten en in veel andere beroepen werkzaam te zijn had nauwelijks invloed op hem, maar de Kristallnacht had dat wel degelijk. Hij herinnerde zich dat hij die dag in november 1938 zijn een kwartiertje durende wandeling naar school maakte en allemaal ingeslagen winkelruiten en leeggeroofde panden passeerde. Toen hij de prachtige synagoge van Breslau naderde stond het gebouw in lichterlaaie en het gerucht ging als een lopend vuurtje dat de nazi's bezig waren volwassen Joodse mannen op te pakken.

Daarna was er geen school meer. De volwassenen in zijn omgeving praatten zenuwachtig over manieren om te emigreren, om weg te komen. Susanne had een plekje op het Kindertransport naar Engeland bemachtigd, maar Ernie moest achterblijven. Hij kreeg een baantje op een kibboetsachtig project dat was bedoeld om Joden aan te moedigen terug te keren naar het platteland en voorbereidingen te treffen voor een toekomstig Israël. Het project werd een tijdje getolereerd door de nazi's, maar aan het begin van de oorlog uiteindelijk toch ontbonden.

Ernie, toen nog pas vijftien, keerde terug naar huis om voor zijn zieke, bejaarde grootmoeder te zorgen, die nu volkomen van hem afhankelijk was. Ze woonden op elkaar gepakt in één benauwd kamertje op de derde verdieping van een flatgebouw terwijl de wetten die het Joodse leven beperkten steeds strenger werden. Zelfs de hoeveelheid brandstof en elektriciteit die ze gebruikten werd beperkt, waardoor ze gedwongen waren te koken op een kooktoestel dat werkte op kerosine die ze van een aardige koopman kregen. Ernie wist nog een tijdlang aan de razzia's te ontkomen en kreeg een baantje bij een bedrijf dat banden coverde, zodat hij zijn grootmoeder kon onderhouden.

Terwijl ik hem zijn verhaal zag vertellen, vond ik het verbazingwekkend dat hij nog zo lang op vrije voeten had weten te blijven. Ik had altijd gevreesd dat hij veel langer in het kamp had gezeten. Dat was in zekere zin nog een meevaller, hield ik mezelf voor, maar ik wist – wij wisten allemaal – waar het op uit zou draaien. Buren en een winkelier hielpen hen heimelijk aan wat extra voedsel, maar het net sloot zich snel om hen heen. Duitse troepen die terugkeerden uit actieve dienst, brachten al verhalen mee over wat ze hadden gedaan met de Poolse Joden: de razzia's, de getto's, de willekeurige moorden. De verhalen verspreidden zich als een lopend vuurtje, maar ze waren zo gruwelijk dat niemand ze wilde geloven, het was een glimp van wat er in het verschiet lag.

Ernies grootmoeder was tot dusver gespaard gebleven, maar haar zussen waren al op transport gezet. Toen, in januari 1943, dook Ernies naam op op een van de laatste lijsten van Joden die uit de stad gedeporteerd moesten worden en hij kreeg te horen dat hij zich moest voorbereiden om naar het oosten te worden getransporteerd. Hij verwachtte dat hij zware arbeid moest verrichten. Misschien moesten ze wegen aanleggen of iets dergelijks, maar niemand wist precies wat hun te wachten stond. Hij pakte zijn rugzak in met wat warme winterkleren en wachtte af.

Het was laat in de middag toen de mannen in leren jassen hem kwamen halen. Het waren Gestapo-officieren en aanvankelijk gedroegen ze zich tamelijk correct, totdat zijn grootmoeder hun smeekte Ernie thuis te laten. 'Mijn grootmoeder stond daar en zag er zo meelijwekkend uit,' zei hij, terwijl hij wild met zijn hoofd schudde en op zijn lip beet om de tranen terug te dringen. 'Ze was zo hulpeloos zonder mij en ze wist dat ze het alleen niet zou redden. "Kunnen jullie hem niet hier laten?" vroeg ze. "Hij is mijn enige steun en toeverlaat." Ze begreep het niet. Toen werden ze hardhandig.

"Maak je klaar voor vertrek," zeiden ze en ik wist meteen dat ik haar nooit van mijn leven zou terugzien. Ze was een in- en ingoede vrouw.'

Het was moeilijk om te zien hoe hij dat allemaal herbeleefde. Zelfs in de gerieflijkheid van mijn eigen woning kon ik me in hem verplaatsen toen hij dat afschuwelijke afscheid in zijn herinnering opriep en ik voelde precies wat hij voelde. Nu Susanne naar Engeland was, was zijn grootmoeder de enige familie die hij nog had en allemachtig wat een lijdensweg had die oude dame voor zich. Ze was zo broos.

Ik begon te begrijpen waarom Ernie zijn verhaal vertelde. Hij liet het vastleggen zodat anderen in de toekomst zouden weten dat hij, Ernie Lobet, ooit een grootmoeder had gehad die Rosa heette en die door haar familie werd bemind. Ook hij legde getuigenis af. Hij ontdekte later dat ze in concentratiekamp Theresienstadt om het leven was gekomen.

Ernies transport in de veewagons naar Auschwitz of de scheiding tussen degenen die onmiddellijk werden vergast en degenen die zich langzaam dood moesten werken hoef ik niet te beschrijven. Eenmaal in Auschwitz III-Monowitz beschreef hij dat ogenblik van volstrekte vernietiging als de nieuw aangekomenen die met vrouwen en kinderen waren gekomen zich realiseerden dat hun dierbaren waarschijnlijk al waren vermoord en verbrand. Ernie was alleen, dus hem werd het verdriet bespaard om dierbaren te zien lijden.

Het is overbodig op te merken dat hij heel wat keren geluk heeft gehad, zonder welke hij het in Auschwitz nooit zou hebben gered. Je moest een manier zien te vinden om het karige dieet dat je werd voorgezet aan te vullen, anders was je ten dode opgeschreven, vertelde hij. Ernie werd te werk gesteld bij de fundering van een nieuw gebouw; hij kon een schop vasthouden, de meeste anderen hadden zo'n ding praktisch nog nooit gezien, maar hij was net zo verzwakt als zij. Toen had hij mazzel. Een van bewakers beval hem de bouwkeet aan te vegen die ze gebruikten om te schuilen. Er stond een kacheltje binnen en hij moest ervoor zorgen dat het bleef branden. Vervolgens gaven ze hem bevel op de uitkijk te gaan staan of de sergeant eraan kwam, zodat de meeste bewakers binnen konden blijven, waar het warm was. Dat betekende dat Ernie, als hij binnenkwam om het vuur op te stoken, zich ook een beetje kon warmen. Dat heeft hem door de koudste weken van die winter heen geholpen.

Ik had altijd geweten dat hij een gewiekste kerel was en hij had ook geluk, dat zag ik ook wel. Hij verklaarde hoe hij erin was geslaagd honderd mark in zijn bezit te houden, die hij bij aankomst had verborgen in zijn riem. Het moet een hele afweging zijn geweest om te beslissen wat hij ermee zou doen, maar uiteindelijk besloot hij het aan de blokoudste te geven in ruil voor een half brood. Het was een dure maaltijd, maar op grond daarvan werd hem gevraagd kampboodschapper te worden en berichten voor de man te bezorgen. Dat betekende dat hij een beetje extra soep kreeg en de kans om energie te sparen. Aan de mensen om hem heen kon hij zien dat uitputting tot een snelle dood leidde.

Degenen die buiten werkten begonnen heel snel weg te teren. Honderden stierven voor zijn ogen en hij wist dat het onmogelijk, absoluut onmogelijk, was om het kamp te overleven als je niet iets extra's kon vinden om jezelf in leven te houden. De plek waar de mensen werkten bepaalde ook of zij in leven bleven of zouden sterven. Ernie had opnieuw mazzel en kreeg werk binnen met de Duitse burgerarbeiders, wat hem een kleine kans op overleving gaf, maar meer ook niet.

Toen het verhaal zich ontvouwde, hoorde ik opnieuw zijn relaas over de sigaretten en zijn ontmoeting met mij. Het was geweldig om te worden herinnerd aan die enkele bijzondere ogenblikken, maar ik was nu meer geïnteresseerd in de rest van de film.

Vriendschap onder gevangenen was niet altijd een voordeel. 'Overleven deed je in je eentje,' zei Ernie. Dat was een waar woord, dacht ik. Het was ook de reden dat ik zo op mezelf was gebleven in de jaren van mijn gevangenschap.

Eén vriend had een bijzondere betekenis voor Ernie en dat was een man die Makki of Maggi heette, het was moeilijk te verstaan hoe hij precies heette. Ernie kende hem nog van het *hachshara*-kibboetsproject waaraan hij jaren eerder had deelgenomen en waar ze allebei hadden geleerd het land te bebouwen en te zaaien. Ernie had Makki – zoals ik hem voortaan zal noemen – ook wat van de sigaretten gegeven die ik voor hem naar binnen had gesmokkeld, wat maakte dat ik een band voelde met die man.

Wat ik echt wilde weten was wat er na Auschwitz was gebeurd, maar toen Ernie over de dodenmars begon veranderde zijn stemming. Alles wat hij had opgebouwd om te overleven was weggevaagd, maar hij was minder ondervoed dan de meesten, hij had stevige schoenen en sigaretten om te verhandelen. Ik had die bevroren lijken zelf gezien en was over diezelfde met ijs bedekte weg Auschwitz uit gelopen, dus ik wist precies wat hij moest hebben gevoeld. Ernie schatte dat er tussen de veertig- en zestigduizend mensen Auschwitz uitgemarcheerd waren en dat er aan het einde van de mars nog maar twintigduizend mensen over waren. Dat betekende niet dat zij het einde van de oorlog zouden meemaken, alleen maar dat ze die specifieke beproeving hadden doorstaan.

Ernie begreep meteen dat hij vooraan de colonne moest zien te komen, omdat het overal waar zij zouden aankomen overvol zou zijn. Dat had hij goed gezien. Hij was een van de eersten die in concentratiekamp Gleiwitz arriveerden, waar hij erin slaagde de kou achter zich te laten en een brits voor de nacht te vinden. Degenen die later kwamen moesten op de harde, ijskoude vloer slapen.

Rob had me indirect gewaarschuwd dat ik me moest voorbereiden op een gruwelijk verhaal en ik kon me niet voorstellen hoe Ernie had weten te overleven. Ik was gedwongen geweest dwars door Centraal-Europa te lopen, maar ik wist dat zoiets voor hem onmogelijk was. Ik was er bijna onderdoor gegaan en toen ik eraan begon was ik in veel betere conditie.

Ernie was drie dagen in Gleiwitz, maar ze wisten dat de Russen snel dichterbij kwamen. Er deden wilde geruchten de ronde over wat de bewakers vervolgens met hen zouden doen. Sommigen beweerden dat ze naar de concentratiekampen Buchenwald of Mauthausen zouden worden gebracht, anderen dat Zwitserland of Zweden zich bereid had verklaard hen op te nemen. 'Alles werd geloofd,' zei Ernie. 'Een van de favoriete geruchten luidde dat we naar Duitsland gingen om in een jamfabriek te werken. In jam zat suiker en iedereen had honger.' Ik kon me voorstellen hoe aantrekkelijk die gedachte was; in ons kamp werd voortdurend over eten gesproken, maar voor mannen als zij die letterlijk de hongerdood nabij waren moet het een ware marteling zijn geweest. De juristen onder de gevangenen opperden de mogelijkheid van amnestie voor hen. 'Alsof je amnestie kunt verlenen aan mensen die nooit veroordeeld zijn,' voegde Ernie eraan toe.

Ten slotte kregen ze te horen dat ze zich moesten voorbereiden op een transport en werden ze in open veewagons geladen. 'We moeten met z'n tachtigen in die wagon zijn geweest,' zei hij terwijl hij zijn ogen neersloeg. Het sneeuwde nog steeds toen ze vertrokken en Ernie raakte al snel alle gevoel voor tijd kwijt. 'Ik stond het grootste deel van de reis, maar toen gingen er een heleboel dood en die wierpen we uit de wagon zodat er genoeg ruimte voor ons was om te zitten. Ik weet niet hoeveel dagen we daarin hebben gezeten. Ik had nog wat brood over, maar geen water.'

Het was zo frustrerend om dat allemaal te horen en niets te kunnen doen om te helpen. Ik gaf hem binnensmonds mompelend raad en het was net alsof hij me hoorde.

'Een van de mannen had een veldfles,' zei hij, 'en iemand kwam met een touwtje aanzetten en dat maakten we vast aan de veldfles en we lieten die buiten de trein bungelen en onder het rijden kwam er sneeuw in de fles. Als hij vol was trokken we hem onhoog en lieten de sneeuw in onze monden smelten. Zo hebben we het overleefd.'

Na vier dagen kwam hij in Mauthausen in Oostenrijk aan. De vreselijke reputatie van dat kamp met de steengroeve was zelfs tot in Auschwitz doorgedrongen. 'We dachten dat dit onze dood zou worden, maar we waren te moe om daarover in te zitten,' zei hij. 'Er werd ons wat brood toegegooid en we renden er allemaal op af, maar ik viste achter het net; niemand wilde met me delen. Iedereen die de mazzel had een stukje te pakken te krijgen, propte het in zijn mond voordat de anderen het af konden pakken.'

Algauw deed het gerucht de ronde dat Mauthausen stampvol zat en dat ze elders zouden worden ondergebracht. Terwijl hij sprak ging Ernie verzitten op zijn stoel. Ik zag dat hij er de tijd voor nam, zijn gezicht was vertrokken maar zijn manier van doen bleef heel zakelijk. De trein was weer in beweging gekomen en het was net alsof Ernie zichzelf er niet toe kon zetten te vertellen wat er vervolgens gebeurde. Hij zuchtte. Zijn ooghoeken werden rood en hij schudde ongelovig zijn hoofd. Hij probeerde te glimlachen en toen flapte hij het eruit. 'Ik verloor het licht uit mijn ogen,' zei hij. 'Ik had mijn ogen wijdopen en ik keek naar buiten en alles was zwart geworden.' Terwijl hij sprak trilden zijn lippen. 'Alles was zwart,' herhaalde hij. Daar stond hij, achter in een open veewagon in de sneeuw, met al die stervende mensen om zich heen, blind en hulpeloos.

Hij had er zichtbaar moeite mee. Zo had ik hem nog niet gezien. Hij staarde in de verte en schudde zijn hoofd. Zijn stem sloeg over toen hij sprak. 'Het was zo vreselijk,' zei hij, terwijl hij probeerde zijn tranen te verdringen. 'De trein reed en stopte en reed weer en stopte weer en het leek allemaal weinig uit te maken. Het sneeuwde nog steeds.' Hij wachtte even en snoot zijn neus. Het was alsof we Ernie voor onze ogen ouder zagen worden. Het glimlachende gezicht van de foto was verdwenen. De groeven die van de zijkant van zijn neus naar zijn mondhoeken liepen hadden zich verdiept.

Hij moest volkomen afhankelijk zijn geweest van zijn vriend Makki, die hem vertelde dat ze Oostenrijk hadden verlaten en dat de plaatsen die ze nu passeerden Tsjechische namen hadden. Ernie kon nog steeds niets zien.

Toen ze door het land trokken vertelde Makki hem dat het nieuws over hen zich moest hebben verspreid, want als ze onder bruggen door reden wierpen daar woonachtige Tsjechen broden in de wagons om te helpen hen in leven te houden. 'Als je toevallig op een viaduct zou hebben gestaan moet dat een indrukwekkend schouwspel zijn geweest,' zei Ernie. 'Ik weet niet hoeveel veewagons er waren, maar ze waren allemaal open en erin stonden geraamtes in streepjespyjama's opeengepakt, lusteloos als koeien die naar het slachthuis worden gebracht.' Toen ze door Oostenrijk reden hadden ze nog geen kruimel brood te eten gekregen en toen ze weer door Duitsland reden was het van hetzelfde laken een pak, maar de Tsjechen deden wat ze konden. Het deed me terugdenken aan het brood dat ons werd toegegooid toen wij ongeveer rond dezelfde tijd door hetzelfde land marcheerden.

Ernie leefde nu in een alles verduisterende mist en het kon hem allemaal niet meer schelen; zonder Makki zou hij hulpeloos zijn en hij moest het leven in het duister uit zich hebben voelen wegebben. Hij moet hebben geweten dat een blinde slavenarbeider niemand tot nut was en dat hij zou worden doodgeschoten zodra ze het in de gaten hadden. Na minstens zeven dagen in die open veewagons kwamen ze aan in een plaatsje in de buurt van Nordhausen in het midden van Duitsland, waar ze bevel kregen uit te stappen en werden afgemarcheerd naar het volgende gruwelijke concentratiekamp. Het heette Dora-Mittelbau en Ernie zou het nooit vergeten.

Hij kreeg soep te eten en zijn gezichtsvermogen keerde terug voordat zijn aandoening werd opgemerkt. Hij kwam er al snel achter dat het kamp arbeidskrachten leverde voor een geheime ondergrondse fabriek waar ze Hitlers *Vergeltungswaffe* fabriceerden, dat wij kennen als de V2-raket. Dat was de laatste wanhopige troef die de dictator in handen had.

Ernie kreeg een nieuw kampnummer, dat ditmaal gelukkig niet op zijn arm werd getatoeëerd. Zijn kleren, waaronder ook een trui die hem in leven had gehouden, werden afgepakt en hij werd ondergebracht in een barak, waar ze met z'n tweeën op één brits sliepen. Hij moest weer onder aan de ladder beginnen zonder een manier om aan extra voedsel te komen en hij was lang genoeg in de kampen geweest om te beseffen dat hij het zonder dat niet zou redden.

Ze werden de tunnels in gedreven waar de raketten werden gebouwd en Ernie was ingedeeld bij een Arbeitskommando dat stenen moest aanvoeren voor Italiaanse burgermetselaars. In dat deel van de tunnelschachten heeft hij nooit één raket gezien en dat kon hem ook niets schelen. Inmiddels maakten de Amerikanen aanstalten de Rijn over te steken en de Russen hadden Ernies geboorteplaats Breslau omsingeld, maar hij betwijfelde of de geallieerden op tijd zouden komen om hem te redden. Ik dacht aan mijn eigen terugtocht naar huis en het moment waarop de verraderlijke rivier me leek te lokken om mijn ellende definitief van me af te spoelen en ik vroeg me af waar Ernie de kracht vandaan had gehaald om vol te houden.

'Het werk was moordend en het voedsel bestond uit een liter soep,' zei hij. Hij zei tegen zijn vriend Makki dat ze daar weg moesten zien te komen omdat ze anders reddeloos verloren zouden zijn. Niets kon erger zijn dan die verschrikkelijke tunnels van Dora-Mittelbau. Ze hoorden dat er een eenheid werd samengesteld om elders te werken. Ze wisten allebei dat dat hun enige kans was en gaven zich als vrijwilliger op, zonder te weten wat dat inhield.

Ernie realiseerde zich dat ze, waar ze ook naartoe werden gezonden, een betere kans zouden maken als ze zouden zeggen dat ze een specialisme hadden, werkelijk of vermeend. Hij en Makki sloten zich aan bij de lange rij mensen die eruit wilden en kwamen uiteindelijk tegenover een SS'er te staan die besliste wie bleef en wie ging.

Ernie deed een stap naar voren en de SS'er vroeg hem wat zijn beroep was. 'Slotenmaker,' zei Ernie, hoewel zijn kennis van dat vak nauwelijks voldoende was om de achterkant van een luciferdoosje mee vol te pennen. Hij mocht mee op transport. Makki stond vlak achter hem en hij kon moeilijk zeggen dat hij ook slotenmaker was, dus toen de SS'er aan hem vroeg wat zijn beroep was, antwoordde hij: 'Elektricien.'

'Nee, jou hebben we hier nodig,' blafte de soldaat en Makki

mocht niet weg. 'Ik was ontroostbaar,' zei Ernie, terwijl hij op zijn lip beet en worstelde met het gewicht van zijn eigen woorden. Toen kon hij zich niet langer beheersen en zijn gezicht verkrampte en hij huilde luid, waarbij hij zijn hand voor zijn ogen hield. 'Ik wou dat hij had meegekund,' zei hij met gebroken stem. 'Ik heb hem nooit meer gezien en hij is gestorven alleen omdat hij "elektricien" zei.' Ernies borst ging schokkend op en neer terwijl hij snikte.

Ik voelde me slecht op mijn gemak bij die uiting van persoonlijk verdriet; het was net alsof we hier niet bij hoorden te zijn. Hij vertelde dat verhaal vijftig jaar later en hij was nog steeds diepbedroefd om het lot van zijn vriend. Men zegt dat er ongeveer twintigduizend mensen zijn gestorven in dat verschrikkelijke oord en Makki was waarschijnlijk een van hen. Net als voor zijn grootmoeder legde Ernie getuigenis af voor zijn vriend; dat leven, net als al die andere levens, deed ertoe. Ze hadden elkaar geholpen Auschwitz en de dodenmars te doorstaan en Ernie had hem geholpen met de sigaretten die ik voor hem het kamp in gesmokkeld had, maar het was niet voldoende geweest.

Miljoenen mensen waren inmiddels gestorven en geen van hen had iets kunnen uitrichten om zijn eigen leven te redden. Hun moed en vindingrijkheid hadden niet mogen baten. Ik wist uit eigen ervaring tijdens de oorlog en in gevangenschap dat degenen die het er levend afbrachten dat hoofdzakelijk te danken hadden aan geluk. Ernie had alle kansen die hij had gekregen goed benut, maar geluk had een belangrijke rol gespeeld bij zijn overleving.

Ik kon aan Ernies houding zien dat hij nu enigszins aan geestkracht had ingeboet; hij had een drempel overschreden. Het was alsof het verlies van een vriend zijn eigen opmerkelijke overlevingsverhaal had bezoedeld; hij begon langzamer te praten, alsof hij de laatste bijzonderheden afstreepte om er vanaf te zijn.

Het transport vertrok met Ernie, maar de uitgemergelde vrijwilligers werden niet verder gebracht dan Nordhausen, een kamp aan de andere kant van hetzelfde akelige tunnelcomplex, en het was nauwelijks een verbetering. Ze sliepen op rijen britsen die dicht op elkaar in een serie legergarages stonden. Hij schatte dat er destijds ongeveer zesduizend gevangenen in dat kamp waren ondergebracht, allemaal gevangen achter een elektrisch hekwerk. Het eten was net zo beroerd als in de andere kampen.

Het was maart, de dagen smeedden zich aaneen en hij verloor alle begrip van tijd. Hij wist dat er een einde aan zou komen, maar niet of hij dat nog zou meemaken. De gevangenen om hem heen stierven in hoog tempo en hij vreesde dat ook hij niet lang meer te leven had. Van de zesduizend in het kamp toen hij daar aankwam, waren er een week later nog maar vijftienhonderd over.

Elke dag werd Ernie met een klein treintje de tunnel in gereden om stenen te versjouwen, maar het werk was zwaar en traag, ze waren allemaal verzwakt en zelfs de bewakers kon het niet veel meer schelen. De vijftienhonderd gevangenen die aan het einde over waren gebleven konden nauwelijks het werk aan dat honderd gezonde mannen hadden aangekund, zei hij. Eind maart hield het werk helemaal op; het had geen enkele zin meer.

De dagen gingen voorbij terwijl ze wachtten op de komst van de Amerikanen, maar die bleef uit. De geallieerde bommenwerpers waren altijd hoog in de lucht, maar op weg naar verder gelegen doelen. Toen, op een dag in het begin van april, hoorde Ernie luchtalarm afgaan, hoewel hem dat nauwelijks nog iets deed, want hij kon toch nergens dekking zoeken. Hij hoorde bommen vallen op het kamp, hoorde hoe enkele barakken werden getroffen en in vlammen opgingen. Hij hoorde geschreeuw en zag gevangenen rondlopen die zelf in brand stonden en realiseerde zich dat ze brandbommen lieten vallen; de brandende substantie in de bommen bleef aan hen kleven. Toen viel hem op dat enkele treffers het elektrische hek om het kamp hadden beschadigd en hoewel de SS'ers de schuilkelders in waren gevlucht, had het er alle schijn van dat een flink aantal van hen was gesneuveld. Het was nog steeds te gevaarlijk om te ontsnappen.

De barak waar Ernie in sliep stond nog overeind, dus kwamen

gevangenen uit andere barakken daar schuilen en zo zaten ze allemaal een nacht lang zonder eten opeengepakt en bereidden zich voor op het ergste. De volgende ochtend hoorden ze opnieuw sirenes en de gevangenen raakten in paniek; mensen renden alle kanten op. Zodra hij de barak uit was, zag Ernie dat het elektrische hek er los bij hing en dat er een gapend gat in zat. Alle SS'ers die hij kon zien maakten zo snel mogelijk dat ze wegkwamen. Hij zag dat een aantal gevangenen over het hek klom en hij volgde hun voorbeeld en zette het, zodra hij eroverheen was, op een lopen.

Toen hoorde hij het zware geronk van vliegtuigen boven zijn hoofd en bommen die werden afgeworpen en hij bleef doorrennen terwijl die om hem heen explodeerden. Toen hij zich omdraaide zag hij dat het kamp was getroffen. De piloten hoog boven hem konden onmogelijk weten dat deze kazerne kort tevoren was ingericht als concentratiekamp. Hij bleef doorrennen tot hij niet meer kon en liet zich toen in een diepe greppel aan de rand van een bos vallen om op adem te komen.

Terwijl hij om zich heen keek zag hij het lichaam van een dode burger en afgaande op zijn kleren nam hij aan dat het een Italiaan was die de vorige nacht was gedood. Het lijk droeg een oude uniformjas, een onbestemde broek en een 'grotesk hoofddeksel' met een klep. Ernie keek op hem neer en besefte toen pas dat hij eindelijk vrij was.

Hij keerde de dode man om en ontdeed hem moeizaam van zijn kleren. 'Niets is erger dan het uitkleden van een dode,' zei hij. De rigor mortis had al ingezet maar toch slaagde hij erin de grote broek en de jas van de dode af te stropen en die te verruilen voor zijn eigen streepjespyjama. Nu was hij weer een burger.

Terwijl Ernie dat zei, verscheen er voor het eerst in tijden een glimlach op zijn gezicht. Ik kon het niet helpen, ik glimlachte onwillekeurig ook; ik wist wat er op dat moment door hem heen ging.

Eenmaal in burgerkleding, keek hij om zich heen en zag mensen in de verte, maar niemand besteedde enige aandacht aan hem. De wind blies velletjes papier in het rond van stapels die in het veld lagen. Hij dacht dat die goed te gebruiken waren als wc-papier, pakte er eentje op en zag dat het een strooibiljet was dat door de vliegtuigen was uitgeworpen. Hij stond in het open veld en las de woorden: 'Duitsers, leg jullie wapens neer, de oorlog is voorbij. Geef je over. Jullie Führer heeft jullie in de steek gelaten.' Hij zei dat het de mooiste boodschap was die hij ooit had gekregen.

Ook ik had rond diezelfde tijd te voet dwars door Europa gereisd. Ik wist dat hij nog lang niet in veiligheid was en ik vermoedde dat er nog wel onverwachte incidenten zouden volgen voordat Ernies verhaal voltooid was. Dat vermoeden bleek juist. Hij vervolgde zijn weg door het bos totdat hij bij een landweg aankwam waar het wemelde van de Duitse burgers die hun bezittingen in kinderwagens en op alles wat wielen had voor zich uit duwden. Hij vermoedde dat hun huizen platgebombardeerd waren en hij zag in één oogopslag dat er geen jongeren onder hen waren, alleen maar oude mannen en vrouwen en moeders met kinderen.

Toen zag hij een struise boerenvrouw die haar spulletjes op een soort karretje meetroonde. Toen ze zijn kleding zag, riep ze hem, in de veronderstelling dat hij een Italiaan was. Hij zag onmiddellijk het gevaar. Hij was de taal niet machtig maar vermoedde dat zij dat evenmin was. Hij had in het kamp Italiaans horen spreken en mompelde iets als: *'Nonparlo.'* Ze keek hem argwanend aan en maakte hem vervolgens met gebaren duidelijk dat hij haar karretje moest duwen. Terwijl hij haar plaats innam zag hij dat er een reusachtig brood boven op haar bezittingen prijkte.

Ernie glimlachte opnieuw toen hij de afmetingen van het brood aangaf door zijn armen uit te spreiden als een geschifte hengelaar die over de vangst van zijn dromen vertelt. Ik keek om me heen en zag dat Audrey en Rob ook moesten lachen toen ze hem dat verhaal zagen vertellen; we konden alle drie al raden wat er zou gebeuren. Hij stelde ons geduld niet lang op de proef. Hij vertelde dat hij de kar een paar minuten voor zich uit duwde totdat het bos dichter begroeid raakte en dook toen op het brood af, griste het weg, rende het bos in en was verdwenen voor zij besefte wat er was gebeurd.

Hij hoorde haar *'Dieb! Dieb!* Grijp hem!' roepen. Niemand voelde er iets voor om hem door het bos na te jagen voor een brood, dus toen hij zeker wist dat hij op veilige afstand was, ging hij zitten en verorberde in één keer het hele brood.

Het zag ernaar uit dat dit verbazingwekkende verhaal zijn einde naderde. Hij glimlachte veel vaker en hield zijn hoofd schuin terwijl hij met enige opluchting terugdacht aan de laatste dagen van de oorlog na alles wat hij had meegemaakt. Onderweg ontmoette hij Peter, een man die hij uit het kamp kende en die ook had weten te ontsnappen, net als hij burgerkleding had weten te bemachtigen en nu over dezelfde landweg naar huis liep.

Ernie droeg nog steeds de pet die hij van de dode Italiaan had afgenomen en hij wist dat hij verloren was zodra iemand hem beval die af te zetten, want zijn kaalgeschoren hoofd zou hem onmiddellijk verraden. Peter en hij besloten westwaarts de Amerikanen tegemoet te lopen, maar omdat er geen zon te bekennen was wist geen van beiden precies welke kant dat op was. Uiteindelijk kwamen ze tot de slotsom dat de burgers waarschijnlijk de goede kant op gingen, dus liepen ze evenwijdig aan het pad, maar wel onder dekking van het bos.

'Halt!' Ze bleven als aan de grond genageld staan. Het bevel kwam van een Duitse soldaat die tussen de bomen vandaan stapte. Hij wilde weten wie ze waren en waar ze naartoe gingen en hij vertelde hun dat ze niet verder konden omdat de Amerikanen in aantocht waren. Ze wisten dat ze er uitgemergeld uitzagen, belachelijke uitmonsteringen droegen en kaal waren. Het enige voordeel was dat ze allebei vloeiend Duits spraken.

Ze vertelden hem dat ze burgerarbeiders waren uit Nordhausen, waar ze al hun kleren tijdens het bombardement waren kwijtgeraakt; wat ze aanhadden was het enige wat ze nog hadden. Ze waren eropuit gestuurd om in een stad verderop militaire voertuigen te repareren. Het was in Ernies bewoordingen 'je reinste kulverhaal'. Of hij hen nu geloofde of niet, de soldaat zei dat hij ze naar zijn meerdere zou brengen, dus zat er voor hen niets anders op dan hem te volgen. Onder het lopen wendde hij zich tot hen en vroeg of ze konden schieten. 'Natuurlijk,' antwoordde Ernie, terwijl hij zich afvroeg wat hun te wachten stond.

Ze wisten dat de soldaat hen niet helemaal vertrouwde; ze spraken Duits, maar ze waren zo mager dat het er helemaal niet naar uitzag dat ze Duitsers waren. Toen ze dichter bij de militaire basis kwamen besloot Ernie dat ze de Duitser moesten doden om zichzelf te redden, maar hij kon niet met zijn vriend overleggen omdat de gewapende soldaat achter hen liep. Daar is niets van gekomen. Gelukkig was de soldaat van de Wehrmacht en niet van de SS, maar zodra ze bevel zouden krijgen hun hoofddeksel af te zetten zouden ze door de mand vallen.

Ze kwamen aan bij een commandopost, waar ze werden voorgesteld aan een luitenant met één arm. De soldaat vertelde wat ze eerder tegen hem hadden gezegd, maar de officier viel hem in de rede voor hij was uitgepraat. 'Twee man extra, geweldig,' zei hij. 'Ik kan er best twee mannen bij gebruiken.' Hij beval de soldaat ons een uniform en een wapen te geven.

Langzaam drong het tot Ernie door dat hij na jaren van concentratiekampen het einde van de oorlog zou meemaken in een Duits legeruniform, met het bevel op zijn bevrijders en vrienden te schieten. Voordat de kleren en wapens waren bezorgd vroeg de officier of ze hadden gegeten. Ze zeiden van niet en hij stuurde hen eropuit om wat soep te nuttigen. Een halfuur later zaten ze een kom soep te verorberen en vroegen zich af wat ze vervolgens moesten beginnen, toen er een soldaat *'Feind-alarm, Feind-alarm'* schreeuwend binnen kwam rennen. Dat betekende dat de Amerikanen hen bijna hadden bereikt.

De chaos was compleet; soldaten renden alle kanten op en

startten motorfietsen en auto's die op de binnenplaats stonden, terwijl de eenheid zich klaarmaakte om op de vlucht te slaan. Tien minuten later zaten Ernie en Peter nog steeds over hun soep gebogen en was er geen Duitse soldaat meer te bekennen. Hij was een meesterlijk verteller en niet voor het eerst moest ik met hem meelachen terwijl hij het verhaal uit de doeken deed.

Ze liepen naar buiten zonder te weten waar ze naartoe moesten en zagen toen de eerste tanks op hen afkomen, elk met een witte ster op de zijkant. Ernies gezicht was weer opgeklaard toen hij verder sprak en hij maakte weidse, maaiende gebaren met zijn handen terwijl hij de enorme colonne beschreef en overal soldaten in vreemde uniformen zag. Hij hoorde iemand op een fluitje blazen, de colonne kwam tot stilstand, een soldaat opende het luik in de koepel van de tank, keek op hen neer en vroeg: 'Polski?' Het was de eerste zwarte man die ze ooit hadden gezien en hij vroeg aan Ernie of hij een Pool was.

'Nee,' antwoordde hij, '*Konzentrationslager*'. Van het gezicht van de Amerikaan viel af te lezen dat hij geen idee had wat hij bedoelde. Dit was het moment van bevrijding waarvan Ernie eindeloos had gedroomd, maar de soldaat was op zoek naar een ander soort bevrijding. 'Hebben jullie toevallig cognac?' vroeg hij. De soldaat moest teleurgesteld zijn geweest over hun antwoord en de colonne reed verder, zonder zich verder nog om hen te bekommeren.

Ernies gezicht ontspande zich tot een brede grijns toen hij die ontmoeting beschreef. Ik had het gevoel dat ik er zelf bij was geweest en glimlachte net als hij.

De rest van Ernies verhaal werd in een andere versnelling afgestoken; hij was op weg naar huis. Hij bereikte Parijs, waar hij op straat sigaretten verkocht, leerde Frans bij de Alliance Française en ging uiteindelijk met de SS Marine Flasher, een emigrantenschip, naar Amerika. Hij huilde toen hij het Vrijheidsbeeld passeerde en op de Amerikaanse Dag van de Arbeid voet aan wal zette in New York. Na alles wat hij had doorgemaakt werd die arme Ernie niet lang na zijn aankomst in Amerika opgeroepen voor militaire dienst en eropuit gestuurd om te vechten in de Koreaanse Oorlog, waar hij in 1950 deelnam aan de slag bij Incheon. In de jaren die daarop volgden verkocht hij stofzuigers in Harlem en studeerde hij hard. Net als ik werd hij ingenieur en jaren later liet hij zich omscholen tot jurist. Ik begreep dat hij het niet gemakkelijk had gehad, maar het was zijn versie van de Amerikaanse droom en hoewel Korea een schok voor hem moet zijn geweest, wist hij ook die horde te nemen. Ik kon het niet geloven. Het was een geweldige ommezwaai voor de jongen die ik in Auschwitz had gekend.

Ik was onthutst toen ik merkte hoezeer onze naoorlogse levens op elkaar leken, en dat we allebei voor ingenieur hadden gestudeerd was nog het minste. Hij hield van snelle auto's en ontwikkelde een voorliefde voor Engelse sportwagens, allereerst voor de Austin-Healey, maar later ook voor de Jaguar, net als ik. Hij weigerde bij het verleden stil te staan en wilde niemand lastigvallen met zijn eigen leed en ik hoorde dat hij pas op vergevorderde leeftijd over Auschwitz kon praten.

Hij was een goedgeluimde man, is mij verzekerd en ik weet zeker dat we, ook zonder naar die verschrikkelijke jaren te verwijzen, een heleboel zouden hebben gehad om over te praten. Henry Kamm, Ernies boezemvriend voor het leven, zei over hem dat hij naar Amerika was gekomen met niets dan de kleren die hij aanhad en dat hij, gebruikmakend van zijn intelligentie, zijn energie, zijn wilskracht en zijn ambitie een waarlijk benijdenswaardig leven voor zichzelf had opgebouwd. Henry vertelde dat Ernie een hele schare vrienden achterliet toen hij overleed.

Toen Ernie aan het einde van zijn verhaal werd gevraagd of hij nog een advies had voor komende generaties, zei hij: 'Het enige wat nodig is om het kwaad te doen zegevieren is dat de rechtschapenen niets doen.' Ik was diep onder de indruk van die woorden. Vanaf het moment dat ik aan dit boek begon te werken heb ik Rob die stelregel eindeloos onder zijn neus gewreven, zoals alleen een man van negentig dat kan en nu hoorde ik dezelfde gedachte uit Ernies mond. Ik had moeite om mezelf te beheersen. Het was te mooi om waar te zijn. 'Je kunt de dingen niet over je kant laten gaan,' zei hij. 'Je moet vechten voor waar je in gelooft en je kunt niet passief blijven toekijken. Je kunt dat niet iemand anders voor je laten doen. Als er agressie nodig is om je doel te bereiken en een standpunt in te nemen, dan moet dat maar.' Vervolgens haalde Ernie – de vriend die ik had geholpen maar nooit echt had leren kennen – zijn schouders op. Hij glimlachte en bedankte de man die hem had geïnterviewd. Er was een einde gekomen aan zijn verhaal en aan het mijne eveneens.

Achter het huis zakte het winterzonnetje steeds lager en wierp lange schaduwen, waardoor Win Hill de kleur van roest aannam.

'Ernie had het bij het rechte eind,' zei ik naderhand. 'Zijn ervaring heeft hem geleerd dat je moet vechten voor wat goed is. Dat brengt je in moeilijkheden, maar uiteindelijk kwam hij tot dezelfde conclusie als ik.' De mensen denken dat het nooit meer zou kunnen gebeuren en vooral dat het híér nooit meer zou kunnen gebeuren. Geloof dat maar niet; er is niet veel voor nodig.

Ik zal het altijd betreuren dat ik Ernst niet heb weten op te sporen toen hij nog leefde en als ik had geweten dat hij in Amerika was, zou ik daar beslist naartoe zijn gegaan en hem vast en zeker hebben gevonden.

De Grote Bouwmeester had Auschwitz de rug toegekeerd, daar ben ik van overtuigd, maar ik wist dat de dag een beetje lichter werd als ik met Ernie sprak en dat is iets wat je nooit vergeet. Nu ik een oude man ben is er tenminste één gezicht in de menigte waaraan ik kan denken en ik kan tegen mezelf zeggen: ik heb gedaan wat ik kon.

Ik was altijd positief gebleven, zelfs als krijgsgevangene, en op een merkwaardige manier had ik mezelf er terecht of ten onrechte van weten te overtuigen dat ik nog steeds meester was over mijn eigen lot, dat ik het heft in handen had. Ernie en Makki hadden gebruikgemaakt van hun intelligentie en er op goed geluk het beste van gemaakt. De keuze van een woord, 'elektricien' of 'slotenmaker', had bepaald dat de een stierf en de ander in leven bleef.

Niemand kan beweren het monopolie te hebben op de redding van een ander; Ernie Lobet was de held van dit verhaal, maar ik ben er trots op dat ik een kleine bijdrage heb geleverd om een man te helpen de gruwelijkheden van Auschwitz te overleven. Daarna heeft hij het zelf moeten rooien.

Een deel van mij is daar gestorven, maar ik bleef woedend, ook al was er weinig dat ik kon doen. Ik moet toegeven dat ik er lang mee heb gewacht, maar als de mensen nu bereid zijn te luisteren, hoop ik dat mijn verhaal enig goed doet, dat is het enige wat ik eigenlijk altijd heb gewild.

Zelfs op mijn leeftijd ben ik nog niet uitgepraat, maar ik heb een heel goed leven gehad en het onderste uit de kan gehaald. En, zoals ik pleeg te zeggen, ik heb het boek vol gekregen.

Woord van dank

Ik wil Audrey graag bedanken voor haar onuitputtelijke geduld, liefde en steun in al die jaren die we samen hebben doorgebracht; voor haar begrip en bovenal voor het feit dat zij ervoor heeft gezorgd dat ik ferm met beide benen op de grond bleef staan en me in voor- en tegenspoed heeft gesteund. Zij is mijn strengste criticus en mijn beste maatje. Ik ben Sir Martin Gilbert uiterst dankbaar dat hij in zijn drukbezette bestaan de tijd heeft gevonden mij met zijn raadgevingen behulpzaam te zijn. Mijn dank gaat ook uit naar Lord Janner, Karen Pollock en het team van de Holocaust Educational Trust voor hun nimmer aflatende hulp en steun. Hun werk is van onschatbare waarde. Ik ben Gordon en Sarah Brown erkentelijk dat ze mij op Downing Street 10 hebben uitgenodigd en Ian Duncan Smith, Michael Gove en Ed Balls voor hun belangstelling voor mijn verhaal. Bovendien wil ik mijn hulde uitspreken voor het werk van het Rode Kruis, dat met voedselpakketten de krijgsgevangenen in gelijke mate hoop en levensreddend voedsel verstrekte.

Denis Avey

Ook ík wil mijn dank betuigen aan Audrey voor haar geduld en gastvrijheid gedurende die talrijke en eindeloze gesprekken, voor haar hartelijkheid, haar oprechtheid en haar aanstekelijke vrolijkheid. Wat ik heb ontketend is niet altijd gemakkelijk voor haar geweest, maar ze heeft er altijd vierkant achter gestaan. Ze gaf steeds weer blijk van een geweldig gevoel voor humor tijdens al die heerlijke avonden vol openhartige gesprekken en vrolijkheid en af en toe een glaasje. Moge dat nog lang zo voortduren.

Ook wil ik mijn dank betuigen aan Regi en de kinderen, Jan en Anja, die me door een gedenkwaardig jaar heen hebben geholpen. Het was een hele toer en jullie waren geweldig – en dat zijn jullie nog steeds – vooral als ik onder grote druk sta. Mijn dank gaat ook uit naar Mark James, Simon Enright, Jonathan Chapman, Saleem Patka, Wanda Petrusewicz, Richard Jackson en Andrew Whitehead bij de BBC die de weg voor mij hebben vrijgemaakt om ongestoord aan het boek te werken in een tijd dat de BBC World Service – de parel in de kroon – zo zwaar gebukt gaat onder bezuinigingen. Tevens dank ik Patrick Howse, die van begin af aan het grote belang zag van Denis' getuigenis, voor zijn grote inspanningen en zijn vriendschap. Hij is een mateloos enthousiaste man die de hoogste idealen van de BBC belichaamt. Eveneens gaat mijn dank uit naar Kevin Bakhurst van het BBC News Channel en naar Jeremy Skeet en Kirsty Reid van Bush House voor hun geestdriftige reactie op het verhaal. Dank aan Joanne McNally, die me het verhaal over de krijgsgevangenkampen in de nabijheid van Auschwitz zoveel jaren geleden uit de doeken heeft gedaan.

Bovenal gaat mijn erkentelijkheid uit naar mijn vriend en mentor James Long voor zijn nimmer aflatende goede raad en leiding, die als een gids voor me is geweest in de wereld van de uitgeverij, die me heeft geholpen bij mijn naspeuringen en bij het redigeren en samenstellen van het manuscript. Ik kon altijd bij hem terecht en hij heeft me heel wat keren weten te kalmeren als mijn zenuwen opspeelden. Of het nu was bij een vruchteloze poging om na 's nachts te zijn buitengesloten in te breken in een hotel of bij het repareren van een fornuis, terwijl hij voort oreerde over auto's, hij stond altijd voor me klaar. Als we behoefte hadden aan een desperado, hoefde je maar te kikken en James kwam opdraven. Zonder hem zou dit me nooit zijn gelukt.

Rob Broomby

Samen willen we uiting geven aan onze diepste dank jegens Susanne Timms, een waarlijk opmerkelijke vrouw die, naast Peter James en Lynn Amari, mij hun vertrouwen en vriendschap schonken en mij aanmoedigden. Zij verschaften ons de ontbrekende schakel in het verhaal en hebben ons in- en ingelukkig gemaakt. Hun bijdrage is onbetaalbaar. We zouden alleen hebben gewild dat we elkaar veel eerder hadden leren kennen.

Dank ook aan Shirley Spector voor haar vriendelijke woorden – ik hoop dat we ooit eens allemaal samen kunnen komen – en aan Henry Kamm – een nieuwe vriend – voor zijn wijsheid en goede raad en bovenal omdat hij contact met me heeft opgenomen en een vreemde gastvrij in zijn huis heeft ontvangen. Ook ben ik de familie Warwick dankbaar omdat ze hebben meegeholpen het raadsel op te lossen, evenals Michael Wood, die op het juiste moment zijn deur opende en daarmee heeft gezorgd dat alles op z'n pootjes terechtkwam; zonder hem zou het op niets zijn uitgelopen. Onze erkentelijkheid gaat heel in het bijzonder ook uit naar het Shoah Foundation Institute for Visual History and Education Archive van de universiteit van Southern California voor hun schitterende werk, waarzonder zoveel verhalen voor eeuwig verloren zouden zijn gegaan en voor hun welwillende toestemming gebruik te maken van de getuigenis van Ernie Lobet (nummer 4365) zonder welke dit specifieke verhaal wellicht nooit aan het licht zou zijn gekomen. Eveneens gaat onze dank uit naar de medewerkers van het Auschwitz-archief voor hun bijdrage en naar Freddie Knoller voor zijn opmerkingen.

Wij zijn allebei ontzettend veel dank verschuldigd aan Rupert Lancaster van Hodder & Stoughton voor zijn vooruitziendheid, wijsheid en vertrouwen in het boek van begin af aan en natuurlijk aan Jane Turnbull, die de weg voor ons heeft gebaand en gezorgd dat alles zo snel kon worden gerealiseerd.

Rob Broomby & Denis Avey

Verantwoording voor de foto's

Privébezit auteur: blz. 1,2,4,6. Dank aan BBC News: 7 linksonder. © Getty Games: 3 linksboven. © Imperial War Museum Londen: 3 rechtsboven (H23490), linksonder (E1383), rechtsonder (E5512). © Dave Poole: 8 onder. Met dank aan het Staatsmuseum Auschwitz-Birkenau in Oswiecim: 4 midden, met dank aan Suzanne Timms: 7 linksboven en rechts. ©Yakir Zur: 8 boven. Beeld uit het op videoband opgenomen interview met Ernest Lobet, afgestaan door de Shoah Foundation Institute for Visual History and Education van de University of Southern California, www.college.usc.edu/vhi: 7 rechtsonder.

De Holocaust Educational Trust

De Holocaust Educational Trust (HET) werd in 1988 opgericht door Lord Janner of Braunstone en wijlen Lord Merlyn-Rees. Het was een gezamenlijk initiatief van leden van het Lager- en Hogerhuis en het gevolg van een hernieuwde belangstelling voor en een behoefte aan kennis van de Holocaust, tijdens het aannemen van de War Crimes Act aan het einde van de jaren tachtig.

Ons doel is bewustzijn en begrip te kweken van de Holocaust en het belang daarvan op scholen en onder een breder publiek. Wij vinden dat de Holocaust een permanente plaats verdient in het collectieve geheugen van onze natie.

Een van de eerste verrichtingen van de HET was ervoor te zorgen dat de Holocaust werd opgenomen in het Nationale Curriculum in 1991 – voor Key Stage3-leerlingen (in de leeftijdsgroep 11 tot 14). Wij hebben er tevens mede zorg voor gedragen dat de bezittingen van slachtoffers en overlevenden van de Holocaust werden vrijgegeven en terugbezorgd aan de rechtmatige eigenaren.

Na een cruciale rol te hebben gespeeld in de instelling, realisatie en ontwikkeling van Holocaust Memorial Day in het Verenigd Koninkrijk, blijft de HET een sleutelrol vervullen bij de organisatie van die dag.

Wij bezoeken scholen en instellingen voor hoger onderwijs, organiseren workshops voor docenten, houden lezingen en leveren lesmateriaal.

De lessen van de Holocaust Educational Trust in het Auschwitz Project voor leerlingen boven de zestien jaar en docenten gaan nu hun dertiende levensjaar in en hebben meer dan 12.000 leerlingen en docenten van het Verenigd Koninkrijk naar Auschwitz-Birkenau gebracht.

U kunt meer lezen over de Holocaust Educational Trust op:

www.het.org.uk